DANS LA MÊME COLLECTION

LA MATIÈRE

Translatio
Philosophies Médiévales

Directeurs : Jean-Baptiste BRENET et Christophe GRELLARD

PIERRE DE JEAN OLIVI

LA MATIÈRE

Textes introduits, traduits et annotés
par
Tiziana SUAREZ-NANI
Catherine KÖNIG-PRALONG
Olivier RIBORDY
Andrea ROBIGLIO

Paris
LIBRAIRIE PHILOSOPHIQUE J. VRIN
6, place de la Sorbonne, V^e
2009

PIERRE DE JEAN OLIVI
Quaestiones in secundum librum Sententiarum,
B. Jansen (ed.)
Ad Claras Aquas (Quaracchi),
Ed. Collegii S. Bonaventurae, 1922

© *Librairie Philosophique J. VRIN,* 2009

Imprimé en France
ISSN : 1779-7373
ISBN 978-2-7116-2161-3

www.vrin.fr

INTRODUCTION

La question du rapport de la matière avec ce qui existe (...) n'est pas une question de physique seulement.
B. Russell

Lorsqu'on s'aventure dans la pensée médiévale, on est souvent entraîné dans des univers inattendus et insoupçonnés. C'est sans doute le cas pour la problématique de la matière, car si la modernité va s'en approprier comme d'un problème relevant essentiellement de la science physique, son examen au cours du Moyen Âge touche plusieurs disciplines et convoque de nombreuses compétences : physique, cosmologie, ontologie, métaphysique, théologie, anthropologie, noétique et esthétique offrent chacune un éclairage propre et spécifique sur cet élément premier et constitutif du réel. La conscience que le problème de la matière ne concerne pas uniquement le domaine de la physique émergera encore au XXᵉ siècle chez Bertrand Russell, qui en 1927 écrivait : « Cependant la question du rapport de la matière avec ce qui existe, et plus généralement, l'interprétation de la physique en termes

d'existence, n'est pas une question de physique seulement »[1].
Avant que Descartes n'identifie la matière à la *res extensa*, il
aura donc fallu explorer ses multiples significations et sa
présence dans différents ordres de réalités[2] : c'est ce que la
philosophie médiévale a entrepris, conférant ainsi à la notion
de matière une étendue et une valeur opératoire tout à fait
remarquables. Pour cette raison, les conceptions médiévales
de la matière ont une résonance qui les rend représentatives
des systèmes de pensée dont elles sont issues. Il ne s'agit pas
pour autant d'identifier les sources médiévales du matéria-
lisme philosophique et moins encore de faire de la conception
de la matière un critère discriminant d'appartenance à une
« droite », respectivement à une « gauche » aristotélicienne[3]. Il
n'en demeure pas moins que les différentes façons d'envisager
la matière sont décisives dans la solution de bon nombre de
questions, qui vont de la constitution de l'univers matériel à
celle des substances séparées[4], en passant par l'examen de

1. *Cf.* B. Russell, *L'analyse de la matière*, trad. fr. Ph. Devaux, Paris,
Payot, 1965, p. 13. Une approche « transfrontalière » de la matière est proposée
dans F. Monnoyeur (éd.), *Qu'est-ce que la matière ? Regards scientifiques et
philosophiques*, Paris, Librairie générale française, 2000. Le dernier volume de
la revue *Quaestio* (2007) est également consacré au thème de la matière.

2. Pour le lien entre la conception de Descartes et les débats médiévaux,
cf. J. Biard, « La conception cartésienne de l'étendue et les débats médiévaux
sur la quantité », dans J. Biard, R. Rashed (éd.), *Descartes et le Moyen Âge*,
Paris, Vrin, 1997, p. 349-361.

3. Selon la perspective de E. Bloch dans « Avicenna und die aristotelische
Linke » et « Zweiter Kursus. Die Lehre von der Materie, die Bahnungen ihrer
Finalität und Offenheit », *Werkausgabe*, vol. 7, *Das Materialismusproblem,
seine Geschichte und Substanz*, Frankfurt a.M., Suhrkamp, 1972.

4. Le problème de la composition hylémorphique des substances séparées
est à l'origine de notre intérêt pour la question de la matière chez Olivi : nous en

l'âme et de son activité cognitive, par les débats sur l'unité du composé humain, sur le statut du cadavre ou sur le mouvement céleste.

L'intérêt de la problématique de la matière tient ainsi à son caractère transversal et à sa présence synchronique dans les principaux domaines de réflexion et chez la plupart des penseurs médiévaux. Mais elle tient aussi à sa présence tout au long de l'histoire de la pensée : même dans les limites de la période « pré-moderne » qui va de l'Antiquité à la fin de la Renaissance – disons de Platon à Giordano Bruno –, les différentes conceptions de la matière ponctuent le cheminement de la philosophie occidentale et dessinent une trajectoire qui, inscrivant chaque doctrine dans la durée, la rend significative non seulement en elle-même, mais aussi dans l'horizon de l'histoire de la pensée. À cette histoire, le Moyen Âge a donné une contribution propre, que l'on sait non seulement importante, mais indispensable : comment saisir la doctrine de Marsile Ficin sans celle d'Albert le Grand ou de Thomas d'Aquin ? Comment comprendre la « vie de l'Univers infini » chez Giordano Bruno sans l'apport des conceptions d'Ibn Gabirol ou de David de Dinant ? Explorer les doctrines médiévales est donc à la fois utile et nécessaire, et c'est dans cette optique que nous avons souhaité mettre à la disposition du lecteur francophone la théorie olivienne de la matière.

avons donné une première esquisse dans notre étude, « Pierre de Jean Olivi et la subjectivité angélique », *Archives d'histoire doctrinale et littéraire du Moyen Âge* 70 (2003), p. 233-316.

QUELQUES POINTS DE REPÈRE

Présentée dans les *Questions sur le II*e *livre des Sentences*, qui datent de la fin des années 1270, la théorie olivienne a une longue histoire derrière elle. Pour le Moyen Âge, c'est le XIIIe siècle qui en a écrit la page la plus dense. Le *corpus* de textes alors accessible comprend les *Sentences* de Pierre Lombard, où la problématique de la matière émerge dans la distinction 12 du IIe livre – qui devient un lieu classique pour le traitement de ce thème chez tous ses commentateurs –, le XIIe livre des *Confessions* d'Augustin, le *Fons vitae* d'Ibn Gabirol, la *Physique* et la *Métaphysique* d'Aristote ainsi que leurs commentaires par Avicenne et Averroès. Autant dire que si l'on ne trouve pas de traités explicitement et exclusivement consacrés à la matière, celle-ci fait néanmoins l'objet d'examens nombreux et fouillés chez tous les auteurs qui se mesurent avec ce vaste *corpus* de textes.

Chez Pierre Lombard la problématique de la matière est soulevée à l'occasion de considérations sur le récit de la *Genèse* et l'œuvre des six jours. Se réclamant des Pères de l'Église – Augustin, Grégoire, Jérôme et Bède – Pierre Lombard interprète la « terre » du récit de la *Genèse* comme la « matière informe et confuse » dotée par Dieu d'une *forma confusionis* avant la *forma dispositionis*[1]. Le maître des *Sentences* explique ainsi à la fois la création simultanée de toutes choses dans la « matière confuse des quatre éléments » et leur distinction et disposition successive selon des formes spécifiques au cours des six jours de la création. Pour éviter

---

1. *Cf.* Petrus Lombardus, *Libri quatuor Sententiarum*, Liber II, d. XII, c. V, Ed. Collegii S. Bonaventurae, Quaracchi, Ad Claras Aquas, 1916, p. 361.

tout intervalle temporel pouvant compromettre la simultanéité de l'œuvre de création, Pierre distingue quatre modes de l'agir divin : la disposition des choses dans le Verbe, leur création dans la matière informe, leur distinction au cours des six jours et leur naissance à partir de raisons séminales (*ex primordialibus seminibus*) présentes dans la matière première informe.

Cette conception était largement redevable d'Augustin, chez qui les médiévaux ne trouvaient pas une doctrine aboutie de la matière, mais des considérations d'ordre général qui insistaient notamment sur la difficulté de cerner le statut de la matière première. Celle-ci était conçue comme le substrat informe du changement : son manque de forme (*informitas*) signifie que la matière première est dépourvue de toute forme au point d'être proche du néant (*prope nihil*). Aussi, dans cette perspective, la matière première n'est-elle à proprement parler ni un rien ni véritablement quelque chose : elle est un *nihil aliquid* qui existe en tant que substrat de tous les changements[1], en tant que capacité ou disposition à recouvrir des formes ; en un mot, en tant que capacité de devenir. Comme pour Plotin[2], selon Augustin l'existence de la matière est attestée par la mutabilité des choses sensibles, ce qui postule un sujet ou substrat de changement. La matière devient ainsi synonyme de mutabilité et toute sa consistance réside dans sa

---

1. *Cf.* Augustin, *Confessions*, XII, VIII, 8, Paris, Desclée de Brouwer, 1962 (*Œuvres de St. Augustin*, « Bibliothèque Augustinienne » (désormais cité BA), t. 14), p. 354 : « illud autem totum prope nihil erat, quoniam adhuc omnino informe erat ; iam tamen erat, quod formari poterat ».

2. *Cf.* Plotin, *Ennéades*, II, 4, 6, édition et trad. fr. É. Bréhier, Paris, Les Belles Lettres, 1964, p. 60.

capacité à recevoir des formes[1]. Plus proche du non-être
que de l'être, la matière première suscite chez celui qui
voudrait en saisir l'essence un embarras analogue à celui que
produit la tentative de saisir la réalité du temps : leur proximité
du néant rend en effet la matière et le temps inconnaissables[2].
Toutefois, si le temps est insaisissable car il tend vers le non-
être, la matière est inintelligible car elle attend l'être que la
forme lui apportera. Dans la négativité de la matière première
se cache ainsi une tension vers la positivité de l'être et une
promesse de devenir. Cet élan et cette promesse ne suffisent
pourtant pas à octroyer l'être à une matière première qui
reste, en tant que telle, en-deçà de l'ordre et du temps[3] et
qui s'apparente à la «terre obscure et vide» du *Livre de
la Genèse* (I, 2)[4].

En raison de l'ambivalence de cette conception, les
penseurs du XIIIe siècle vont pouvoir en retenir ce que bon leur
semble et accentuer soit le « presque rien » qu'est la matière,
soit sa capacité à recevoir les formes et à assurer le devenir.
C'est ce dernier aspect qui prédomine toutefois dans les
lectures médiévales de Saint Augustin, notamment chez bon
nombre de penseurs franciscains, qui vont défendre la thèse

---

1. Cf. *Confessions*, XII, VI, 6, BA, t. 14, p. 352 : « mutabilitas enim rerum
mutabilium ipsa capax est formarum omnium, in quas mutantur res mutabiles ».

2. Pour le temps, cf. *Confessions*, XI, XIV, 17, BA, t. 14, p. 298-300; pour
la matière, cf. *Confessions*, XII, V, 5, BA, t. 14, p. 348 : « conetur eam vel nosse
ignorando vel ignorare noscendo ».

3. Cf. *Confessions*, XII, XII, 15, BA, t. 14, p. 362-364 et XII, XXIX, 40,
BA, t. 14, p. 412-416.

4. Pour la conception augustinienne de la matière, nous renvoyons à
l'exposé synthétique de O.M. Ibaneta de Ghio, « La noción de materia en San
Agustin », *Patristica et mediaevalia* 1-3 (1975-1978), p. 81-87.

d'une consistance propre de la matière en s'appuyant à la fois sur son autorité et sur une certaine lecture d'Averroès [1].

Sans hésitation ni ambiguïté, Ibn Gabirol (« Avicebron » pour les Latins) attribuait à la matière une consistance propre et la concevait comme une racine (*radix*) de toutes choses. Dans le seul traité philosophique connu dans la culture du Moyen Âge latin – le *Fons vitae*, traduit vers la fin du XIIᵉ siècle à partir de l'original arabe datant du milieu du XIᵉ siècle –, le philosophe juif présentait la conception dite de l'«hylémorphisme universel », où la matière et la forme universelles figuraient comme principes constitutifs et « racines » de toutes choses. Principe d'unification de la réalité, la matière y était envisagée comme un réceptacle universel et comme le support indispensable à la constitution de toutes choses, dont la diversification était assurée par la forme. Hiérarchisées selon un ordre dérivé de la structure métaphysique de l'univers néoplatonicien, la matière et la forme s'échelonnaient selon des degrés allant de la matière/forme absolument universelle jusqu'à la matière/forme particulière des réalités naturelles. La matière, autant que la forme, était ainsi présente à tous les niveaux de la réalité – y compris à celui des substances séparées – pour y assurer la fonction de soutien et de substrat porteur des formes. En tant que réceptacle universel et nécessaire, la matière possédait une consistance ontologique propre indépendamment de son union avec une forme, bien qu'elle ne pût exister actuellement dans la réalité des choses

1. *Cf.* G.J. McAlee, « Augustinians interpretations of Averroes with respect to the status of prime Matter », *The Modern Schoolman* LXXIII/2 (1996), p. 159-172 ; W. Duba, « Aristotelian Traditions in Franciscan Thought : Matter and Potency according to Scotus and Auriol », dans I. Taifacos (ed.), *The Origins of European Scholarship*, Stuttgart, Franz Steiner, 2006, p. 147-161.

sans être déterminée par une forme. Le fait d'être en puissance à l'égard de ses formes ne faisait donc pas de la matière une sorte de néant inconsistant, mais au contraire un partenaire qualifié de la forme [1]. Bien connue au XIIIᵉ siècle, la conception d'Ibn Gabirol a retenu toute l'attention de Thomas d'Aquin, qui en 1271 l'a critiquée de manière détaillée dans le traité sur les substances séparées, en raison notamment d'une thèse gabirolienne diamétralement opposée aux vues de l'Aquinate : celle de la composition hylémorphique des créatures spirituelles [2].

Bien qu'Ibn Gabirol ait emprunté à Aristote les notions de matière et de forme, sa doctrine était désormais bien éloignée de celle du Stagirite. En effet, la version aristotélicienne de l'hylémorphisme présente la matière, avec la forme et la priva- tion, comme principe du devenir : de ce point de vue, la matière est le premier sujet, c'est-à-dire ce qui, dans une chose, est sous-jacent aux changements qui l'affectent [3]. En tant que telle, la matière est dépourvue de toute forme, elle est indéter- minée, inconnaissable [4] et « désire la forme comme la femelle désire le mâle » [5]. Selon Aristote la matière est donc un être relatif [6]. Cette matière première n'est pas quelque chose, elle

---

1. *Cf.* Ibn Gabirol, *Livre de la source de vie*, trad. fr. J. Schlanger, Paris, Aubier Montaigne, 1970 ; F. Brunner, « La doctrine de la matière chez Avicebron », *Revue de théologie et de philosophie* 6 (1956), p. 261-279.

2. *Cf.* Thomas d'Aquin, *De substantiis separatis*, c. 5-8, éd. Léonine, t. XL, Roma, 1969, p. 48-56. Sur le statut de l'ange chez Thomas d'Aquin, *cf.* T. Suarez-Nani, *Les anges et la philosophie. Subjectivité et fonction cosmologique des substances séparées à la fin du XIIIᵉ siècle*, Paris, Vrin, 2002.

3. *Cf.* Aristote, *Physique* I, 9, 192a31.

4. *Cf. Métaphysique* VII, 11, 1037a27 ; VIII, 10, 1036a8.

5. *Cf. Physique*, I, 9, 192a21.

6. *Cf. Physique*, II, 2, 194b8.

n'est pas encore le matériau dont seront constituées les réalités naturelles, mais est une pure puissance, une pure déterminabilité[1]. En vertu de ce statut, elle doit être comprise comme un principe métaphysique antérieur à la matière corporelle des réalités mondaines (celle-ci est la « matière seconde », qui n'existe qu'en tant que déjà déterminée par une forme). La matière première n'est donc pas un élément constitutif des réalités concrètes, mais un principe d'indétermination que la raison reconnaît comme condition du devenir et de l'être en toutes choses. Elle n'existe par conséquent nulle part dans le monde et ne vient à l'être que par la forme et avec elle. La matière ainsi conçue n'a pas de consistance propre : elle n'est rien d'autre qu'un vide qui demande à être rempli par la forme[2]. Les penseurs latins du XIIIe siècle qui se réclameront d'Aristote retiendront surtout cet aspect : parmi eux, Thomas d'Aquin – dont l'œuvre est sur ce point « habitée par l'esprit d'Aristote »[3] – redit avec conviction que la matière première est entièrement dépendante de la forme et qu'elle est une pure puissance sans consistance, dont Dieu n'a pas d'idée[4].

Comme l'on sait, la réception de la *Physique* et de la *Métaphysique* d'Aristote a été précédée par celle de l'encyclopédie philosophique d'Avicenne – le « *Kitab al-Shifâ* », traduit

---

1. Cf. *Métaphysique*, VII, 7, 1032a20 ; VII, 3, 1029a20-21 ; VIII, 1, 1042a27.

2. Pour la théorie aristotélicienne de la matière, *cf.* H. Happ, *Hyle : Studien zum aristotelischen Materie-Begriff*, Berlin-New York, W. de Gruyter, 1971.

3. *Cf.* C. König-Pralong, *Avènement de l'aristotélisme en terre chrétienne*, Paris, Vrin, 2005, p. 138 ; la seconde partie de cette étude brosse un portrait fort instructif de la discussion sur la matière et la forme entre 1260 et 1320.

4. *Cf.* Thomas d'Aquin, *De principiis naturae*, c. 4 ; *In II Sent.*, d. 12, q. 1, a. 4 ; *In octo libros Physicorum Aristotelis expositio*, II, lectio IV, 9 ; *Summa theologiae*, I, q. 15, art. 3.

en latin entre 1150 et 1180 –, et notamment par sa *Métaphysique*. Avicenne y présente un système du monde dont la structure et la dynamique reproduisent le processus d'émanation propre au néoplatonisme. Aussi, dans cet univers la matière est-elle le dernier des êtres et le plus éloigné de la Cause Première. Elle est un être « infime », un « quelque chose qui ne possède d'aucune façon l'être par soi et n'existe en acte que par la forme »[1]. Mais cette conception, à première vue parfaitement conforme à celle d'Aristote, n'annule pas purement et simplement la réalité de la matière : certes, la matière n'existe pas en acte sans la forme, mais sans celle-ci elle possède néanmoins un être-en-puissance distinct de son être-en-acte par la forme : « Quant à la nature de ce qui est en puissance, son réceptacle c'est la matière. La matière sera alors ce qui permet qu'on puisse dire qu'elle est en elle-même en puissance et qu'elle est en acte par la forme »[2]. Sans être actuelle avant d'exister dans un composé, la matière possède ainsi l'existence (*substantialitas*) d'une puissance réceptive : pour cette raison elle représente la condition de possibilité des changements qui affectent les substances composées. Par ailleurs, en tant que déjà engagée dans ces substances, la matière première possède la forme de corporéité et constitue un continu plein, mais sans dimensions déterminées : celles-ci seront acquises lorsque la matière recevra la forme spécifique de la substance qu'elle va composer. Par la matière présente en elle, chaque substance composée peut donc changer, être

---

1. *Cf.* Avicenne, *Métaphysique*, traité V, chap. V : Avicenna Latinus, *Liber de philosophia prima seu scientia divina*, S. Van Riet (éd.), Louvain-la-Neuve-Leiden, Peeters-Brill, 1977, p. 268, l. 18-22.

2. *Métaphysique*, traité II, chap. IV, p. 101-102, l. 10-15 ; trad. fr. G.C. Anawati, Paris, Vrin, 1978, p. 152-153.

autrement, ne plus être ce qu'elle était : en un mot, par la matière chaque substance composée est un possible[1], dont l'actualité a pré-existé (comme possibilité) dans la matière qui la compose[2]. De ce fait, la matière constitue la possibilité d'être des choses : une possibilité qui ne sera pas nécessairement actualisée et qui ne le sera que par l'action d'une cause extérieure, à savoir l'Intellect Agent ou «Donateur de formes». La matière avicennienne est ainsi intimement associée à la contingence du monde en tant que possible et en tant que radicalement dépendant, par la médiation des Intelligences, de l'unique Être nécessaire. Le déficit ontologique de la matière, sa faiblesse et sa proximité du néant, ne suppriment pourtant pas sa réalité d'«être-en-puissance» ou de «possibilité-d'être-des-choses». Cette lecture d'Aristote va intéresser quelques penseurs de la fin du XIIIe siècle, qui feront recours à Avicenne et à Augustin pour défendre la thèse d'une consistance ontologique propre de la matière[3].

Averroès – critique d'Avicenne sur ce point également – reprend à son tour la conception aristotélicienne de la matière comme potentialité, mais il la précise dans un sens qui privilégie l'idée de la matière comme sujet ou support des changements substantiels. La matière première est le sujet

---

1. Avicenne définit le possible de la manière suivante : «id autem quod possibile est esse, possibile est non esse» (*Métaphysique*, traité IV, chap. II, p. 202, l. 44-45).

2. Cf. *Métaphysique*, traité I, chap. VII, p. 55, l. 53-55 : «Et ideo nihil est quod omnino sit expoliatum ab omni eo quod est in potentia et possibilitate respectu sui ipsius, nisi necesse esse».

3. Par exemple Jean Peckham, *Quodlibet* IV, q. 1, a. 1, ad 1, G.J. Etzkorn (ed.), Ed. Collegii S. Bonaventurae, Grottaferrata, Ad Claras Aquas, 1989, p. 176; Richard de Mediavilla, *In II librum Sententiarum*, d. XII, a. 1, q. 1, Brixiae, 1591, p. 143-144.

ultime, totalement dépourvu de forme et en dehors de tout genre et de toute espèce. Elle est néanmoins substance – du fait d'être une partie du composé –, et comme telle elle est plus noble qu'un accident[1]. La matière possède en effet la disposition la plus vaste à l'égard des formes, elle est ce qui renferme le plus de potentialité, car elle peut se transformer en toutes les formes qu'elle reçoit. Elle est ainsi support et condition de tout changement, car elle ne possède aucune limite ou dimension déterminée – celle-ci lui advenant lors de la réception d'une forme substantielle. La matière comporte néanmoins des dimensions indéterminées ou en puissance, qui constituent l'accident de la quantité (elle-même indéterminée) en vertu duquel la matière peut recevoir les formes substantielles spécifiques[2]. Grâce à cet accident, qui est donc présent en elle avant

1. Cf. *Averrois Cordubensis Commentarium Magnum in Aristotelis De Anima libros*, l. II, chap. 2, F. Stuart Crawford (ed.), Cambridge (Mass.), The Mediaeval Academy of America, 1953, p. 130-131 : « Id est, et omnia de quibus dicitur substantia sunt tribus modis ; quorum unus est ut sit materia prima, que per se non est formata neque aliquid per se in actu (…). Et similiter prima materia est substantia, quia est una partium que cum auferuntur aufertur substantia, scilicet individuum. (…). Et materia est substantia quae est in potentia ; forma autem est substantia per quam perficitur hec substantia que est in potentia forma ». *Cf.* M. Santiago de Carvalho, « A essência da materia prima em Averrois latino », *Revista portuguesa de filosofia* LII (1996), p. 197-221.

2. Cf. *Sermo de Substantia orbis*, Venetiis 1562, réimp. Frankfurt a.M., Minerva, 1962, vol. IX, c. 1, fol. 3L-4F : « Hoc autem subiectum (sc. materia) est unum existentium entium per se, et elementum unum aeternum existentium per se, quorum substantia est in potentia (…) Et quando invenit substantiales formas dividi secundum divisionem huius subiecti, divisio autem non est huic subiecto nisi inquantum habet quantitatem, scivit quod primum eorum, quae existunt in hoc, sunt tres dimensiones, quae sunt corpus (…). Et quia invenit omnes formas communicari in dimensionibus non terminatis, scivit quod prima materia numquam denudatur a dimensionibus non terminatis, quia, si denudaretur, tunc corpus esset ex non corpore ».

la réception de toute forme substantielle, la matière est un « sujet de possibilité », à savoir un « quelque chose qui reçoit des possibilités »[1]. Cette possibilité à l'égard des formes est conçue comme une relation qui exige un sujet d'inhérence[2]. Pour cette raison, la matière première d'Averroès se présente comme un sujet ou une substance[3], comme quelque chose de potentiel qui n'existe pas en acte et n'est pas une substance déterminée, mais qui possède néanmoins des dimensions indéterminées (accident de la quantité) ainsi que de multiples possibilités (accident de la relation) à l'égard des formes. L'actualité des réalités existantes repose par conséquent sur leur possibilité préalablement donnée dans la matière première, dont l'éternité fournit la condition de possibilité de la réalisation en acte de tous les possibles[4]. La doctrine d'Averroès ne fait donc pas de la matière une pure indétermination et potentialité à l'égard des formes : au contraire, son

---

1. Cf. *Averroes' « Destructio destructionum philosophiae Algazelis »* in the Latin version of Calo Calonymus, B.H. Zedler (ed.), Milwaukee, The Marquette University Press, 1961, p. 124-125 : « Quod sit subiectum possibilitatis res recipiens possibilitatem ; et est materia ».

2. Cf. *In Aristotelis Libros Physicorum*, l. I, Venetiis, 1574, réimp. Frankfurt a.M., Minerva, 1962, vol. V, fol. 41f E-F.

3. Cette interprétation d'Aristote sera aussi celle de Siger de Brabant, *Quaestiones in Metaphysicam*, Reportations de Munich et de Vienne, W. Dunphy (éd.), Louvain-la-Neuve, Institut supérieur de philosophie, 1981, p. 247, l. 21-29 : « Sicut dicit Averroes in libro De Substantia orbis, quod, si materia esset potentia seu posse per essentiam suam, cum posse intelligatur respectu formae, materia per essentiam suam non esset de numero eorum, quae habent esse absolutum (...) et tunc non esset substantia ; hoc autem est impossibile ».

4. Cette thèse, qui a son origine chez Aristote (*Métaphysique* IX, 4, 1047b3 et *Physique* III, 4, 203b30), peut être considérée comme une variante du « principe de plénitude », *cf.* O. Leaman, *Averroes and his philosophy*, Oxford, Clarendon Press, 1988, p. 24-36.

caractère substantiel, sa présence en toutes choses comme composante universelle ainsi que les innombrables possibilités de devenir qu'elle recèle, fourniront autant d'éléments utiles à la thèse de la consistance de la matière développée au sein de la tradition franciscaine de la fin du XIIIe siècle, bien que celle-ci se réclame ouvertement d'Avicenne et non d'Averroès[1].

Le patrimoine textuel et doctrinal dont nous venons de rappeler sommairement quelques éléments constitue l'horizon ainsi que le terme de référence et de confrontation des débats sur le statut de la matière qui auront lieu au cours de la seconde moitié du XIIIe siècle. En continuité ou en rupture avec ces différentes sources, les protagonistes de ce débat vont élaborer des conceptions qui peuvent être schématiquement inscrites dans deux orientations générales : l'une, fidèle à la *Métaphysique* d'Aristote, n'accorde aucune consistance ou actualité propre à la matière envisagée indépendamment de la forme qui l'actualise et la détermine – ici, l'hypothèse d'une matière sans forme est impensable ; l'autre, se réclamant d'Augustin et d'Avicenne, et faisant écho à certains éléments de l'hylémorphisme d'Ibn Gabirol, attribue à la matière une certaine actualité et subsistance indépendamment de son union avec une forme – ce qui rend légitime l'hypothèse d'une

---

1. *Cf.* A. Perez-Estévez, *La materia. De Avicena a la Escuela Franciscana*, Maracaibo, Ediluz-Ed. de la Universidad de Zulia, 1998, p. 131-132 : dans cette étude on trouve une excellente présentation des conceptions de la matière chez les penseurs franciscains de la fin du XIIIe siècle. Pour le XIVe siècle, *cf.* J.A. Weisheipl, « Matter in Fourteenth Century Science », dans E. McMullin (ed.), *The Concept of Matter in Greek and Medieval Philosophy*, Notre Dame, University of Notre Dame Press, 1965, p. 147-169.

matière sans forme[1]. L'adhésion à l'une ou à l'autre de ces orientations aura des conséquences décisives en anthropologie, en angélologie et en christologie. Toutefois, bien que révélatrices de certains intérêts philosophiques et théologiques, ces deux orientations doctrinales n'épuisent pas la diversité des conceptions médiévales, comme nous allons le constater avec Pierre de Jean Olivi.

OLIVI ET LA PHILOSOPHIE

Célèbre pour sa défense de l'idéal de pauvreté dans l'acception radicale de l'*usus pauper*, Pierre de Jean Olivi nous apprend que la philosophie se cache là où l'on ne s'y attend pas : au cœur même d'une critique qui n'hésite pas à associer certaines thèses philosophiques (l'éternité du monde, l'unicité de l'intellect) à la figure apocalyptique de la bête à deux cornes[2]. Le souvenir de cette figure, qui « obligeait la terre et ses habitants à adorer la première bête »[3] et qui avait déjà été évoquée par Bonaventure en 1273 dans la VIIIᵉ de ses *Collationes* sur les dons du Saint-Esprit – dont Olivi a été

---

1. La première orientation sera, entre autres, celle de Thomas d'Aquin, de Boèce de Dacie et de Gilles de Rome, la seconde celle d'Henri de Gand et de bon nombre de penseurs franciscains de la fin du XIIIᵉ siècle, *cf.* C. König-Pralong, *Avènement, op. cit.*, p. 129-181 ; A. Perez-Estévez, *La materia, op. cit.*. Quant à Albert le Grand, sa position paraît être « intermédiaire » entre ces deux orientations, *cf.* A. Rodolfi, *Il concetto di materia nell'opera di Alberto Magno*, Firenze, SISMEL-Ed. del Galluzzo, 2004.

2. *Cf.* Jean, *Apocalypse* 13, 11-18.

3. Jean, *Apocalypse* 13, 12.

l'auditeur[1] –, n'est pas étranger à la critique de la sagesse mondaine formulée dans l'opuscule *De perlegendis philosophorum libris*[2], dans lequel Olivi stigmatise la vanité, la fausseté et l'ignorance de la philosophie païenne. Cependant, comme il a déjà été relevé[3], la critique olivienne, aussi radicale fût-elle, frappait davantage l'attitude d'asservissement et d'idolâtrie à l'égard de la sagesse mondaine que la philosophie tout court. Aussi, loin de sacrifier la philosophie, cette critique lui accordait une place importante et l'exigeait dans l'élaboration d'une pensée conforme à la révélation chrétienne. S'ouvraient ainsi un vaste programme et un immense chantier de réflexion, dont les *Questions sur les Sentences* témoignent de manière éloquente. Dans cette œuvre, Olivi s'engage dans l'examen précis et pointu de nombreux sujets, qu'il discute en parfaite connaissance des autorités philosophiques et du débat contemporain[4]. Philosophe à plein titre, Olivi y privilégie l'autorité d'Augustin et des maîtres de la tradition franciscaine, mais se montre souvent capable de s'en éloigner et

---

1. Cf. *Quaestiones in II Sententiarum*, q. V, B. Jansen (ed.) (désormais cité *Quaest. in II Sent.*), t. I, Ed. Collegii S. Bonaventurae, Quaracchi, Ad Claras Aquas, 1922, p. 98 et F. Delorme, « Saint Bonaventure et le nombre apocalyptique 666 », *La France franciscaine* VIII (1925), p. 521.

2. F. Delorme (éd.), « *De perlegendis philosophorum libris* », *Antonianum*, XVI (1941), p. 31-44.

3. *Cf.* F. Delorme, *De perlegendis philosophorum libris*, p. 34 et, plus récemment, D. Burr, *L'histoire de Pierre Olivi. Franciscain persécuté*, Fribourg-Paris, Éditions universitaires de Fribourg-Le Cerf, 1997, chap. IV ; F.-X. Putallaz, *Insolente liberté. Controverses et condamnations au XIIIᵉ siècle*, Fribourg-Paris, Éditions universitaires de Fribourg-Le Cerf, 1995, p. 130-135.

4. Pour une présentation des grands thèmes philosophiques traités par Olivi, la monographie d'E. Bettoni reste fondamentale : *Le dottrine filosofiche di Pier di Giovanni Olivi*, Milano, Vita e pensiero, 1959 et P. Vian, *Pietro di Giovanni Olivi. Scritti scelti*, Roma, Città Nuova, 1989.

d'élaborer des positions très personnelles [1]. Par son originalité et ses écarts par rapport à une tradition qui était profondément sienne – rappelons qu'il est entré dans l'ordre franciscain à l'âge de douze ans –, Olivi fait preuve d'une grande liberté : la même liberté qu'il a exaltée comme le propre de l'être humain, comme le noyau de sa dignité, comme ce sans quoi l'homme en serait réduit à être une *bête intellectuelle* [2]. Exigeante, cette même liberté d'esprit lui a imposé une révision théorique de nombreuses questions, dans le but de rétablir une doctrine conforme à son projet spirituel et culturel. Cette révision a concerné plusieurs domaines, dans lesquels, selon le propre jugement d'Olivi, les philosophes s'étaient trompés : parmi les plus importants pour la philosophie et son histoire figurent l'anthropologie (composition hylémorphique de l'âme, pluralité des formes et leur rapport au corps) et l'angélologie (le statut de l'ange, sa connaissance, son rapport à l'espace et au temps) [3]. Or la conception olivienne de l'être humain et des substances spirituelles – avec l'ensemble des thèmes qui s'y rattachent – repose sur une pièce théorique fondamentale : sa doctrine de la matière [4]. Celle-ci est décisive, car aux dires

---

1. L'originalité de la philosophie d'Olivi avait déjà été soulignée par E. Bettoni, *Le dottrine, op. cit.*, originalité que les études récentes n'ont pas démentie, *cf.* A. Boureau, S. Piron (éd.), *Pierre de Jean Olivi (1248-1298). Pensée scolastique, dissidence spirituelle et société*, Paris, Vrin, 1999.

2. Cf. *Quaest. in II Sent.*, q. LVII, t. II, p. 338.

3. Pour l'anthropologie, *cf.* E. Bettoni, *Le dottrine, op. cit.*, p. 333-379 et la reconstitution de cette problématique par Th. Schneider, *Die Einheit des Menschen*, Münster, Aschendorff, 1973 et A. Boureau, *Théologie, science et censure au XIIIᵉ siècle. Le cas de Jean Peckham*, Paris, Les Belles Lettres, 1999 ; pour l'angélologie, *cf.* T. Suarez-Nani, « Pierre de Jean Olivi et la subjectivité angélique », art. cit.

4. Son importance chez Olivi a été clairement mesurée par A. Perez-Estévez, *La materia, op. cit.*, p. 283-332.

d'Olivi elle fait partie des sujets qui comptent pour la foi chrétienne et « lui sont très proches »[1]. Une philosophie de la matière est donc nécessaire : elle est formulée dans les questions XVI à XXI des *Quaestiones in secundum librum Sententiarum*[2], dont nous proposons la première traduction en langue française.

LES QUESTIONS SUR LA MATIÈRE

Selon l'ordre habituel des thèmes traités dans les commentaires du IIe livre du manuel de Pierre Lombard, les *Questions* d'Olivi[3] s'ouvrent par une section concernant l'acte de création, suivie d'une série de questions d'ordre général sur le créé. L'examen des principes constitutifs de toute réalité créée donne ensuite l'occasion de soulever plusieurs interrogations qui portent sur la matière. Elles sont suivies de neuf questions sur les propriétés des agents et d'un imposant traité d'angélologie[4] qui clôt le premier volume de l'édition Jansen. L'emplacement des six questions sur la matière – qui consti-

---

1. Cf. *Quaest. in II Sent.*, q. XVI, t. I, p. 337.
2. Cf. *Quaest. in II Sent.*, q. XVI-XXI, B. Jansen (ed.), t. I, Ed. Collegii S. Bonaventurae, Quaracchi, Ad Claras Aquas, 1922, p. 291-388.
3. Il faut distinguer ces *Quaestiones* sur les livres des *Sentences* du *Commentarius* sur les *Sentences*. Olivi semble avoir eu l'intention de réunir dans une *Summa* de nombreuses questions dispersées : les « Questions sur le IIe livre des *Sentences* » correspondraient précisément au deuxième livre prévu pour cette *Summa*. Pour une mise au point des problèmes relatifs à ces écrits, *cf.* M. Bartoli, « Opere teologiche e filosofiche di Pietro di Giovanni Olivi », *Archivum franciscanum historicum* 91 (1998), p. 453-467.
4. Cf. *Quaest. in II Sent.*, q. XXXII à XLVIII, t. I, p. 673-763.

tuent une unité et forment un véritable traité – plaide en faveur de leur importance stratégique dans l'ontologie olivienne et de leur fonction de pierre angulaire dans sa conception de l'ensemble de la réalité. Il importe en effet de relever qu'elles précèdent les questions sur les anges et que la question XVI – sur la composition hylémorphique des créatures spirituelles – a été délibérément placée avant celles qui traitent de la matière, car elle a valeur de présupposé général pour l'examen de toutes les substances créées[1]. Comme on va le voir, cette importance structurelle est confirmée par la valeur doctrinale des questions sur la matière.

Éléments de datation

L'ordre des *Questions sur le IIe livre des Sentences* reproduit par B. Jansen correspond à l'ordre fixé par Olivi lors du remaniement de ses écrits, entrepris dans les années 1295-1296 en vue de leur édition[2]. Ce projet d'édition réunissait en un tout cohérent de nombreuses questions disputées, rédigées à différents moments au cours des deux décennies

---

1. C'est ce qu'on peut lire dans la *Tabula quaestionum* rédigée par Olivi et contenue dans le codex Vat. Lat. 1116 qui a servi à l'édition de B. Jansen : celui-ci la reproduit en annexe à ses *Prolegomena* (*Quaestiones in secundum librum Sententiarum*, t. I, p. 1*-10*). S'agissant de la q. XVI, Olivi précise ceci : « Licet enim specialiter quaestionem hanc scripserim de angelis, est nihilominus generalis ad omnes substantias » (p. 2*).

2. La *Tabula quaestionum* rédigée par Olivi atteste que l'ordre des questions de l'édition Jansen est bien l'ordre voulu par l'auteur : *cf.* S. Piron, « Les œuvres perdues d'Olivi : essai de reconstitution », dans *Pietro di Giovanni Olivi : opera edita et inedita*, *Archivum franciscanum historicum* 3 (1999), p. 359.

précédentes. Selon la datation de V. Heynck[1], les *Questions sur le IIe livre des Sentences* remontent aux années 1277-1283, mais dans leur majeure partie elles auraient été conçues avant 1279. Ces données peuvent être précisées davantage en ce qui concerne les questions traduites dans les pages qui suivent.

Question XVI

Cette question témoigne de la connaissance du *Correctoire* de Guillaume de la Mare, qui pourrait avoir été rédigé déjà entre le printemps et l'été 1277[2]. La condamnation de mars 1277 constitue en effet l'horizon tacite de la problématique discutée par Olivi, dont la position reprend quelques éléments du *Correctoire*[3]. Par ailleurs, cette question fait partie de celles où apparaissent les allusions aux *Averroistae* : il s'agit de textes produits alors qu'Olivi enseignait au *Studium* franciscain de Narbonne, des questions antérieures aux *Quaestiones de perfectione evangelica* qui ont été rédigées avant le mois d'août 1279. Plus précisément, les textes qui font référence aux *Averroistae* seraient à situer plus près de 1277 que de 1279[4]. La rédaction de la question XVI remonte ainsi

1. *Cf.* V. Heynck, « Zur Datierung einiger Schriften des P.J. Olivi », *Franziskanische Studien* 38 (1956), p. 371-398 et *ibid.* 46 (1964), p. 335-364, en particulier p. 359.

2. *Cf.* A. Boureau, *Théologie, science et censure au XIIIe siècle, op. cit.,* p. 86, 125-126, 134, 213 et 344 ; M.J.F.M. Hoenen, « Being and Thinking in the "Correctorium fratris Thomae" and the "Correctorium corruptorii 'quare'". Schools of Thought and Philosophical Methodology », dans J.A. Aertsen, K. Emery, A. Speer (ed.), *Nach der Verurteilung von 1277*, Berlin-New York, W. de Gruyter, 2001, p. 417-435.

3. *Cf.* T. Suarez-Nani, « Pierre de Jean Olivi et la subjectivité angélique », art. cit., p. 261, n. 130.

4. *Cf.* S. Piron, « Olivi et les averroïstes », dans D. Calma, E. Coccia (éd.), *Les « sectatores Averrois ». Noétique et cosmologie aux XIIIe-XIVe siècles,*

vraisemblablement à l'automne 1277, mais au plus tard à l'été 1279. Deux renvois aux autres questions sur la matière [1] nous apprennent encore que ces dernières ont été rédigées avant la question XVI, ce qui s'accorde avec la *Tabula quaestionum ipsius auctoris* [2], qui fixe l'ordre doctrinal et d'édition des questions indépendamment de leur ordre de rédaction. En revanche, les trois renvois « à la question suivante » [3] sont des renvois selon l'ordre de rédaction et se réfèrent à la question XXXIII, rédigée après la question XVI [4].

Question XVII

Nous ne disposons pas d'éléments décisifs permettant de préciser la datation de cette question. Olivi y fait toutefois référence à des positions qui peuvent être attribuées à Siger de Brabant, à Thomas d'Aquin et à Boèce de Dacie, des positions qui ont été formulées entre 1270 et 1276. Ce constat, associé à la remarque sur l'antériorité des questions sur la matière qui apparaît dans la question XVI, suggère de situer la rédaction de la question XVII durant l'année 1277, à un moment proche de celle de la question XVI.

Freiburger Zeitschrift für Philosophie und Theologie 53 (2006), 1/2, p. 251-309, en particulier p. 256.

1. La page 301 du texte latin renvoie à la q. XX et la page 310 « aux autres questions sur la matière » comme étant précédentes, cf. *infra*, p. 94 et p. 120.

2. *Cf.* B. Jansen, *Quaest. in II Sent.*, *Prolegomena*, t. I, p. 1*-10*.

3. Cf. *Quaest. in II Sent.*, q. XVI, *infra*, p. 162, 170 et 172.

4. S. Piron, qui a effectué des recherches sur la datation des *Questions sur le IIe livre des Sentences*, nous a aimablement transmis les résultats obtenus avant leur publication : selon ses indications, les q. XXXIII-XXXIV ont été assurément rédigées après la q. XVI.

Question XVIII

Dans cette brève question (deux pages de l'édition Jansen), Olivi ne fait référence à aucune autre doctrine et n'introduit aucun renvoi interne. Dans l'*Incipit*, il se contente de déclarer qu'il est utile de prendre position sur le thème discuté – à savoir si la matière peut être un principe efficient –, car sa solution est présupposée dans d'autres questions[1] : cette référence vise en premier lieu la question XXIV et, plus largement, les questions XXIII-XXVI. Dans cette même question XVIII figure par ailleurs à deux reprises l'annonce de la question sur la création[2]. Cette question (la première du IIe livre) étant antérieure aux questions XII-XV, qui à leur tour précèdent la question XVI, nous pouvons situer la rédaction de la question XVIII avant 1277[3].

Question XIX

Cette question présente deux positions : l'une très brièvement – il pourrait s'agir de Guillaume de la Mare, d'Henri de Gand ou de Jean Peckham –, l'autre de manière très développée – c'est la position défendue par Thomas d'Aquin. Un renvoi à la question XXXI[4], qui est immédiatement postérieure à la question XVI, permet de conclure que la question XIX a été rédigée dans le prolongement de la question XVI, c'est-à-dire à la fin de 1277 ou au début de 1278.

---

1. Cf. *Quaest. in II Sent.*, q. XVIII, *infra*, p. 274.
2. Cf. *Quaest. in II Sent.*, q. XVIII, p. 363-364.
3. Nous tenons ces précisions de S. Piron.
4. Cf. *Quaest. in II Sent.*, q. XIX : «Potest et aliter exponi, sicut in quaestione de hoc propria habet tangi»; *infra*, p. 292. S. Piron identifie ce renvoi sur la base de la citation commune d'un passage du livre de l'*Ecclésiaste* (18, 1), *cf.* q. XXXI, p. 513.

Questions XX et XXI

Ces deux questions ont été rédigées l'une après l'autre, comme indiqué par un renvoi de la question XX à la question XXI, signalée comme question « suivante »[1]. S. Piron a suggéré de rapprocher ces questions des *Questions sur la Physique* qui pourraient faire partie d'un cours de philosophie donné par Olivi avant de commencer son enseignement de théologien[2]. Les questions XX et XXI seraient ainsi à dater d'avant 1277, ce qui s'accorde avec leur antériorité par rapport à la question XVI[3]. L'ensemble de ces éléments nous invite donc à situer la rédaction des questions sur la matière entre 1276 et l'été 1279.

La doctrine de la matière

Pour faciliter l'approche de textes complexes, dont la doctrine n'est pas exempte de zones d'ombre, nous allons retracer les lignes directrices de la conception olivienne de la matière en essayant d'en dégager l'intention et la portée.

La matière et sa puissance

Sur l'arrière-fond de la conception aristotélicienne de la matière comme pure indétermination et potentialité, Olivi s'interroge sur le rapport entre l'essence de la matière et sa puissance. Il n'est pas le premier à soulever cette question et il

---

1. Cf. *Quaest. in II Sent.*, q. XX, *infra*, p. 310.

2. *Cf.* S. Piron, « Les œuvres perdues d'Olivi », art. cit., p. 385.

3. L'antériorité de ces questions par rapport à la condamnation de 1277 est renforcée par la constatation de l'absence de toute polémique ou invective à l'égard de la philosophie aristotélicienne, une polémique qui interviendra en force dans les questions rédigées entre 1277 et 1279, *cf.* S. Piron, « Les œuvres perdues d'Olivi », art. cit., p. 385.

en connaît les enjeux : son maître Bonaventure s'y était déjà intéressé et y avait répondu en distinguant clairement l'essence de la matière de sa puissance[1], alors que Thomas d'Aquin soutenait la thèse de leur identité[2]. Au cours des années 70 du XIIIe siècle, à l'occasion des débats autour de cette problématique, on assiste à la divergence entre deux auteurs que l'historiographie relative à « l'averroïsme latin » a toujours associés : Siger de Brabant et Boèce de Dacie. Le premier – privilégiant un aspect particulier de la doctrine d'Averroès dans le *De Substantia orbis* – pose la distinction entre l'essence de la matière et sa puissance, alors que Boèce de Dacie – accentuant un autre aspect du même texte d'Averroès – défend résolument leur identité[3]. C'est à ce débat qu'Olivi fait référence dans la question XVII, dans laquelle, après avoir évoqué la position « séparatiste » – celle de Siger, qui fait de la puissance un accident de la matière[4] –, il

1. *Cf.* Bonaventure, *In II Sententiarum*, d. 3, a. 1, q. 3, Ed. Collegii S. Bonaventurae, Quaracchi, Ad Claras Aquas, 1882, p. 84. Olivi s'éloigne ici de Bonaventure, comme il le fait sur d'autres thèmes, *cf.* C. Bérubé, « Olivi, critique de Bonaventure et d'Henri de Gand », dans R.S. Almagno, C.L. Harkins (ed.), *Studies honoring I.C. Brady*, St. Bonaventure New York, The Franciscan Institute, 1976, p. 57-121.

2. *Cf.* Thomas d'Aquin, *In I Sententiarum*, d. 3, q. 4, a. 2, ad 4 ; *Summa theologiae*, I, q. 77, a. 1, ad 2.

3. Pour Siger de Brabant, *Quaestiones in Metaphysicam*, *op. cit.*, p. 332, l. 25-27, ainsi que l'édition de A. Maurer, Louvain-la-Neuve, Institut supérieur de philosophie, 1983, p. 262, l. 36-39. Pour Boèce de Dacie, *Quaestiones super libros Physicorum*, q. 35, G. Sajó (ed.), Hauniae, Gad, 1974, p. 197-199. À propos de leur lecture d'Averroès, *cf.* A. Rodolfi, *Il concetto di materia*, *op. cit.*, p. 172-190.

4. *Cf.* Olivi, *Quaest. in II Sent.*, q. XVII, *infra*, p. 254-256 : « quidam dixerat quod potentia sit accidens materiae et ita quod addat aliquid secundum rem diversum ad ipsam ». *Cf.* Siger de Brabant, *Quaestiones in Metaphysicam*, p. 332 ; il faut préciser que Siger ne conçoit pas la puissance comme un accident

opte sans réserve pour la thèse qui pose l'identité de l'essence de la matière et de sa puissance [1].

Olivi prend ainsi ses distances à l'égard de Bonaventure et adhère à la position de Thomas d'Aquin [2] et de Boèce de Dacie [3]. Une première raison de ce choix prend appui sur la réceptivité de la matière : argumentant par l'absurde, Olivi relève que la non-identité de la puissance et de l'essence de la matière exigerait que la première soit reçue dans la seconde par le biais d'une faculté de réception, ce qui entraînerait un processus de régression à l'infini dans l'ordre des facultés réceptives. Par ailleurs, dans l'hypothèse de leur distinction, la puissance serait inhérente à l'essence de la matière à la manière d'une forme – ce qui est absurde, car la puissance de la matière signifie précisément l'ordre de la matière à l'égard de la forme [4]. La nature de la matière en tant que possible (par rapport à tout ce qu'elle peut devenir) plaide en faveur de la

réel, mais comme un « accident de raison », découvert par l'intellect qui compare la matière à la forme. *Cf.* D. Calma, « Un commentaire inédit de Siger de Brabant sur la *Physique* d'Aristote », *Archives d'histoire doctrinale et littéraire du Moyen Âge* 71 (2006), p. 283-349, en particulier p. 308.

1. Cf. *Quaest. in II Sent.*, q. XVII, p. 357 : « credo tamen cum aliis quod penitus sint eadem secundum rem ».

2. Le rapport d'Olivi à Thomas d'Aquin mériterait d'être étudié de près : si dans le domaine de l'angélologie Olivi critique radicalement la position de Thomas, dans le cas présent il s'en rapproche non pas par une adhésion inconditionnelle à sa doctrine, mais en raison d'une intention commune ; il en va de même en anthropologie, où Olivi insiste sur l'unité de l'individu humain tout en développant une théorie de la pluralité des formes substantielles.

3. La proximité avec la problématique telle qu'elle est discutée par Boèce ressort aussi de la formulation de la question : Boèce s'interrogeait « utrum potentia passiva materiae sit aliquid additum substantiae materiae » et Olivi, à la question XVII, se demande « an potentia materiae addat aliquid realiter diversum ad essentiam eius ».

4. Cf. *Quaest. in II Sent.*, q. XVII, *infra*, p. 256-258.

même thèse : en effet, si l'essence et la puissance de la matière ne coïncidaient pas, la matière pourrait être conçue comme non-possible et non-déterminable, c'est-à-dire comme déterminée, ce qui contredirait sa nature de puissance. Cette dernière ne peut pas non plus constituer simplement une partie de l'essence de la matière, car en tant que principe premier la matière est simple[1]. Tout en admettant leur distinction de raison, Olivi refuse donc de séparer l'essence de la matière de sa puissance. S'agissant de clarifier leur identification, il l'explique toutefois dans un sens opposé à celui de Thomas d'Aquin : en effet, si pour ce dernier cette identification signifie que la matière n'est que puissance, qu'elle ne possède aucune existence propre et qu'elle est entièrement relative à la forme[2], pour Olivi elle signifie au contraire que la matière possède une nature propre, celle qui consiste précisément à être une puissance. À partir de là, il attribue à la matière une consistance indépendante de la forme à laquelle elle est ordonnée. C'est sans doute un des résultats importants de cette doctrine : la matière possède une actualité propre, elle est quelque chose de « solide », elle est une capacité d'être rendue possible par ses multiples puissances[3]. Cette thèse résulte d'un déplacement théorique notable : à partir du moment où la nature de la matière est « solidifiée » par son identification à la puissance, l'ordonnancement à l'égard de la forme ne concerne plus la nature-même de la matière, mais est situé au niveau d'une pure relation. Pour cette raison, la présence ou l'absence d'une forme affecte le rapport de la matière à la

---

1. Cf. *Quaest. in II Sent.*, q. XVII, *infra*, p. 260.
2. *Cf.* Thomas d'Aquin, *In I Sent.*, d. 8, q. 5, a. 1.
3. Cf. *Quaest. in II Sent.*, q. XVI, *infra*, p. 106-112.

forme, mais ne touche pas à sa nature : aussi, avant d'être actualisée, la matière est-elle ordonnée à la forme en tant qu'absente, alors qu'après son actualisation elle se rapporte à la forme en tant que présente[1]. Malgré cet ordre et ce rapport à la forme, la matière est donc une entité à part entière, réellement distincte de la forme, car possédant une actualité propre[2]. Désormais bien loin de la conception aristotélicienne dont il était parti, Olivi précise encore que l'actualité de la matière réside dans sa potentialité et sa réceptivité – celles-ci devant être comprises comme une capacité active de réceptivité, comme une ouverture actuelle à toutes ses réalisations possibles[3]. On assiste ainsi à une importante valorisation de la matière, investie d'une densité d'être qui la rend source inépuisable de potentialités : de ce point de vue, la matière olivienne peut être envisagée à juste titre comme le moteur du dynamisme qui habite l'ensemble de la réalité[4]. Par ailleurs, considérée dans la perspective de la nature réceptive de la matière, cette conception met en avant l'idée d'un substrat dont l'actualité réside dans sa possibilité d'être, celle d'un sujet entièrement ouvert à ce qui lui donne forme et le perfectionne : dans cet ordre d'idées émerge l'aspect fondateur de la relation, de « l'être-en-rapport-à » qui marque la

1. Cf. *Quaest. in II Sent.*, q. XVII, *infra*, p. 270. Il convient de signaler que dans le texte de Boèce de Dacie, auquel Olivi semble se référer dans cette question, on trouve aussi l'idée d'une puissance de la matière qui est antérieure à l'acte et qui n'est pas corrompue par l'avènement de la forme. La position d'Olivi radicalise cette idée, que Boèce de Dacie tire d'Averroès, *De Substantia orbis*, c. 1, fol. 3 K-M.

2. Cf. *Quaest. in II Sent.*, q. XXI, *infra*, p. 346.

3. Cf. *Quaest. in II Sent.*, q. XVI, *infra*, p. 116-118.

4. *Cf.* O. Bettini, « Attivismo psicologico-gnoseologico nella dottrina della conoscenza di Pier Giovanni Olivi », *Studi francescani* 25 (1953), p. 33.

condition de chaque réalité créée et qui fait de la matière une nécessité dans la constitution de tous les étants.

La matière sans forme

Malgré l'attribution à la matière d'une consistance propre, Olivi ne va pas jusqu'à soutenir que Dieu pourrait produire une matière sans forme. En réalité, son attitude face à cette question – devenue un lieu commun à la fin du XIIIe siècle[1] – est plutôt distante : il se borne en effet à rappeler les deux options – l'admission d'une part et, de l'autre, le refus d'une telle possibilité – pour conclure laconiquement qu'il laisse à d'autres la décision quant à la meilleure option[2]. La place sensiblement plus importante accordée à la deuxième position pourrait néanmoins être un indice du penchant d'Olivi pour cette solution. En effet, l'option qui admet la possibilité que Dieu crée une matière sans forme – Olivi pourrait se référer à Guillaume de la Mare[3] et/ou à Henri de Gand[4] – n'occupe guère plus qu'un paragraphe de dix lignes dans l'édition Jansen, alors que la position qui nie cette possibilité – c'est la position de Thomas d'Aquin[5] et de Gilles de Rome[1] – est

---

1. *Cf.* C. König-Pralong, *Avènement*, *op. cit.*, p. 130-188.

2. Cf. *Quaest. in II Sent.*, q. XIX, *infra*, p. 294.

3. *Cf.* Guillaume de la Mare, « Correctorium fratris Thomae », P. Glorieux (éd.), *Les premières polémiques thomistes*, I, *Le Correctorium corruptorii « Quare »*, Le Saulchoir-Kain, *Revue des sciences philosophiques et théologiques*, 1927, art. CVIII, p. 409-410.

4. *Cf.* Henri de Gand, *Quodlibet* I, q. 10, R. Macken (ed.), Louvain-Leiden, Leuven University Press-Brill, 1979, p. 62-74. La prise en compte de la position formulée par Jean Peckham dans le *Quodlibet* IV, q. 1, qui date de 1277-1278, semble peu probable, mais ne saurait être totalement exclue.

5. *Cf.* Thomas d'Aquin, *Quodlibet* III, q. 1, éd. Léonine, t. XXV, Roma-Paris, Commissio Leonina-Le Cerf, 1996, p. 241-243.

illustrée par le rappel de plusieurs arguments en sa faveur et occupe quatre pages et demie de la même édition (p. 365-369). Il s'agit là sans doute d'un simple indice quantitatif, mais la conclusion d'Olivi montre bien qu'il n'était pas opposé à la solution des philosophes et qu'il soumettait la possibilité que Dieu crée une matière sans forme au respect du principe de non-contradiction[2]. Cette attitude est confirmée dans la question XVI, où l'affirmation de la réciprocité de la matière et de la forme débouche sur celle de l'impossibilité de la subsistance de l'une sans l'autre[3]. Une fois encore, la position d'Olivi prend une coloration tout à fait personnelle et ne se laisse pas enfermer dans des schémas préconçus : ici l'option « franciscaine » n'est pas celle de notre franciscain.

Cet écart n'est pas passé inaperçu auprès des critiques (franciscains) d'Olivi, dont l'entreprise aboutira en 1283 avec la censure de vingt-deux thèses jugées erronées[4]. Avant cette date, Olivi fut attaqué à plusieurs reprises, notamment par « frère Ar. »[5], qui fit parvenir au général de l'ordre une liste de dix-neuf thèses tirées de ses écrits. Une lettre rédigée par Olivi à la demande de certains frères inquiets de son sort nous renseigne sur le contenu de cette liste[6], dont l'article 8 énonce « quod Deus non potest facere materiam sine forma ». Olivi y

---

1. *Cf.* Gilles de Rome, *Apologia*, art. 47, R. Wielockx (ed.), Firenze, Olschki, 1985, p. 59.

2. Cf. *Quaest. in II Sent.*, q. XIX, *infra*, p. 294.

3. Cf. *Quaest. in II Sent.*, q. XVI, *infra*, p. 118-120.

4. *Cf.* D. Burr, *L'histoire de Pierre Olivi*, *op. cit.*, chap. V.

5. S. Piron identifie ce personnage à Arnaud Gaillard, *cf.* « Petrus Johannis Olivi epistola ad fratrem R. », *Archivum franciscanum historicum* 91 (1998), p. 37-38.

6. Cf. *Epistola ad fratrem R.*, p. 33-37 et D. Burr, *L'histoire de Pierre Olivi*, *op. cit.*, p. 100-118.

répond de manière tout à fait conforme à ce que nous avons lu
dans la question XIX : il dit avoir mentionné deux opinions
sans adhérer à aucune d'elles et avoir soumis la possibilité de
la création d'une matière sans forme au respect du principe de
non-contradiction ; il ajoute par ailleurs qu'il est prêt à
renoncer à sa position pour autant qu'on lui apporte une preuve
solide et certaine du contraire [1]. Olivi est donc resté fidèle à la
doctrine formulée avant 1279 et à son attitude de liberté, non
seulement face à Aristote et à ses sectateurs, mais aussi face
aux autorités de son ordre.

Matière corporelle et matière spirituelle

Source inépuisable de potentialités et condition d'être des
choses, la matière première n'est pourtant pas le substrat
actuel et indifférencié de toutes choses [2]. Olivi refuse autant la
version gabirolienne de l'hylémorphisme – faisant de la
matière le substrat universel de toutes choses –, que celle de
Bonaventure – pour qui la matière première, en tant que
dépouillée de toute forme, est indistincte et numériquement
une [3]. La critique de cette thèse, développée notamment dans la
question XXI, repose sur un motif fondamental mis en avant
dans les questions XX et XVI : celui de la différence entre la
matière corporelle et la matière spirituelle [4]. Olivi pose en effet

---

1. Cf. *Epistola ad fratrem R.*, p. 51-52 : « De hoc in questionibus de materia
recitavi duas opiniones, nullam earum asserens, sed solum in fine dicens quod si
in hoc aliqua contradictio implicatur, Deus hoc non potest. Si autem non
implicatur, Deus hoc potest. Quod si quis dixerit, quod non debui hoc ponere in
dubio, ostentatur mihi solide certitudo, et libentissime cedam ».

2. Cf. *Quaest. in II Sent.*, q. XXI, *infra*, p. 334.

3. *Cf.* Bonaventure, *In II Sent.*, d. 3, p. 1, a. 1, q. 3, p. 100.

4. Pour une vue d'ensemble du thème de la matière spirituelle dans la
pensée médiévale, *cf.* P. Bissels, « Die sachliche Begründung und philo-

dans la matière différentes potentialités ou fondements de réceptivité à l'égard des formes : il s'agit de raisons réelles qui n'introduisent aucune distinction dans la matière, mais qui en spécifient la capacité réceptive à l'égard de formes déterminées [1]. Cette capacité réceptive est différenciée de telle façon qu'une matière n'est pas apte à recevoir n'importe quelle forme, mais seulement celles qui correspondent à ses raisons de réceptivité. Il faut par conséquent poser une distinction essentielle entre la matière corporelle – apte à recevoir uniquement des formes corporelles – et la matière spirituelle – apte à recevoir uniquement des formes spirituelles [2]. Ces deux types de matière diffèrent essentiellement, car la nature de la première est de posséder des parties potentielles (c'est-à-dire d'être composée en puissance), alors que la matière spirituelle est simple en puissance (et n'est donc pas apte à posséder des parties) [3]. Il y a par conséquent une correspondance étroite entre la matière, les formes qu'elle peut recevoir et l'entité qui en résultera, de sorte qu'une matière de nature corporelle ne pourra en aucun cas être déterminée pas des formes spirituelles et, à l'inverse, aucune matière spirituelle par des formes corporelles. Les deux natures matérielles sont irréductibles, si

---

sophiegeschichtliche Stellung der Lehre von der "materia spiritualis" in der Scholastik », *Franziskanische Studien* 38 (1956), p. 241-295.

1. Cf. *Quaest. in II Sent.*, q. XX, *infra*, p. 304-316. À propos des « raisons réelles », *cf.* A. Boureau, « Le concept de relation chez Pierre de Jean Olivi », dans A. Boureau, S. Piron (éd.), *Pierre de Jean Olivi (1248-1298). Pensée scolastique, dissidence spirituelle et société, op. cit.*, p. 41-55 (en particulier p. 45) et, du même auteur, *L'empire du livre : pour une histoire du savoir scolastique*, Paris, Les Belles Lettres, 2007, p. 248-251.

2. Cf. *Quaest. in II Sent.*, q. XX, *infra*, p. 316-318.

3. Cf. *Quaest. in II Sent.*, q. XX, *infra*, p. 316-318.

bien que dans l'ordre de la nature il n'y a aucun passage ou transformation possible de l'une à l'autre : un ange ne peut pas devenir un homme, ni un homme être transformé en bête[1]. Cette adéquation entre la matière et l'entité qu'elle constitue confère à celle-ci solidité et consistance – ce qui s'accorde avec le motif de la singularité du réel et de l'unicité de chaque chose qui marque la pensée d'Olivi[2].

La matière première n'est donc pas un substrat commun et universel : en tant que composante d'un étant déterminé, elle est toujours et déjà différenciée par des raisons réelles qui la rendent apte à recevoir un certain type de formes plutôt qu'un autre. Dès lors, la matière de chaque chose est essentiellement distincte de la matière des autres choses[3]. Il apparaît ainsi que par sa distinction entre matière corporelle et spirituelle, Olivi satisfait une double exigence : sauvegarder la matérialité du créé et assurer son homogénéité d'une part (toute réalité créée – y compris l'âme humaine et les anges – comporte une matière) ; et, d'autre part, garantir la diversification essentielle de la matière et promouvoir la singularité et l'unicité de toute chose (la matière est essentiellement distincte en chaque chose). De la sorte, l'exigence d'homogénéité issue de l'hylémorphisme universel est associée de manière cohérente à une ontologie du singulier.

---

1. Dans la question XVI (*infra*, p. 216-218), Olivi insiste tout particulièrement sur l'adéquation nécessaire entre la matière et les formes à l'égard desquelles elle est déterminée.

2. Cf. *Quaest. in II Sent.*, q. XXI, *infra*, p. 336-342.

3. Cf. *Quaest. in II Sent.*, q. XX et q. XXI, *infra*, p. 322 et p. 342. Pour la problématique de l'individualité *cf.* W. Hoeres, « Der Unterschied von Wesenheit und Individuation bei Olivi », *Scholastik* 38 (1963), p. 54-61.

La nécessité de la matière

Le motif de l'homogénéité du créé est illustré de manière éloquente dans la question XVI, qui développe la thèse de la nécessité de la matière dans la constitution de tous les étants. Olivi présente une triple argumentation visant à prouver la nécessité de la matière envisagée de trois points de vue : en tant que puissance passive et réceptive (1), en tant que substance (2) et en tant que réellement distincte de la forme (3).

1) En tant que puissance passive et réceptive, la matière est une condition requise dans chaque créature sous un triple aspect. D'abord dans le rapport à soi et à sa propre perfectibilité : l'acquisition de perfections nouvelles exige en effet un sujet capable d'intentionnalité et d'orientation vers ce qui le perfectionne, ainsi qu'un substrat qui reçoit les perfections et dans lequel elles se succèdent au fur et à mesure de leur acquisition[1]; or ce substrat coïncide précisément avec la matière. Cette capacité réceptive est également requise dans le rapport de chaque créature à Dieu : l'orientation vers celui qui accomplit toute aspiration humaine présuppose en effet une capacité de recevoir et de « se laisser faire » rendue possible uniquement par la matière[2]. Enfin, le rapport de chaque créature à l'univers et le réseau de relations qui lient les étants postulent cette même capacité d'orientation et de réceptivité garantie par la matière présente en toutes choses[3].

2) Le caractère substantiel de la matière prouve également sa nécessité. Ce caractère résulte de l'impossibilité de considérer la matière comme un simple accident : si tel était le cas, il

1. Cf. *Quaest. in II Sent.*, q. XVI, *infra*, p. 124-126.
2. Cf. *Quaest. in II Sent.*, q. XVI, *infra*, p. 124.
3. Cf. *Quaest. in II Sent.*, q. XVI, *infra*, p. 126-128.

faudrait en effet postuler une puissance capable de la recevoir, ce qui produirait une régression à l'infini[1]. Par ailleurs, en tant que support premier de réception, la matière est sous-jacente en chaque chose, si bien qu'elle est à proprement parler substantielle à chaque étant[2]. Ce caractère substantiel trouve une confirmation au niveau des facultés intellectuelles : la capacité de l'intellect à recevoir les espèces intelligibles et la capacité d'intentionnalité propre à la volonté montrent en effet que la matière en tant que puissance réceptive inhère substantiellement à chaque nature intellectuelle[3].

3) La distinction réelle et essentielle entre la matière et la forme aboutit à la même conclusion. Pour recevoir une forme, la matière doit en effet exister comme puissance passive et réceptive antérieurement à la forme et être réellement distincte d'elle[4]. Matière et forme sont ainsi deux modes entitatifs absolus, parfaitement distincts malgré leur réciprocité[5]. Cette irréductibilité les rend indispensables dans la constitution des étants : la matière, en particulier, est une composante partout présente en tant que possibilité d'être et condition de déterminabilité.

Grâce à cette triple argumentation, Olivi a fait avancer une autre thèse majeure de son ontologie : celle de la pure possibilité qui caractérise tous les étants. Il s'avère en effet que chaque réalité est toujours et encore déterminable : chacune dépend de ce qui lui donne d'être, d'être ce qu'elle est et d'être plus et mieux qu'elle n'est. Bref, en chaque chose il y a du

---

1. Cf. *Quaest. in II Sent.*, q. XVI, *infra*, p. 130.
2. Cf. *Quaest. in II Sent.*, q. XVI, *infra*, p. 130.
3. Cf. *Quaest. in II Sent.*, q. XVI, *infra*, p. 134.
4. Cf. *Quaest. in II Sent.*, q. XVI, *infra*, p. 136.
5. Cf. *Quaest. in II Sent.*, q. XVI, *infra*, p. 146-148.

possible, à savoir précisément la matière en tant que capacité d'être. Dans son indétermination même, celle-ci est donc constitutive des étants : « dans chaque substance il y a quelque chose de possible qui est essentiellement distinct de la forme et qui est substantiel pour tous les étants »[1]. Le « ne-pas-encore » porté par toute possibilité est ainsi présent en chaque chose comme une composante nécessaire. Cette forme de non-être constitutive des étants porte le nom de « finitude », dont la présence se traduit dans de multiples défauts : « manque d'indépendance, manque de simplicité, manque d'illimitation »[2]. Et puisque tout défaut postule une perfectibilité, la présence de la matière s'avère à nouveau nécessaire en tant que capacité de recevoir et en tant qu'ouverture intentionnelle sur ce qui peut combler ces défauts et ces manques. Une créature parfaitement immatérielle serait donc incapable de recevoir, elle ne serait pas perfectible, mais déjà accomplie en elle-même : elle serait absolue, simple et universelle ; bref, elle serait de nature divine[3]. Dans la conception olivienne de la matière nous découvrons ainsi une double dimension : de possibilité, de réceptivité, d'ouverture et de capacité d'être d'une part, d'indétermination, de manque et de finitude de l'autre. Ces dimensions font de la matière la composante propre et indispensable à toute réalité créée.

Les anges et la matière

Les défauts inhérents aux étants concernent toutes les créatures, sans exception. Il y a donc de la matière dans les

---

1. Cf. *Quaest. in II Sent.*, q. XVI, *infra*, p. 122.
2. Cf. *Quaest. in II Sent.*, q. XVI, *infra*, p. 148.
3. Cf. *Quaest. in II Sent.*, q. XVI, *infra*, p. 148.

anges : c'est ce qu'Olivi s'emploie à démontrer dans la question XVI, placée intentionnellement avant les autres questions sur la matière car elle développe des thèses à portée universelle. La doctrine présentée dans les questions XVII à XXI présuppose donc la thèse de la composition matérielle de tous les étants illustrée dans la question XVI. De ce fait, cette thèse a une signification ontologique et métaphysique avant de porter sur les réalités physiques.

La composition hylémorphique des créatures spirituelles fait l'objet d'une longue démonstration, articulée autour de quatre thèmes : la notion de matière, la nécessité de la matière dans la constitution des étants, la compatibilité de la matière avec la nature angélique et la nécessité de la matière comme complément de leur existence. Nous nous bornerons ici à signaler quelques éléments du troisième thème, qui concerne spécifiquement les substances séparées[1]. Attribuer une matière aux anges ne signifie pas pour Olivi les priver des prérogatives qui leur étaient largement reconnues[2] : l'incorruptibilité, la simplicité, l'intellectualité et la liberté. Aussi précise-t-il que la composition matérielle ne les compromet pas, dès lors qu'elles sont correctement comprises. La matière des anges est en effet une matière spirituelle, laquelle – comme on l'a vu – est simple en puissance et n'est apte à recevoir que

1. L'ensemble de cette discussion est examiné dans notre étude, « Pierre de Jean Olivi et la subjectivité angélique », art. cit., dont nous reprenons ici quelques éléments.
2. L'attribution de ces prérogatives avait conduit Thomas d'Aquin, et conduira Gilles de Rome au milieu des années 80 du XIIIe siècle, à octroyer à l'ange un statut d'excellence qui le plaçait plus près de Dieu que des hommes (cf. T. Suarez-Nani, Les anges et la philosophie, op. cit.) – une position qu'Olivi combat de toutes ses forces, car il y voit une forme de divinisation des créatures spirituelles.

des formes spirituelles. Pour cette raison, la matière angélique ne peut être corrompue ou dégradée vers un état ou une nature autre que la nature spirituelle. Par ailleurs, les formes que cette matière peut recevoir n'y sont pas introduites par voie de génération ou par un changement d'ordre naturel, mais uniquement par l'acte de création, de sorte que la nature angélique ne peut ni perdre ces formes ni être corrompue par un processus d'ordre naturel[1]. Ce mode d'incorruptibilité n'est pas incompatible avec la matière spirituelle des anges : bien au contraire, cette matière leur est nécessaire en tant que puissance et capacité réceptive à l'égard de Dieu. Olivi sauvegarde ainsi la thèse de la finitude du créé comme pur possible : dans l'ange, en effet, il y a un rapport de la matière à la forme analogue à celui qu'on trouve dans les autres créatures, mais en lui la matière spirituelle se rapporte à une forme toujours et déjà présente qu'aucun processus naturel ne peut corrompre ou anéantir[2]. Ce mode d'incorruptibilité n'exige donc d'aucune façon l'immatérialité des créatures spirituelles[3].

Il en va de même pour la simplicité angélique, conçue comme une caractéristique de la matière spirituelle en tant que dépourvue de parties, et non comme absence de toute composition entre un support et les formes qu'il reçoit. La composition hylémorphique est ainsi compatible avec une simplicité qui n'est pas rattachée au statut de pure forme, mais qui est placée à l'intérieur même du composé de matière et de forme pour devenir une caractéristique propre de la matière spirituelle.

---

1. Cf. *Quaest. in II Sent.*, q. XVI, *infra*, p. 216-218.
2. Cf. *Quaest. in II Sent.*, q. XVI, *infra*, p. 222.
3. Cf. *Quaest. in II Sent.*, q. XVI, *infra*, p. 236.

Quant à l'intellectualité et à la liberté, leur compatibilité avec la composition matérielle des créatures spirituelles résulte du rapport des facultés concernées à un objet. Ce lien exige une ouverture intentionnelle (*aspectus*, *intentio*, *protensio*) à l'égard de l'objet, même si celui-ci n'exerce aucune causalité efficiente sur les facultés qui le visent[1]. Cette ouverture implique une capacité d'« être-présent-à » assurée par la matière : celle-ci est donc non seulement compatible avec l'intellectualité et la liberté des anges, mais leur est nécessaire[2].

BILAN PROVISOIRE

Comme nous venons de le constater, la doctrine de la matière donne à Olivi l'occasion d'élaborer quelques thèses majeures de son ontologie : la dimension de pure possibilité inhérente aux réalités créées – leur finitude –, l'homogénéité de tous les étants – par le biais de la raison commune de matière –, la singularité de tout ce qui existe. Cette conception de la matière s'articule ainsi de façon cohérente avec l'ensemble de sa pensée. En anthropologie, la notion de matière spirituelle permet d'assurer l'unité du composé humain, tout en sauvegardant la spécificité et la différence de nature des fonctions végétative, sensitive et intellective. L'âme intellective est bel et bien forme du corps, mais elle ne l'est pas par son essence : elle est présente dans le composé et y exerce la fonction de forme par le biais de son rapport à l'âme

---

1. Par exemple, *Quaest. in II Sent.*, q. LVIII, t. II, p. 411 et *Petrus Johannis Olivi, Über die menschliche Freiheit*, übersetzt und eingeleitet von P. Nickl, Freiburg i.Br., Herder, 2006 (Einleitung), p. 19-23.

2. Cf. *Quaest. in II Sent.*, q. XVI, *infra*, p. 168-170.

sensitive et à la matière spirituelle qui les porte. Celle-ci est à la fois support et condition de possibilité des rapports qui lient chaque fonction à l'âme et en assurent l'appartenance à l'individu : dès lors, l'âme intellective est l'âme de cet individu (sujet) déterminé, même si elle y est greffée comme *une poire sur un pommier*[1]. Ce mode d'existence relationnel – fondamental dans toute la spéculation d'Olivi – postule la matière en toutes choses : ce motif constitue une articulation majeure aussi en angélologie – un domaine particulièrement sensible[2], car lieu d'égarements et d'erreurs qui, selon le franciscain, ne peuvent être corrigés et dépassés que par une conception adéquate de la matière. La matière spirituelle qui intervient dans la constitution des anges permet en particulier de les rendre homogènes au reste du créé et d'en assurer la spécificité et la transcendance par rapport à la condition corporelle. La révision du statut de l'ange par le biais de cette nouvelle conception de la matière retentit enfin dans le domaine de la christologie : le processus d'«humanisation de l'ange»[3] qui en résulte permet en effet de remettre la figure du Christ-médiateur au centre de la création et de bâtir une vision christocentrique du monde, de l'humanité et de son histoire.

La doctrine olivienne de la matière s'avère ainsi fondatrice et parfaitement cohérente avec les motifs saillants de sa pensée. On peut sans doute y voir une mise en œuvre du projet culturel annoncé dans l'opuscule *De perlegendis philosophorum libris* : corriger les philosophes, les lire en maîtres et non en esclaves, passe par une révision théorique dont la doctrine de

1. Cf. *Quaest. in II Sent.*, q. LVI, t. II, p. 302.
2. Cf. *De perlegendis philosophorum libris*, p. 43.
3. *Cf.* T. Suarez-Nani, « Pierre de Jean Olivi et la subjectivité angélique », art. cit., p. 303-316.

la matière constitue une étape nécessaire et un noyau fondamental. De même que sur le plan ontique la matière est une
composante nécessaire, sur le plan du discours philosophique
la doctrine de la matière s'avère être une pièce indispensable.

Relevons, pour terminer, la rigueur de la démarche
olivienne : la critique des arguments des philosophes et de
leurs sectateurs ne pouvait en effet être efficace qu'en adoptant
un même procédé argumentatif. Olivi y est parfaitement à son
aise et met en place un réseau complexe d'arguments et de
contre-arguments, restituant et confrontant un grand nombre
de positions de manière à faire émerger l'*opinio verior*. Sa
critique des philosophes n'est ainsi ni dogmatique ni extérieure à leur démarche, mais résulte d'un travail conceptuel et
argumentatif subtil, mené en parfaite connaissance des enjeux
théoriques et culturels du débat. Cet aspect devient particulièrement clair lorsqu'on envisage les sources convoquées : à
côté d'Aristote, d'Averroès, d'Augustin et du pseudo-Denys,
les renvois aux *quidam* et *alii* sont très nombreux et témoignent de la prise en considération d'un nombre important de
positions contemporaines. Celles que nous avons pu identifier
– Bonaventure, Thomas d'Aquin, Siger de Brabant, Boèce de
Dacie, Guillaume de la Mare, Henri de Gand, Gilles de Rome
et Jean Peckham – montrent que la doctrine d'Olivi se greffe
sur un débat qui a marqué les années 70 du XIIIe siècle, auquel
elle apporte une contribution propre et originale. Sa position,
en effet, malgré son appartenance à la tradition franciscaine,
ne peut être inscrite dans des schémas réducteurs : s'inspirant
de Bonaventure, il n'hésite pas à le critiquer ; critique de
Thomas d'Aquin, il partage son identification de l'essence et
de la puissance de la matière ; héritier, comme Guillaume de la

Mare, de la censure de 1277, il prend ses distances quant à la question de la subsistance de la matière sans forme[1]. Olivi sait se conduire en philosophe parmi les philosophes, en théologien parmi les théologiens, en franciscain parmi les franciscains, sans se laisser enfermer dans l'une ou l'autre de ces catégories et sans jamais renoncer à une liberté d'esprit qui explique – du moins en partie – le destin ambivalent qui a été le sien.

Note à la traduction

La traduction que nous présentons dans les pages qui suivent a cherché à restituer le texte de la manière la plus fidèle possible. Pour rester au plus près d'une doctrine complexe et d'une prose très dense et chargée, nous avons renoncé à améliorer ou à embellir le texte sur le plan formel, ce qui a produit parfois des tournures peu élégantes, dont le lecteur voudra bien nous excuser. Nous avons limité les intégrations au texte (signalées entre crochets droits [ ]) au strict nécessaire, soit pour expliciter des formulations elliptiques, soit pour apporter des précisions indispensables à une compréhension correcte de

1. Le rapport d'Olivi avec ses nombreux interlocuteurs mériterait d'être étudié en profondeur; par ailleurs, la réception de ses doctrines reste un domaine totalement inexploré. Dans ses travaux pionniers sur la philosophie de la nature, A. Maier avait relevé la dépendance possible d'Ockham à l'égard de la doctrine olivienne de la quantité (cf. *Metaphysische Hintergründe der spätscholastischen Naturphilosophie*, Roma, Ed. di Storia e Letteratura, 1955, p. 153-175). Plusieurs éléments nous permettent de formuler l'hypothèse que certains aspects de la pensée olivienne ont laissé des traces chez le franciscain François de la Marche, qui a lu les *Sentences* à Paris dans les années 1319-1320 (nous préparons une étude sur ce sujet).

la doctrine. Les crochets obliques (<>) signalent en revanche la suppression d'un mot. Nous avons inséré dans la traduction la numérotation des pages de l'édition Jansen, signalée en marge : les renvois internes se réfèrent à cette pagination-là.

Concernant les notes : 1) nous avons contrôlé et repris les renvois aux sources explicites donnés par B. Jansen ; 2) nous avons ajouté bon nombre de renvois à des sources implicites que nous avons pu identifier avec certitude ou avec vraisemblance ; 3) à quelques exceptions près, nous avons évité d'alourdir la traduction par des notes explicatives : l'introduction et la bibliographie fourniront au lecteur des indications utiles pour s'orienter dans la doctrine d'Olivi.

Cette traduction a débuté lors d'un séminaire de philosophie médiévale tenu en 2004 à l'Université de Fribourg. L'intérêt pour la pensée d'Olivi et le plaisir du travail en commun ont conduit au résultat que nous publions ici. Nous remercions tous ceux qui, d'une manière ou d'une autre, nous ont épaulés dans cette entreprise : Bill Duba, Damien Travelletti et Emmanuel Babey, collaborateurs de la chaire de philosophie médiévale de l'Université de Fribourg. Un remerciement particulier à Olivier Ribordy, qui a collaboré à cette entreprise non seulement en tant que traducteur, mais aussi en préparant soigneusement le manuscrit. Nous remercions également Joël Biard et Sylvain Piron pour leur aide ponctuelle ainsi que Jean-Baptiste Brenet et Christophe Grellard qui ont accueilli ce travail dans la collection *Translatio*.

INDICATIONS BIBLIOGRAPHIQUES

Œuvres de Pierre de Jean Olivi

Quaestiones in secundum librum Sententiarum, B. Jansen (ed.), «Bibliotheca Franciscana Scholastica» 4-6, Ed. Collegii S. Bonaventurae, Quaracchi, Ad Claras Aquas, 1922-1926.

Quaestiones de novissimis ex Summa super IV Sententiarum, P. Maranesi (ed.), Ed. Collegii S. Bonaventurae, Grottaferrata, Ad Claras Aquas, 2004.

Quaestiones de Incarnatione et Redemptione, P. Aquilini Emmen O.F.M. (ed.), *Quaestiones de virtutibus*, E. Stadter (ed.), Grottaferrata-Quaracchi, Collegio S. Bonaventura-Padri Editori di Quaracchi, 1981.

Quaestiones logicales, St. Brown (ed.), *Traditio* 42 (1986), p. 335-388.

Quaestio de altissima paupertate, dans *Das Heil der Armen und das Verderben der Reichen. Petrus Johannis Olivi OFM : Die Frage nach der höchsten Armut*, J. Schlageter (ed.), Werl-Westf., Dietrich-Coelde, 1989.

Quaestio de trinitate, M. Schmaus (ed.) dans *Der Liber Propugnatorius des Thomas Anglicus und die Lehrunterschiede zwischen Thomas von Aquin und Duns Scotus*, 2 vol., Münster, 1930, p. 143*-228*.

Quaestiones circa matrimonium, A. Ciceri (ed.), Ed. Collegii S. Bonaventurae, Grottaferrata, Ad Claras Aquas, 2001.

Quaestiones de Romano Pontifice, M. Bartoli (ed.), Ed. Collegii
S. Bonaventurae, Grottaferrata, Ad Claras Aquas, 2002.

Quaestio de locutionibus angelorum, S. Piron (ed.), *Oliviana*
(2003/1), http://oliviana.revues.org/document18.html.

Quaestio quid ponat ius vel dominium (*De signis voluntariis*), *Summa
IV*, F. Delorme (ed.), *Antonianum* 20 (1945), p. 316-330.

Quaestiones quatuor de domina, D. Pacetti (ed.), Quaracchi, 1954.

Quaestio de indulgentia Portiunculae, P. Péano (ed.), *Archivum
franciscanum historicum* 74 (1981), p. 31-76.

*Quodlibeta Petri Iohannis Provenzalis doctoris solemnissimi Ordinis
Minorum*, apud Lazarum Soardum, Venetiis, 1509.

Quodlibeta quinque, S. Defraia (ed.), Ed. Collegii S. Bonaventurae,
Grottaferrata, Ad Claras Aquas, 2002.

De perlegendis philosophorum libris, F. Delorme (ed.), *Antonianum*
16 (1941), p. 37-44.

Peter Olivi's Rule Commentary, D. Flood (ed.), Wiesbaden,
F. Steiner, 1972.

*Un trattato di economia politica francescana : il « De emptionibus et
venditionibus, de usuris, de restitutionibus »*, G. Todeschini (ed.),
Roma, Nella sede dell'Istituto, 1980.

Tractatus de verbo, R. Pasnau (ed.), *Franciscan Studies* 53 (1993),
p. 121-153.

Tractatus de usu paupere (*Quoniam contra paupertatem*), D. Burr
(ed.), dans *P.I. Olivi, De usu paupere, The Quaestio and the
Tractatus*, Firenze-Perth, Olschki-University of W. Australia
Press, 1992, p. 87-148.

Tractatus P[etri] J[oannis] de septem sentimentis Christi Jesu,
M. Bartoli (ed.), *Archivum franciscanum historicum* 91 (1998),
p. 533-549.

Impugnatio quorundam articulorum Arnaldi Galliardi, art. 19,
S. Piron (ed.), *Oliviana* (2006/2), http://oliviana.revues.org/
document56.html.

Amplior declaratio quinti articuli qui est de divina essentia,
D. Laberge (ed.), *Archivum franciscanum historicum* 29 (1936),
p. 98-141 et 365-387.

Epistola ad fratrem R., C. Kilmer, E. Marmursztejn (ed.), *Archivum franciscanum historicum* 91 (1998), p. 33-64.

Epistola ad Conradum de Offida, L. Oliger (ed.), *Archivum franciscanum historicum* 11 (1918), p. 366-373.

Epistola ad regis Siciliae filios, F. Ehrle (ed.), *Archiv für Literatur- und Kirchengeschichte des Mittelalters* 3 (1887), p. 534-540.

Responsio fratris Petri Ioannis [Olivi] ad aliqua dicta per quosdam magistros Parisienses de suis Quaestionibus excerpta, D. Laberge (ed.), *Archivum franciscanum historicum* 28 (1935), p. 130-155 et 374-407.

Responsio quam fecit Petrus [Ioannis] ad litteram magistrorum, praesentatam sibi in Avinione, D. Laberge (ed.), *Archivum franciscanum historicum* 28 (1935), p. 126-130.

Expositio in Canticum Canticorum, kritische Ed. von Olivis Hoheliedkommentar mit Einführung und Übersetzung von J. Schlageter, Ed. Collegii S. Bonaventurae, Grottaferrata, Ad Claras Aquas, 1999.

Commento al Cantico dei Cantici, F. Borzumato (ed.), Casale Monferrato, 2001.

Principia Quinque in Sacram Scripturam; *Postilla in Isaiam et in I ad Corinthios*; *Quaestio de Oboedientia*; *Sermones duo de S. Francisco*; dans D. Flood, G. Gál, *Peter of John Olivi on the Bible*, St. Bonaventure, New York, Franciscan Institute Publications, 1997.

Lectura super Proverbia et Lectura super Ecclesiasten, J. Schlageter (ed.), Ed. Collegii S. Bonaventurae, Grottaferrata, Ad Claras Aquas, 2003.

Lectura super Epistolam ad Romanos, Prologus, A. Boureau (ed.), *Oliviana* (2006/2), http://oliviana.revues.org/document48.html.

La caduta di Gerusalemme : il commento al libro delle Lamentazioni di Pietro di Giovanni Olivi, M. Bartoli (ed.), Roma, Istituto storico italiano per il Medio Evo, 1991.

Manuscrit consulté :
Biblioteca Apostolica Vaticana, Vat. Lat. 1116.

Traductions

De perlegendis philosophorum libris, trad. italienne P. Vian dans *Pietro di Giovanni Olivi. Scritti scelti*, Roma, Città Nuova, 1989, p. 96-103.

De emptionibus et venditionibus, de usuris et restitutionibus, trad. italienne P. Vian, A. Spicciani et G. Andenna, *Usure, compere e vendite. La scienza economica nel XIII secolo*, Milano, Europía, 1998.

Expositio in Canticum Canticorum, trad. allemande J. Schlageter, Ed. Collegii S. Bonaventurae, Grottaferrata, Ad Claras Aquas, 1999.

« The Mental Word », *Tractatus de verbo*, trad. anglaise R. Pasnau, dans *Cambridge Translations of Medieval Philosophical Texts*, vol. 3, *Mind and Knowledge*, Cambridge, Cambridge University Press, 2002, p. 136-151.

« Question disputée sur la science divine et les idées en Dieu », trad. fr. S. Piron, dans J.-C. Bardont, O. Boulnois (éd.), *Sur la science divine*, Paris, PUF, 2002, p. 208-225.

Quaestio an in homine sit liberum arbitrium, trad. allemande P. Nickl, *Über die menschliche Freiheit*, Freiburg i.Br., Herder, 2006.

Bibliographies

Archivum franciscanum historicum 3/4, 91 (1998).

BOUREAU A., PIRON S. (éd.), *Pierre de Jean Olivi (1248-1298). Pensée scholastique, dissidence spirituelle et société*, Paris, Vrin, 1999, p. 389-399.

FLOOD D., « Recent Study on Petrus Joahnnis Olivi », *Franziskanische Studien* 73 (1991), p. 262-269.

GIEBEN S., « Bibliographia oliviana (1885-1967) », *Collectanea francescana* 38 (1968), p. 167-195.

– « Petrus Iohannis Olivi Symposion », *Wissenschaft und Weisheit* 47 (1984), p. 81-163.

PIRON S., «Les œuvres perdues d'Olivi : essai de reconstitution»,
    dans *Pietro di Giovanni Olivi : opera edita et inedita, Archivum
    franciscanum historicum* 3 (1999), p. 357-394.

PUTALLAZ F.-X., *Figures franciscaines*, Paris, Le Cerf, 1997,
    p. 167-173.

VIAN P., *Pietro di Giovanni Olivi. Scritti scelti*, Roma, Città Nuova,
    1989, p. 47-61.

Auteurs anciens et médiévaux

ANSELME DE CANTORBÉRY, *De concordia praescientiae et
    praedestinationis et gratiae Dei cum libero arbitrio*, dans *Opera
    omnia*, F.S. Schmitt (ed.), Roma-Edimburg, Seccovii-Th. Nelson,
    t. 2, 1946.

ARISTOTE, *Métaphysique*, intro., trad. fr., notes et index J. Tricot,
    Paris, Vrin, 1986.

– *De l'âme*, trad. fr., présentation, notes et biblio. R. Bodéüs, Paris,
    GF-Flammarion, 1998.

– *Physique*, trad. fr. et présentation P. Pellegrin, Paris, GF-
    Flammarion, 2002.

– *Catégories*, éd. et trad. fr. R. Bodéüs, Paris, Les Belles Lettres,
    2002[2].

– *Traité du ciel*, trad. fr. et notes C. Dalimier, P. Pellegrin, Paris,
    GF-Flammarion, 2004.

– *De la génération et la corruption*, éd. et trad. fr. M. Rashed, Paris,
    Les Belles Lettres, 2005.

AUGUSTIN, *Confessiones*, éd. et trad. fr. P. de Labriolle, revue
    M. Testard, Paris, Les Belles Lettres, 1989.

– *De immortalitate animae*, dans *Dialogues philosophiques* II, trad. fr.
    P. de Labriolle, «Bibliothèque Augustinienne», t. 5.2, Paris,
    Desclée de Brouwer, 1948.

– *De Trinitate libri VIII-XV*, trad. fr., intro. et notes P. Agaësse,
    J. Moingt, «Bibliothèque Augustinienne», t. 16, Paris, Institut
    d'études augustiniennes, 1991[2].

– *De vera Religione*, dans *La foi chrétienne*, trad. fr., intro. et notes J. Pegon, revue G. Madec, « Bibliothèque Augustinienne », t. 8, Paris, Desclée de Brouwer, 1982.

– *De libero arbitrio*, dans *Dialogues philosophiques* III, trad. fr., intro. et notes F.J. Thonnard, revue G. Madec, « Bibliothèque Augustinienne », t. 6, Paris, Desclée de Brouwer, 1976.

– *De Genesi ad litteram*, trad. fr., intro. et notes P. Agaësse, A. Solignac, « Bibliothèque Augustinienne », t. 48-49, Paris, Institut d'études augustiniennes, 2000-2001 [2].

AVERROÈS, *Averrois Cordubensis Commentarium Magnum in Aristotelis De Anima libros*, F. Stuart Crawford (ed.), Cambridge (Mass.), The Mediaeval Academy of America, 1953.

– *Aristotelis opera cum Averrois commentariis*, Venetiis apud Junctas 1562-1574, réimp. Frankfurt a.M., Minerva, 1962 (t. V, *De caelo, Physicorum libri*; t. VI.I, *De anima liber III*; t. VIII, *Metaphysicorum libri*; t. IX, *De Substantia orbis*).

AVICENNE, *Metaphysica. Liber de philosophia prima seu scientia divina*, S. Van Riet (ed.), Louvain-la-Neuve-Leiden, Peeters-Brill, 1977.

BOÈCE, *De divisione liber*, J. Magee (ed.), Leiden, Brill, 1998.

– *In Categorias Aristotelis libri quatuor*, PL 64, Parisiis 1847, réimp. Turnhout, Brepols, 1969.

– *In Isagogen Porphyrii commenta*, S. Brandt (ed.), Wien-Leipzig, F. Tempsky-G. Freytag, 1906.

– *De Trinitate*, dans *De consolatione philosophiae; Opuscula theologica*, C. Moreschini (ed.), « Bibliotheca scriptorum Graecorum et Romanorum Teubneriana », 21, München, K.G. Saur 2005.

BOÈCE DE DACIE, *Quaestiones super libros Physicorum*, G. Sajó (ed.), Hauniae, Gad, 1974.

BONAVENTURE DE BAGNOREGIO, *In quatuor libros Sententiarum*, dans *Opera Omnia S. Bonaventurae*, Ed. Collegii S. Bonaventurae, Quaracchi, Ad Claras Aquas, 1885.

– *Les six jours de la création*, trad. fr. M. Ozilou, Tournai-Paris, Desclée de Brouwer-Le Cerf, 1991.

DENYS L'ARÉOPAGITE, *De divinis nominibus*, B.R. Suchla (ed.), dans *Corpus Dionysiacum*, Berlin-New York, W. de Gruyter, t. 1, 1990.

– *De coelesti hierarchia*, G. Heil, A.M. Ritter (ed.), dans *Corpus Dionysiacum*, Berlin-New York, W. de Gruyter, t. 2, 1991.

GILLES DE ROME, *Theoremata de corpore Christi*, dans *Opera exegetica, Opuscula I*, Romae, 1554-1555, réimp. Frankfurt a.M., Minerva, 1968.

– *Apologia*, dans *Opera omnia*, t. III. 1, R. Wielockx (ed.), Firenze, Olschki, 1985.

GUILLAUME DE LA MARE, *Correctorium fratris Thomae*, P. Glorieux (éd.), dans *Les premières polémiques thomistes*, I, *Le Correctorium corruptorii « Quare »*, Le Saulchoir-Kain, *Revue des sciences philosophiques et théologiques*, 1927.

GUNDISSALINUS (DOMINICUS GUNDISALVI), *De unitate et uno*, P. Correns (ed.), dans *Die dem Boethius fälschlich zugeschriebene Abhandlung des Dominicus Gundisalvi « De unitate »*, Münster, « Beiträge zur Geschichte der Philosophie des Mittelalters » I. 1, 1891; M. Alonso (ed.), Madrid, Fax, 1956-1957.

HENRI DE GAND, *Opera omnia*, R. Macken (ed.), Leuven-Leiden, Leuven University Press-Brill, 1978 *sq.*

IBN GABIROL, *Livre de la source de vie*, trad. fr. J. Schlanger, Paris, Aubier Montaigne, 1970.

JEAN DAMASCÈNE, *De fide orthodoxa*, E.M. Buytaert (ed.), New York-Louvain, Nauwelaerts, 1955.

JEAN PECKHAM, *Quodlibeta quatuor*, G.J. Etzkorn (ed.), Ed. Collegii S. Bonaventurae, Grottaferrata, Ad Claras Aquas, 1989.

Liber de causis, A. Pattin (éd.), trad. fr. P. Magnard, O. Boulnois, B. Pinchard, J.-L. Solère, dans *La Demeure de l'être*, Paris, Vrin, 1990.

MATTHIEU D'AQUASPARTA, *Quaestiones de anima XIII*, A.J. Gondras (ed.), Paris, Vrin, 1961.

PIERRE D'ESPAGNE, *Tractatus seu Summulae logicales*, L.M. de Rijk (ed.), Assen, Van Gorcum, 1972.

PIERRE LOMBARD, *Libri quatuor Sententiarum*, Ed. Collegii
    S. Bonaventurae, Quaracchi, Ad Claras Aquas, 1916.

PLOTIN, *Ennéades II*, éd. et trad. fr. É. Bréhier, Paris, Les Belles
    Lettres, 1964.

PROCLUS, *Institutio Theologica*, F. Dübner (ed.), dans F. Creuzer,
    G.H. Moser, *Plotinus*, Parisiis, 1855, p. LI-CXVII.

RICHARD DE MEDIAVILLA, *In II librum Sententiarum*, Brixiae, 1591.

– R. Zavalloni (ed.), *Richard de Mediavilla et la controverse sur la
    pluralité des formes : textes inédits et étude critique*, Louvain,
    Institut supérieur de philosophie, 1951.

SIGER DE BRABANT, *Quaestiones in Metaphysicam*, Reportations de
    Munich et Vienne, W. Dunphy (ed.), Louvain-la-Neuve, Institut
    supérieur de philosophie, 1981.

– *Quaestiones in Metaphysicam*, Reportations de Cambridge et Paris,
    A. Maurer (ed.), « Philosophes médiévaux », 25, Louvain-la-
    Neuve, Institut Supérieur de Philosophie, 1983.

SIMPLICIUS DE CILICIE, *In Aristotelis Categorias commentarium*,
    C. Kalbfleisch (ed.), « Commentaria in Aristotelem Graeca », 8,
    Berolini, G. Reimeri, 1907.

THOMAS D'AQUIN, *Opera omnia, iussu Leonis XIII edita*, Romae-
    Parisiis, Commissio Leonina-Le Cerf, 1882 *sq.* (= éd. Léonine).

– *Scriptum super libros Sententiarum (primum et secundum)*,
    P. Mandonnet (éd.), Parisiis, P. Lethiellieux, 1929.

– *De potentia Dei*, dans *Quaestiones disputatae*, P. Bazzi *et alii* (ed.),
    Taurini-Romae, Marietti, t. II, 1953.

– *De spiritualibus creaturis*, dans *Quaestiones disputatae*, P. Bazzi *et
    alii* (ed.), Taurini-Romae, Marietti, t. II, 1953.

– *In duodecim libros Metaphysicorum Aristotelis expositio*,
    M.R. Cathala, R.M. Spiazzi (ed.), Taurini-Romae, Marietti, 1964.

– *In octo libros Physicorum Aristotelis expositio*, P.M. Maggiolo
    (ed.), Taurini-Romae, Marietti, 1965.

Études

BARTOLI M., « Opere teologiche e filosofiche di Pietro di Giovanni Olivi », *Archivum franciscanum historicum* 91 (1998), p. 453-467.

BÉRUBÉ C., « Olivi, critique de Bonaventure et d'Henri de Gand », dans R.S. Almagno, C.L. Harkins (ed.), *Studies honoring I.C. Brady*, St. Bonaventure New York, The Franciscan Institute, 1976, p. 57-121.

BETTONI E., *Le dottrine filosofiche di Pier Giovanni Olivi*, Milano, Vita e pensiero, 1959.

BETTINI O., « Attivismo psicologico-gnoseologico nella dottrina della conoscenza di Pier Giovanni Olivi », *Studi francescani* 25 (1953), p. 31-64 et 201-223.

BIARD J., « La conception cartésienne de l'étendue et les débats médiévaux sur la quantité », dans J. Biard, R. Rashed (éd.), *Descartes et le Moyen Âge*, Paris, Vrin, 1997, p. 349-361.

BISSELS P., « Die sachliche Begründung und philosophie-geschichtliche Stellung der Lehre von der "materia spiritualis" in der Scholastik », *Franziskanische Studien* 38 (1956), p. 241-295.

BLOCH E., « Avicenna und die aristotelische Linke » et « Zweiter Kursus. Die Lehren von der Materie, die Bahnungen ihrer Finalität und Offenheit », dans *Werkausgabe*, vol. 7, *Das Materialismusproblem, seine Geschichte und Substanz*, Frankfurt a.M., Suhrkamp, 1972.

BOUREAU A., « Le concept de relation chez Pierre de Jean Olivi », dans A. Boureau, S. Piron (éd.), *Pierre de Jean Olivi (1248-1298). Pensée scolastique, dissidence spirituelle et société*, Paris, Vrin, 1999, p. 41-55.

– *Théologie, science et censure au XIIIᵉ siècle. Le cas de Jean Peckham*, Paris, Les Belles Lettres, 1999.

– *L'empire du livre : pour une histoire du savoir scolastique*, Paris, Les Belles Lettres, 2007.

– et PIRON S. (éd.), *Pierre de Jean Olivi (1248-1298). Pensée scolastique, dissidence spirituelle et société*, Paris, Vrin, 1999.

BRUNNER F., « La doctrine de la matière chez Avicebron », *Revue de théologie et de philosophie* (1956), p. 261-293.

BURR D., *L'histoire de Pierre Olivi. Franciscain persécuté*, Fribourg-Paris, Éditions universitaires de Fribourg-Le Cerf, 1997.

CALMA D., « Un commentaire inédit de Siger de Brabant sur la *Physique* d'Aristote », *Archives d'histoire doctrinale et littéraire du Moyen Âge* 71 (2006), p. 283-349.

DELORME F., « Saint Bonaventure et le nombre apocalyptique 666 », *La France franciscaine* VIII (1925), p. 519-525.

DUBA W., « Aristotelian Traditions in Franciscan Thought : Matter and Potency according to Scotus and Auriol », dans I. Taifacos (ed.), *The Origins of European Scholarship*, Stuttgart, Franz Steiner, 2006, p. 147-161.

HAPP H., *Hyle : Studien zum aristotelischen Materie-Begriff*, Berlin-New York, W. de Gruyter, 1971.

HEYNCK V., « Zur Datierung einiger Schriften des P.J. Olivi », *Franziskanische Studien* 38 (1956), p. 371-398 et 46 (1964), p. 335-364.

HOENEN M.J.F.M., « Being and Thinking in the "Correctorium fratris Thomae" and the "Correctorium corruptorii 'quare'". Schools of Thought and Philosophical Methodology », dans J.A. Aertsen, K. Emery, A. Speer (ed.), *Nach der Verurteilung von 1277*, Berlin-New York, W. de Gruyter, 2001, p. 417-435.

HOERES W., « Der Unterschied von Wesenheit und Individuation bei Olivi », *Scholastik* 38 (1963), p. 54-61.

IBANETA DE GHIO O.M., « La noción de materia en San Agustin », *Patristica et mediaevalia* 1-3 (1975-1978), p. 81-87.

KÖNIG-PRALONG C., *Avènement de l'aristotélisme en terre chrétienne*, Paris, Vrin, 2005.

LEAMAN O., *Averroes and his philosophy*, Oxford, Clarendon Press, 1988, p. 24-36.

MAIER A., *Metaphysische Hintergründe der spätscholastischen Naturphilosophie*, Roma, Ed. di Storia e Letteratura, 1955, p. 153-175.

MCALEE G.J., « Augustinians interpretations of Averroes with respect to the status of prime Matter », *The Modern Schoolman* LXXIII/2 (1996), p. 159-172.

MONNOYEUR F. (éd.), *Qu'est-ce que la matière? Regards scientifiques et philosophiques*, Paris, Librairie générale française, 2000.

PEREZ-ESTÉVEZ A., *La materia. De Avicena a la Escuela Franciscana*, Maracaibo, Ediluz-Ed. de la Universidad de Zulia, 1998.

PIRON S., « Les œuvres perdues d'Olivi : essai de reconstitution », dans *Pietro di Giovanni Olivi : opera edita et inedita, Archivum franciscanum historicum* 3 (1999), p. 357-394.

–« Olivi et les averroïstes », dans D. Calma, E. Coccia (éd.), *Les « sectatores Averrois ». Noétique et cosmologie aux XIIIe-XIVe siècles, Freiburger Zeitschrift für Philosophie und Theologie* 53 (2006, 1/2), p. 251-309.

PUTALLAZ F.-X., *Insolente liberté. Controverses et condamnations au XIIIe siècle*, Fribourg-Paris, Éditions universitaires de Fribourg-Le Cerf, 1995.

RODOLFI A., *Il concetto di materia nell'opera di Alberto Magno*, Firenze, SISMEL-Ed. del Galluzzo, 2004.

RUSSELL B., *L'analyse de la matière*, trad. fr. Ph. Devaux, Paris, Payot, 1965.

SANTIAGO DE CARVALHO M., « A essência da materia prima em Averrois latino », *Revista portuguesa de filosofia* LII (1996), p. 197-221.

SCHNEIDER Th., *Die Einheit des Menschen. Die anthropologische Formel « anima forma corporis » im sogenannten Korrektorienstreit und bei Petrus Johannis Olivi. Ein Beitrag zur Vorgeschichte des Konzils von Vienne*, Münster, Aschendorff, 1973.

SUAREZ-NANI T., *Les anges et la philosophie. Subjectivité et fonction cosmologique des substances séparées à la fin du XIIIe siècle*, Paris, Vrin, 2002.

– « Pierre de Jean Olivi et la subjectivité angélique », *Archives d'histoire doctrinale et littéraire du Moyen Âge* 70 (2003), p. 233-316.

VIAN P., *Pietro di Giovanni Olivi. Scritti scelti*, Roma, Città Nuova, 1989.

WEISHEIPL J.A., « Matter in Fourteenth Century Science », dans E. McMullin (ed.), *The Concept of Matter in Greek and Medieval Philosophy*, Notre Dame, University of Notre Dame Press, 1965, p. 147-169.

PIERRE DE JEAN OLIVI

QUESTIONS SUR LE II e LIVRE DES SENTENCES

QUESTIONS XVI-XXI

PETRUS IOHANNIS OLIVI

QUAESTIONES IN SECUNDUM LIBRUM SENTENTIARUM

QUAESTIONES XVI-XXI

PIERRE DE JEAN OLIVI

QUESTIONS SUR LE IIe LIVRE
DES SENTENCES

QUESTIONS XVI-XXI

QUAESTIO XVI

PRIMO QUAERITUR AN IN ANGELIS ET IN OMNIBUS
SUBSTANTIIS INTELLECTUALIBUS SIT
COMPOSITIO MATERIAE ET FORMAE

Et quod non videtur.

Et primo per vias communes omnibus entibus creatis,
deinde per vias proprias substantiis intellectualibus.

Viae autem communes ad hoc sunt quatuor.

Ostenditur enim hoc primo ex parte divinae potestatis
super creatis et cum hoc ex parte conditionum nobilium in
creaturis participatarum.

1. Omne enim illud potest esse in creatura et a Deo fieri in
quo non implicatur aliquid repugnans conditionibus creaturae;
sed simplicitas absque omni compositione non repugnat con-
ditioni creaturae; ergo talis simplicitas poterit esse in creaturis,
saltem in nobilioribus. Probatio minoris: veritas enim, entitas
et bonitas sunt aeque nobiles tam in Deo quam in creaturis
sicut et simplicitas; sed veritas potest creaturae communicari

QUESTION XVI

Et il semble que non.

On procède d'abord par des voies communes à tous les étants créés, ensuite par des voies propres aux substances intellectuelles.

Les voies communes produites à cet effet sont au nombre de quatre.

En premier lieu, on le démontre à partir de la puissance divine sur les choses créées ainsi qu'à partir des marques de noblesse participées par les créatures.

1. Tout ce qui n'implique pas quelque impossibilité relative aux conditions de la créature peut en effet se trouver dans une créature et être produit par Dieu ; or la simplicité dépourvue de toute composition ne s'oppose pas à la condition de créature ; par conséquent, une telle simplicité pourra se trouver dans les créatures, du moins dans les plus nobles d'entre elles. On démontre la mineure : en Dieu, comme dans les créatures, la vérité, l'entité et la bonté sont aussi nobles que la simplicité ; or la vérité peut être communiquée à la créature

salvis conditionibus creaturae absque aliqua permixtione falsitatis et bonitas absque aliqua permixtione pravitatis et entitas absque mixtura nihilitatis; ergo eadem ratione simplicitas poterit communicari absque mixtura cuiuscunque compositionis; sed si hoc potest fieri, verisimile est hoc esse factum in nobilissimis creaturis; ergo et cetera. Praeterea, si primis principiis quae sunt entia incompleta et partes substan-
292 tiarum potuit communicari | omnimoda simplicitas absque repugnantia suae imperfectionis, ergo multo magis hoc potuit entibus completis.

2. Item, non minus potest Deus ante creationem quam post, nec spiritualia sunt minus remota aut minus separabilia a defectu potentialitatis et inhaerentiae quam corporalia et accidentalia; sed Deus post creationem separat accidentia corporalia a subiecto et materia et aufert eis actualem inhaerentiam et dat eis per se existentiam, sicut patet in sacramento altaris; ergo et hoc potest ante creationem; et tunc multo fortius hoc poterit in formis substantialibus et potissime in spiritualibus; poterit igitur eas creare ab initio sine materia. –
Si dicatur quod ipsa accidentia semper, quantum est de se, inhaerent: contra, sicut impossibile est dare motum finitum sine termino, ita inclinationem et inhaerentiam finitam sine termino; omnis autem inhaerentia creata est finita; ergo omnis talis habet terminum qui eam actu terminat; sed in accidentibus separatis a subiecto et materia non est dare aliquid actu terminans; ergo et cetera. Praeterea, impossibile est quod

en conservant les conditions de la créature sans que quelque fausseté y soit mêlée; de même la bonté peut lui être communiquée sans que quelque méchanceté y soit mêlée ainsi que l'entité sans y mêler du néant; pour cette même raison, la simplicité pourra donc lui être communiquée sans composition aucune. Mais si cela est possible, il est vraisemblable qu'il se produise dans les créatures les plus nobles; donc, etc. En outre, si une simplicité absolue a pu être communiquée aux premiers principes, qui sont des étants incomplets et des parties des substances, | et sans que leur imperfection n'y fasse obstacle, à **292** plus forte raison elle a pu être communiquée à des étants complets.

2. En outre, Dieu ne peut pas moins avant la création qu'après elle, et les êtres spirituels ne sont pas moins éloignés ni moins séparables du défaut constitué par la potentialité et l'inhérence que ne le sont les êtres corporels et les êtres accidentels; or, après la création, Dieu sépare les accidents corporels de leur sujet et de la matière, leur retire l'inhérence actuelle et leur donne l'existence par soi, comme il est manifeste dans le sacrement de l'autel. Par conséquent, Dieu le peut aussi avant la création et il le pourra d'autant plus dans les formes substantielles, et au plus haut point dans les formes spirituelles; à l'origine il pourra donc les créer sans matière. – Si l'on dit que les accidents, en tant que tels, sont toujours inhérents [à une substance], il faut rétorquer ceci : tout comme il est impossible qu'un mouvement fini soit sans terme, il est impossible qu'une inclination et une inhérence finie soient sans terme; or toute inhérence créée est finie et par conséquent elle possède un terme qui la limite actuellement; mais dans le cas des accidents séparés du sujet et de la matière il n'y a rien qui les limite actuellement; donc, etc. De plus, il est impossible

aliquid etiam a Deo inclinetur ad nihil tanquam ad aliquem realem terminum; sed materia et subiectum accidentium separatorum est nihil; ergo impossibile est quod eis actu inhaereant seu quod inclinentur ad ipsa.

Secundo ostenditur hoc ex parte quidditatis et rationis tam materiae quam formae.

3. Quod enim secundum suam rationem est nihil nullius potest esse pars constitutiva; sed materia secundum hoc quod dicit aliquid distinctum a forma est mere nihil; ergo secundum hoc compositionem non faciet et multo minus secundum hoc quod est indistincta a forma. Minor patet: quia secundum Aristotelem, in *Metaphysicis* [1] et II *De anima* [2], actus est idem quod forma et e contrario; et si materia, prout distinguitur a forma, dicit aliquam essentiam et non mere nihil, ipsa erit vere actus et ita per consequens erit vere forma; et sic etiam cessabit compositio materiae cum forma, saltem illa quae hic quaeritur. Quod autem tunc sequatur ipsam esse actum videtur: omnis enim essentia est actus entis, quoniam est illud per quod ens 293 est; ergo si | habet essentiam, habet actum. – Si dicatur quod non omnis actus est forma et materia non habet talem actum qui possit habere rationem formae : contra, quia si aliquo modo dicit actum sive essentiam, tunc conveniet cum forma in ratione actus sive essentiae tanquam in suo communi; et tunc oportebit dare aliquas differentias per quas communis ratio actus determinetur ad actum qui est materia et ad actum qui est

---

1. Par exemple : Aristote, *Métaphysique*, VIII, 2, 1043a26 *sq.*; VIII, 3, 1043b28 *sq.*; IX, 8, 1050a15 *sq.*

2. Aristote, *De l'âme*, II, 1, 412a10 *sq.*

que quelque chose soit incliné vers le néant comme vers quelque terme réel, même par Dieu ; or la matière et le sujet des accidents séparés ne sont rien ; il est donc impossible que les accidents séparés leur soient inhérents en acte ou qu'ils soient inclinés vers eux.

En deuxième lieu, on démontre cette thèse à partir de la quiddité et de la raison de matière aussi bien que de forme.

3. En effet, ce qui n'est rien selon sa raison ne peut être la partie constitutive d'aucune chose ; or, dans la mesure où elle signifie quelque chose de distinct de la forme, la matière est un pur néant ; de ce point de vue, elle n'entrera donc pas en composition [avec la forme], et elle le fera encore moins dans la mesure où elle est indistincte de la forme. La mineure est évidente : en effet selon Aristote, dans la *Métaphysique* et dans le deuxième livre du traité *De l'âme*, l'acte est identique à la forme et inversement ; et si la matière, en tant qu'on la distingue de la forme, signifie quelque essence et non pas un pur néant, elle sera véritablement acte et par conséquent véritablement forme ; ainsi, la composition de la matière avec la forme sera abolie, du moins celle que nous recherchons ici. Qu'il s'ensuive bien que la matière serait alors un acte, cela se montre ainsi : toute essence est en effet l'acte d'un étant, car elle est ce par quoi un étant est ; si la matière | a une essence, **293** elle possède donc un acte. – Si l'on disait que tout acte n'est pas une forme et que la matière ne possède pas un acte qui pourrait avoir raison de forme, [il faut répondre qu'] au contraire, si la matière signifie d'une certaine manière un acte ou une essence, elle rejoint la forme sous la raison d'acte ou d'essence comme sous une raison commune. Il faudra alors poser des différences qui déterminent la raison commune d'acte en l'acte qu'est la matière et en l'acte qu'est

forma; has autem non est dare, quia non potest dici quod illae sint actus perfectus et imperfectus, quia secundum hoc omnis forma imperfecta esset vere materia; conveniret enim sibi tota definitio materiae, scilicet actus imperfectus. Praeterea, perfectum et imperfectum de se non distinguunt rem secundum genus aut speciem, cum in eadem specie et in eodem genere sint aliqua perfectiora aliis, immo etiam idem numero est aliquando perfectius et aliquando imperfectius, ut eadem albedo numero, quando est intensa et quando est remissa. Praeterea, formae et materiae nec quibuscunque primis principiis entium potest dari aliquid commune per modum universalis, ut videtur.

Tertio ostenditur hoc ex conditionibus quae attribuuntur materiae secundum hoc quod est materia.

4. Attribuitur enim sibi potestas recipiendi seu receptio et potestas stabiliendi seu substantificandi dependentiam et inhaerentiam formarum. Cum enim existere in se et taliter quod alia stabiliat in se ipso sit actus entis nobilissimus : ergo materia, secundum hoc quod est materia, dicet actum entis nobilissimum; soli enim materiae in rebus in quibus materia ponitur convenit existere in se et non in alio et nihil ponitur posse subsistere nisi in ea; omnium enim formarum dependentia in ea figitur et stabilitur. Ipsa igitur habebit secundum suam rationem essentiam actualissimam et nobilissimam, et ita impossibile est quod dicat aliquid distinctum a forma ac per consequens quod faciat compositionem cum forma, saltem talem qualis hic quaeritur. Si etiam

la forme. Il est cependant impossible de poser de telles différences : en effet, on ne peut dire qu'elles sont l'acte parfait et l'acte imparfait, car toute forme imparfaite serait véritablement une matière, dès lors que la définition complète de la matière – à savoir « acte imparfait » – lui conviendrait. En outre, le parfait et l'imparfait ne distinguent pas par eux-mêmes la réalité en genre ou en espèce, puisque, dans la même espèce et dans le même genre, certaines choses sont plus parfaites que d'autres ; bien plus encore, une seule et même chose est tantôt plus parfaite, tantôt moins parfaite, à l'instar de la même blancheur qui est parfois intense, parfois atténuée. De plus, il n'est pas possible, semble-t-il, d'attribuer quelque chose de commun, sur le mode universel, à la forme et à la matière, comme il n'est pas possible de le faire pour tous les premiers principes des étants, quels qu'ils soient.

En troisième lieu, la même thèse est démontrée à partir des conditions attribuées à la matière en tant qu'elle est matière.

4. On lui attribue en effet la capacité de recevoir ou la réceptivité, ainsi que la capacité d'établir ou de substantifier la dépendance et l'inhérence des formes. Puisque exister en soi et de manière à conférer en soi-même stabilité aux autres choses est l'acte le plus noble de l'étant, il s'ensuivra que la matière, précisément en tant qu'elle est matière, signifiera l'acte le plus noble de l'étant. Dans les choses dans lesquelles il y a de la matière, il ne revient en effet qu'à la matière d'exister en soi-même et non dans un autre, et il n'y a rien qui puisse subsister hors d'elle, car la dépendance de toutes les formes est fixée et établie en elle. La matière possédera donc l'essence la plus actuelle et la plus noble selon sa propre raison d'être, si bien qu'il est impossible qu'elle signifie quelque chose de distinct de la forme et qu'elle entre en composition avec elle, du moins quant à la composition dont il est question ici. Par ailleurs, si

omne recipiens prius naturaliter est actu quam actu in se
recipiat: ergo materia cui competit alia recipere prius naturaliter erit actu quam aliquid recipiat; sed esse non potest actu,
nisi habeat in se rationem et actualitatem formae; ergo oportet
quod ipsa non sit realiter distincta a forma.

294 | Quarto ostenditur hoc ex parte componibilitatis et
compositionis ipsorum.

5. Quodlibet enim extremorum componentium oportet
quod sit alteri unitum et inclinatum et appropriatum; hoc
autem esse non potest, nisi in quolibet sit aliqua inclinatio et
appropriatio; sed inclinatio et ipsum quod per eam est inclinatum differunt, sicut potentia et actus et sicut forma et informatum; inclinatione enim amota ipsum inclinatum non esset actu
inclinatum, sed solum esset inclinabile et in potentia ad actualem inclinationem; ergo si materia est in rebus faciens compositionem cum forma, tunc adhuc tam ipsa quam forma erunt
compositae ex potentia et actu et ex forma et informato seu
informabili. – Si dicatur quod unumquodque per se ipsum est
inclinatum et appropriatum: contra, idem enim non potest esse
actus sui ipsius nec potentia sui ipsius nec informatum a se ipso
nec substratum sibi ipsi, sed ipsum inclinatum substernitur
suae inclinationi et informatur ab ipsa et est in potentia respectu eius; nisi forte dicatur quod ipsum inclinatum, in quantum
est tale, non est aliud quam sua inclinatio; quod tamen esse non
potest, quia tunc non esset ibi aliud quam mera inclinatio nec

chaque réceptacle possède naturellement une existence actuelle avant de recevoir quelque chose en acte, il s'ensuit que la matière, dont le propre est de recevoir les autres choses, existera naturellement en acte avant de recevoir quelque chose ; cependant elle ne peut pas exister en acte si elle n'a pas en elle-même la raison et l'actualité de la forme ; par conséquent, il est nécessaire qu'elle ne soit pas réellement distincte de la forme.

| En quatrième lieu, on démontre cette thèse à partir de la **294** possibilité de composition [de la matière et de la forme] et de leur composition effective.

5. En effet, il est nécessaire que chacun des extrêmes d'un composé soit uni à l'autre, incliné vers lui et approprié à l'autre ; mais cela ne peut se faire que si, dans chacun d'eux, il y a une certaine inclination et appropriation. Toutefois, l'inclination et ce qui est incliné par elle diffèrent comme la puissance et l'acte et comme la forme et ce qui est informé – en effet, une fois l'inclination ôtée, ce qui est incliné ne serait plus incliné en acte, mais il serait seulement susceptible de l'être et serait en puissance par rapport à l'inclination actuelle. Par conséquent, si dans les choses la matière entre en composition avec la forme, il s'ensuit que la matière aussi bien que la forme seront composées de puissance et d'acte, ainsi que de forme et de ce qui est informé ou qui est susceptible de l'être. – Si l'on prétend que chacun [des composants] est incliné et approprié par lui-même, il faut objecter que le même ne peut être, ni acte ni puissance de soi, ni informé par soi, ni substrat de soi-même, mais que ce qui est incliné est sous-jacent à son inclination, est informé par elle et en puissance à son égard. À moins qu'on ne dise que ce qui est incliné, en tant que tel, n'est rien d'autre que sa propre inclination : mais cela ne se peut pas, car alors il n'y aurait là rien d'autre qu'une pure inclination et il

esset ibi aliquid secundum rem inclinabile nec inclinatum, sed solum secundum modum intelligendi; ac per consequens nec ibi esset secundum rem inclinatio, cum omnis inclinatio sit alicuius inclinabilis et alicuius per eam actu inclinati.

6. Item, ad idem: Quod non cadit in definitione alicuius nisi per accidens non est de constitutione suae essentiae nisi per accidens et non per se; sed in definitione substantiarum non cadit materia nisi per accidens secundum Aristotelem, VII *Metaphysicae*[1]. Vult enim ibidem quod in definitione totius non cadunt partes materiales sed solum formales, quin potius e contrario totum cadit in definitione partium materialium. Averroes[2] etiam vult ibidem quod cum definitum dicat totam essentiam et speciem definiti, forma autem constituat rem in specie nec materia sit necessaria nisi ad actualem existentiam speciei, quia secundum eum si forma posset esse per se, completior esset res | secundum suam speciem quam sit nunc cum materia: vult, inquam, quod materia non intret definitionem substantiarum nisi sicut unum correlativum intrat definitionem sui correlativi, ad determinandum scilicet dependentiam et respectum ipsius formae.

7. Item, ad idem: Nullum accidens est essentiale substantiis; sed si essentia substantiarum est composita, accidens est eis essentiale, ipsa scilicet unio et compositio extremorum quae est quaedam relatio et quoddam accidens ipsorum extremorum. Quod patet: quia sine ea possunt ipsa extrema intelligi et quia materia potest illam amittere, quando advenit sibi altera

---

1. Aristote, *Métaphysique*, VII, 10, 1035a1 *sq.*; VII, 11, 1036a31 *sq.*

2. Averroès, *Aristotelis opera cum Averrois commentariis, Metaphysicorum liber VII, comm. 35*, Venetiis apud Junctas, 1562-1574, vol. VIII (réimp. Frankfurt a.M., Minerva, 1962), 186rb *sq.* et 189ra.

n'y aurait pas quelque chose qui est susceptible d'être incliné ni quelque chose d'incliné réellement, mais seulement selon la raison. Par conséquent, puisque toute inclination est inclination de ce qui est susceptible d'être incliné et de quelque chose qui est incliné en acte par elle, il n'y aurait pas non plus d'inclination réelle.

6. En outre, en faveur de la même thèse : ce qui n'entre que par accident dans la définition de quelque chose n'est constitutif de son essence que par accident et non par soi. Or, selon Aristote au septième livre de la *Métaphysique*, la matière n'entre que par accident dans la définition des substances. À cet endroit, il prétend en effet que seules les parties formelles entrent dans la définition du tout, et non pas les parties matérielles, et que c'est le tout qui entre dans la définition des parties matérielles plutôt que l'inverse. Au même endroit, Averroès soutient aussi que la matière n'entrera dans la définition des substances qu'à la manière dont un corrélatif entre dans la définition de son corrélé, c'est-à-dire pour déterminer sa dépendance et sa relation à la forme ; il le prétend – dis-je – car ce qui est défini signifie l'essence entière et l'espèce du défini, et la forme constitue la chose dans son espèce, alors que la matière est nécessaire seulement à l'existence actuelle de l'espèce – puisque, selon lui, si la forme pouvait être par elle-même, la chose serait plus complète | selon son espèce qu'elle **295** ne l'est maintenant avec la matière.

7. De plus, en faveur de la même thèse : aucun accident n'est essentiel aux substances ; mais si l'essence des substances est composée, un accident leur est essentiel, à savoir cette union et cette composition des extrêmes, qui est une certaine relation et un certain accident de ces extrêmes. Ceci est manifeste : les extrêmes en effet peuvent être pensés sans cette relation et la matière peut la perdre lorsqu'elle reçoit une autre

forma; et hoc ipsum forma, quando miraculose separatur a materia. Si etiam compositio esset essentialis substantiis, tunc materia et forma non essent tota essentia suorum compositorum, immo praeter ea esset tertium, scilicet eorum compositio; et sic plura essent rerum principia quam tria. Quod est contra Aristotelem, libro *Physicorum*[1]; non enim ponit nisi materiam et formam et privationem, et duo prima vult esse solum per se principia eorum quae fiunt, de compositione autem mentionem non facit. Quod autem compositio sit substantialis substantiis, si sunt compositae, patet: quia non poterunt intelligi absque ipsa; secundum autem Boethium, libro *Divisionum*[2], quamvis sine accidente proprio proprie res non possit intelligi esse, illud tamen secundum eum est de essentia rei seu essentiale sine quo res non potest intelligi.

Quinto ostenditur hoc ex parte necessitatis ipsius materiae.

8. Si enim natura nihil facit frustra, multo minus hoc facit Deus; sed nulla est necessitas ponendae materiae in entibus, quia omnia aeque bene et etiam melius possunt fieri sine ea sicut cum ea; ergo et cetera. Probatio minoris: non enim materia dicitur esse necessaria nisi propter tria, aut scilicet propter motum et receptionem, ut detur aliquod recipiens et mobile quod sit subiectum motus et mutationis, aut propter individuationem aut propter substantificationem.

Sed propter primum non oportet, quia ad hoc quod aliquid possit esse recipiens sufficit quod possit informari ab aliquibus

---

1. Aristote, *Physique*, I, 7-9, 189b30 *sq.*

2. On rencontre des propos similaires, mais pas identiques, dans Boèce, *De divisione liber*, PL 64, col. 875 *sq.*, J. Magee (ed.), p. 6 *sq.* Voir aussi *In Isagogen Porphyrii commenta*, Livre IV, c. 17, S. Brandt (ed.), p. 282-283.

forme; et cela vaut aussi pour la forme, lorsqu'elle est mira-culeusement séparée de la matière. Par ailleurs, si la compo-sition était essentielle pour les substances, alors la matière et la forme ne constitueraient pas l'essence entière de leurs composés, car en plus d'elles il y aurait un troisième élément, c'est-à-dire leur composition; de la sorte, il y aurait plus que trois principes des choses. Cela va à l'encontre d'Aristote, dans la *Physique* : en effet, là il ne pose que la matière, la forme et la privation, et il soutient que seules les deux premières sont principes par soi des choses en devenir, alors qu'il ne fait aucune mention de la composition. Cependant, il est manifeste que si les substances sont composées, la composition leur est substantielle, car elles ne pourront pas être pensées sans elle. Or, selon Boèce, dans le livre *Sur la division*, bien qu'on ne puisse concevoir qu'une chose existe à proprement parler sans son accident propre, ce qui, selon lui, appartient à l'essence de la chose et lui est essentiel est néanmoins ce sans quoi la chose ne peut tout simplement pas être pensée.

En cinquième lieu, cette thèse est démontrée à partir de la nécessité de la matière.

8. En effet, si la nature ne fait rien en vain, Dieu encore moins; or il n'y a aucune nécessité à introduire de la matière dans les étants, car toute chose peut être produite aussi bien, voire mieux, sans elle qu'avec elle; donc, etc. On démontre la mineure : la matière n'est dite « nécessaire » que pour trois raisons, c'est-à-dire en raison du mouvement et de la réceptivité – afin qu'il y ait un réceptacle et un mobile qui soit le sujet du mouvement et du changement –, ou en raison de l'individuation, ou bien encore en raison de la substantification. Or, dans le premier cas, il n'est pas nécessaire [de poser de la matière], car pour que quelque chose soit un réceptacle il suffit qu'il puisse être informé par des

296 | formis; sed formae hoc possunt secundum philosophos et magistros, quia tempus secundum eos est accidens motus et calor superficiei et sic de multis aliis; omne autem subiectum informatur a suis accidentibus, maxime si est subiectum per se et primum, sicut illa sunt secundum eos; priores etiam formae secundum eos informantur a sequentibus. Exigitur etiam ad receptionem quod recipiens sit in potentia respectu recepti; idem autem bene potest esse actus et potentia respectu diversorum absque contradictione, quia contradictio semper est respectu eiusdem; unde forma respectu sui ipsius est in actu seu respectu eius quod informat, respectu autem alterius formae a qua informabitur erit in potentia, et sic videmus quod aliquid potest habere rationem prioris et posterioris absque compositione et sic de multis aliis relative oppositis; unde et materia, si esse ponatur, non erit in potentia respectu sui ipsius sed solum respectu formae, respectu vero sui erit quodam modo in actu; absque igitur materia poterunt formae esse subiecta receptionum et eorum quae recipiuntur et poterunt esse in potentia ad actus subsequentes et sic poterunt esse subiecta motuum et mutationum et tanto magis, quanto ratione suae soliditatis poterunt in ea figi fortius et perfectius.

Si dicatur quod potentia recipiendi non convenit formis nisi per accidens et secundario, omne autem per accidens reducitur

| formes; or selon les philosophes et les maîtres, les formes en **296**
sont capables, car selon eux le temps est un accident du
mouvement et la chaleur un accident de la surface, et il en va
ainsi dans de nombreux autres cas. Or tout sujet est informé par
ses accidents, et ce d'autant plus s'il est un sujet premier et
par soi, comme le sont les formes selon les philosophes ;
par ailleurs, les formes antérieures sont, selon eux, informées
par les suivantes. La réception, à son tour, requiert que le
réceptacle soit en puissance par rapport à ce qui est reçu ; la
même chose peut néanmoins, sans contradiction, être acte et
puissance relativement à des choses différentes, car la
contradiction relève toujours d'un rapport à une même chose.
Pour cette raison, la forme est en acte par rapport à elle-même
ou à ce qu'elle informe, alors qu'elle sera en puissance à
l'égard d'une autre forme par laquelle elle sera informée.
Ainsi, nous constatons que quelque chose peut comporter un
rapport d'antériorité et de postériorité sans qu'il y ait composition, et il en va de même dans le cas de nombreux autres
opposés relatifs. Par conséquent, la matière – si on pose qu'elle
existe – ne sera pas non plus en puissance par rapport à elle-
même, mais seulement à l'égard de la forme, alors que par
rapport à elle-même elle sera d'une certaine façon en acte. Les
formes pourront donc être sujets de réceptions et des choses
reçues sans qu'il faille poser de la matière, et elles pourront
ainsi être en puissance par rapport aux actes successifs ;
de cette façon, elles pourront être sujets des mouvements
et des changements – et ce d'autant plus que, en raison de
leur consistance, ceux-ci pourront s'y fixer mieux et plus
fermement.

On pourrait dire que la capacité de recevoir ne revient
aux formes que par accident et de manière secondaire ; or
tout ce qui est par accident se ramène à ce qui est par soi,

ad per se nec causa secundaria potest esse sine prima, materiae autem insit potentia recipiendi primo et per se, adhuc formae non poterunt esse sine materia sufficientes ad aliquid recipiendum : contra hoc arguo. Si enim per accidens sumatur hic, prout omnino excludit ipsum per se, sicut musicus dicitur esse albus per accidens – albedo enim nullo modo est in musica, sed solum in subiecto eius – : tunc secundum veritatem nulla forma informaretur aut diceretur informari nisi solum eo modo quo musicus dicitur albus; quamvis nec tunc illo modo dici posset nisi in concreto, utpote quod informatum tali forma diceretur informatum esse sequenti. Si vero sumatur hic « per accidens », prout opponitur solum ad « per se et primo », ita quod etsi in formis non est potentia recipiendi per se et primo, est tamen in eis per se et secundario : contra hoc est, quia immo magis forma inerit per se et primo, si sibi aliquo modo per se 297 | inest; primum enim et immediatum idem. Formae autem secundum hoc immediatius recipient formas sequentes quam materia; unde et motus immediatius subiectum ponitur esse temporis et superficies coloris quam materia. Cum etiam formae sequentes per hoc dicantur supervenire materiae, quia adveniunt formis prioribus in ea existentibus et materia per eas disponatur ad receptionem secundarum et non e contrario : potius inerit potentia receptiva earum ipsis formis et magis primo et per se quam materiae.

et aucune cause seconde ne peut exister sans la cause première; mais la capacité de recevoir inhère à la matière premièrement et par soi, à tel point que les formes, sans la matière, ne suffiraient pas à recevoir quoi que ce soit. Contre cela, j'argumente ainsi : si l'on prenait ici « par accident » au sens de ce qui exclut totalement le « par soi » – comme lorsqu'on dit que le musicien est blanc par accident, du fait que la blancheur n'est d'aucune manière dans la musique, mais seulement dans son sujet –, alors, en vérité, aucune forme ne serait informée ou ne serait dite être informée si ce n'est à la manière dont un musicien est dit blanc; cependant, on ne saurait parler ainsi que de manière concrète, en ce sens que ce qui est informé par telle forme serait dit être informé par la forme suivante. En revanche, si l'on prenait « par accident » en tant qu'opposé seulement à « par soi et premièrement » – de sorte que même s'il n'y avait pas de puissance réceptive par soi et premièrement dans les formes, il y en aurait néanmoins une par soi et de manière secondaire –, on s'oppose à cela, car la forme est encore plus inhérente par soi et premièrement si elle inhère de quelque manière par soi à elle-même. | En effet, ce qui est **297** premier est identique à ce qui est immédiat. Or, de ce point de vue, les formes recevront les formes suivantes d'une manière plus immédiate que ne le fait la matière; pour cette raison on considère que le mouvement par rapport au temps et la surface par rapport à la couleur sont des sujets plus immédiats que la matière. Par ailleurs, puisque les formes suivantes sont dites survenir à la matière du fait qu'elles adviennent aux formes antérieures – préexistantes en elle – et du fait que grâce à elles la matière est disposée à recevoir les formes suivantes, et non l'inverse, la puissance réceptive à leur égard inhérera plus premièrement et par soi à ces formes qu'à la matière.

Si etiam formis inest potentia passiva per materiam, quaero in qua habitudine causae stat ibi le « per ». Non enim in habitudine causae efficientis, quia materia nihil potest efficere et ita non potest gignere potentiam passivam in formis; et si hoc fieret, prius oporteret quod in formis esset potentia passiva ad recipiendum hanc potentiam quae eis ingignitur a materia; multaque alia inconvenientia sequerentur satis nota. Non etiam potest stare in habitudine causae formalis, quia materia non potest esse forma alicuius et maxime formarum suarum nec ad aliquam potentiam passivam potest se habere in ratione formae. Non etiam potest stare in habitudine causae materialis, quia esse causam materialem alicuius non est aliud quam esse eius materiam; quae pro tanto dicitur esse causa sui totius, pro quanto est principium constitutivum eius; unde nomen causae sumitur ibi tantum pro principio intrinseco constitutivo. Nihil autem erit dictu dicere materiam esse principium materiale et constitutivum potentiae passivae quae est in formis, quia tunc illa potentia esset composita ex materia et ex aliquo alio et esset quaedam substantia. In habitudine autem causae finalis nihil ad propositum.

Praeterea, quando dicitur quod potentia passiva inest formae per materiam : aut dicitur hoc de eadem potentia passiva numero, ita scilicet quod eadem numero potentia quae est in materia est in formis, aut hoc intelligitur de diversis.

Primum esse non potest, quia nihil quod est materiae, et maxime sic sicut est eius sua potentia passiva, potest esse in

Or, dans le cas où la puissance passive inhère aux formes par le biais de la matière, je demande quelle relation causale est signifiée par l'expression « par le biais de ». Il ne s'agit pas de causalité efficiente, car la matière ne peut rien produire et ne peut donc pas engendrer de puissance passive dans les formes ; et si tel était le cas, il faudrait qu'il y ait auparavant dans les formes une puissance passive apte à recevoir cette puissance que la matière y ferait naître – pour ne pas parler des autres inconvénients suffisamment connus. Mais il ne s'agit pas non plus de causalité formelle, car la matière ne peut être forme d'aucune chose, et à plus forte raison de ses propres formes, et ne peut pas se rapporter à une puissance passive en tant que forme. Il ne s'agit pas non plus de causalité matérielle, car être la cause matérielle de quelque chose n'est rien d'autre que d'être sa matière ; or une chose est dite d'autant plus cause d'elle-même tout entière qu'elle est son propre principe constitutif – c'est pourquoi le nom « cause » est pris ici seulement au sens de « principe constitutif intrinsèque » ; mais affirmer que la matière est le principe matériel et constitutif de la puissance passive qui est dans les formes, ce sera ne rien dire du tout, car cette puissance serait alors composée de matière et de quelque chose d'autre et constituerait une certaine substance. Quant à la causalité finale, elle n'a rien à faire ici.

En outre, lorsqu'on dit que la puissance passive est inhérente à la forme par le biais de la matière, ou bien on le dit d'une même puissance passive numériquement une, en ce sens que cette même et unique puissance qui est dans la matière est aussi dans les formes, ou bien on le conçoit par rapport à des puissances différentes.

La première hypothèse n'est pas possible, car rien de ce qui appartient à la matière – à plus forte raison ce qui se comporte comme sa puissance passive – ne peut être dans

forma, et maxime sic sicut oportebit in ea esse potentiam per **298** quam in se recipiet alia seu potius in qua recipientur, | quando recipientur a forma. Si etiam esset omnino eadem potentia materiae et formae, tunc non esset aliud dictu formam habere potentiam passivam, nisi quod habet materiam et potentiam materiae sibi assistentem; unde potius diceretur tunc eam habere per assistentiam quam per inhaerentiam, et hoc nihil faceret ad evasionem praedictam.

Praeterea, quomodocunque in forma esset potentia passiva, nisi forte per modum dictum qui est valde improprius, scilicet per assistentiam, tunc si ratione distinctionis quae est inter potentiam et actum probatur esse differentia inter materiam et formam et si per hoc probantur substantiae esse compositae ex materia et forma : tunc eadem ratione posset hoc probari de potentia et actu ipsius formae. – Dicebatur quod haec potentia non inest formae per materiam, ita quod efficiatur a materia, sed quia forma non potest hoc habere nisi in materia et nisi in ordine ad materiam. Sed contra : tunc enim per se conveniret formae, quamvis nonnisi in materia; nec propter hoc conveniret sibi proprie per materiam, sicut nec proprie essentia, quamvis nec propriam essentiam habere possit nisi in materia. Ad hoc etiam quod eam habeat aeque primo sicut et materia sufficit quod non causetur a materia,

la forme; et d'autant plus s'il fallait que la matière ait en soi
une puissance apte à recevoir d'autres [déterminations] ou
qui soit plutôt ce en quoi ces [déterminations] seront reçues,
| lorsqu'elles seront reçues par la forme. De plus, si la **298**
puissance de la matière et de la forme étaient tout à fait identiques, affirmer que la forme possède une puissance passive
ne serait rien dire d'autre qu'elle possède une matière et la
puissance de la matière qui l'accompagnerait; ainsi, on dirait
qu'elle possède la matière plutôt par conjonction que par
inhérence, ce qui n'apporterait aucune solution au problème
évoqué auparavant.

En outre, quelle que soit la manière dont la puissance
passive serait dans la forme, excepté peut-être la manière
évoquée à l'instant, c'est-à-dire par conjonction – manière qui
est tout à fait inadéquate –, si l'on prouve qu'il y a une différence entre la matière et la forme en raison de la distinction de
la puissance et de l'acte, et si par conséquent on prouve que les
substances sont composées de matière et de forme, par le
même moyen on pourrait le prouver au sujet de la puissance et
de l'acte qui appartiennent à la forme elle-même. – Il a été dit
que cette puissance n'est pas inhérente à la forme par le biais
de la matière, comme si la matière l'avait produite, mais
qu'elle lui inhère du fait que la forme ne peut la posséder que
dans la matière et dans son rapport à la matière. Mais on
argumente en sens contraire : cette puissance reviendrait alors
par soi à la forme, bien qu'elle ne le pourrait que dans la
matière; or elle ne lui reviendrait pas pour autant et à proprement parler par le biais de la matière, tout comme son essence
d'ailleurs, bien qu'elle ne puisse posséder une essence propre
que dans la matière. En effet, pour que la forme possède son
essence [propre] aussi premièrement que la matière [possède
la sienne], il suffit qu'elle ne soit pas causée par la matière,

quia nec materia potest habere potentiam passivam nisi in ordine ad formam. Praeterea, tunc ad probandum materiam esse in rebus tanquam quoddam principium distinctum a forma non sufficiet probare quod oportet esse aliquod mobile et aliquod subiectum receptionis et motus et mutationis, sed praeter hoc oportebit probare quod necesse est in rebus esse aliquod mobile et subiectum quod non sit forma et quod motus non solum exigit mobile, sed etiam tale mobile super quo nec sancti nec philosophi se intromittunt, quando probant materiam esse; sed sufficit eis absolute probare quod oportet in rebus esse aliquid mobile et aliquod potentiale.

Non etiam ratione individuationis hoc oportet, quia distinctio et declaratio magis competit formae quam materiae; et praeterea, forma non posset individuationem recipere a materia, quin materia esset illius causa efficiens et forma eius subiectum recipiens; nec accidentia miraculose separata a materia essent actu individua; et multa alia inconvenientia sequerentur in quaestionibus de individuatione tacta [1].

299 | Non etiam ratione substantificationis hoc oportet, quia formae magis competit substantificare quam materiae, cum substantificare et per se esse sit nobilissimus actus substantiae. Praeterea, unde probatur quod forma non possit esse in fixa et in alio non recepta, cum hoc secundum omnes possit materia? non enim videtur hoc per aliquid posse probari. Praeterea, quomodo forma substantificationem recipiet a

---

1. Cf. *Quaest. in II Sent.*, q. XII-XV.

car la matière, elle aussi, ne peut avoir de puissance passive que dans son rapport à la forme. En outre, pour prouver que la matière est présente dans les choses comme principe distinct de la forme, il ne suffira pas de prouver qu'il y a nécessairement un mobile et un sujet de réception, de mouvement et de changement, mais il faudra encore prouver que, dans les choses, il y a nécessairement un mobile et un sujet qui n'est pas la forme, et que le mouvement exige non seulement un mobile, mais aussi ce mobile auquel ni les Pères de l'Église ni les philosophes ne se sont intéressés lorsqu'ils ont démontré l'existence de la matière – en revanche il leur suffit simplement de prouver que, dans les choses, il faut qu'il y ait quelque chose qui est mobile et quelque chose de potentiel.

Il n'est pas non plus nécessaire de poser la matière en raison de l'individuation, car la distinction et la manifestation [individuelle] relèvent plus de la forme que de la matière ; de plus, la forme ne saurait recevoir son individuation de la matière, à moins que la matière ne soit sa cause efficiente et la forme le sujet récepteur de la matière. Mais alors les accidents séparés miraculeusement de la matière ne seraient pas individués en acte ; et de nombreuses autres difficultés, relevées dans les questions au sujet de l'individuation, s'ensuivraient encore.

| Enfin, il n'est pas nécessaire de poser la matière en raison **299** de la substantification, car il revient davantage à la forme qu'à la matière de substantifier, puisque substantifier et être par soi constituent l'acte le plus noble de la substance. En outre, comment prouver que la forme ne peut demeurer en soi de manière stable et sans être reçue dans un autre, alors que la matière le peut, selon les dires de tout un chacun ? En effet il ne semble pas que pareille conclusion puisse être prouvée. De plus, comment la forme recevra-t-elle sa substantification de

materia aut in materia, quin oporteat formam esse compositam ex recipiente et recepto et quin oporteat quod materia sit causa efficiens suae substantificationis et forma eius subiectum recipiens?

Per vias autem proprias substantiis intellectualibus sic potest argui ad propositum.

Et primo per auctoritatem.

9. Dionysius enim, capitulo 2 et 4 *Angelicae Hierarchiae* [1], dicit eos esse immateriales et immaterialiter recipere intellectualia et impassibiliter et non materialiter sicut nos. – Augustinus autem, libro XII *Confessionum* [2], dicit quod duo sunt primo creata a Deo : unum prope te, et hoc secundum eum est angelus, aliud prope nihil et hoc est materia; sed si in angelis ponebat materiam [3], non bene distingueret prae ceteris angelum a materia; ergo et cetera.

10. Item Aristoteles, VIII *Metaphysicae* [4], circa finem, volens ostendere per quid res habeant unitatem dicit quod omnia quae non habent materiam sensibilem nec intelligibilem unumquodque eorum statim est illud quod est per essentiam; de illis enim quae habent materiam sensibilem aut intelligibilem praemiserat [5] quod illa fiunt unum per adventum formae in materiam quam effective facit agens, quando de potentia materiae educit formam in actu. De istis vero vult quod per se conveniat eis esse et unitas et non per aliquid

1. Denys l'Aréopagite, *De coelesti hierarchia*, c. 2 et c. 4, 1, PG 3, col. 137 *sq.* et 178 *sq.*, G. Heil, A.M. Ritter (ed.), p. 10 *sq.* et 20.

2. Augustin, *Confessions*, XII, 7, éd. et trad. fr. P. de Labriolle, revue par M. Testard, p. 333.

3. *Cf.* Augustin, *Confessions*, XII, 7.

4. Aristote, *Métaphysique*, VIII, 6, 1045a36 *sq.*

5. Aristote, *Métaphysique*, VIII, 6, 1045a23 *sq.*

la matière ou dans la matière, si l'on ne pose pas nécessairement que la forme est composée d'un [principe] récepteur et d'un [principe] reçu et que la matière est la cause efficiente de sa substantification, alors que la forme est le sujet qui reçoit la matière ?

On peut encore argumenter en faveur de la même thèse [que dans les anges et dans toutes les substances intellectuelles il n'y a pas de composition de matière et de forme] par des voies propres aux substances intellectuelles.

Et d'abord par des arguments d'autorité.

9. En effet, aux deuxième et quatrième chapitres de la *Hiérarchie céleste*, Denys dit que [les anges] sont immatériels et qu'ils reçoivent les objets intellectuels de façon immatérielle et impassible, et non de façon matérielle comme nous. – Au douzième livre des *Confessions*, Augustin dit par ailleurs que Dieu a d'abord créé deux [étants] : l'un proche de lui, c'est-à-dire l'ange – selon lui –, l'autre proche du néant, c'est-à-dire la matière ; mais s'il avait posé une matière dans les anges, il n'aurait pas bien distingué, préalablement à toute autre chose, l'ange de la matière ; donc, etc.

10. De même, vers la fin du huitième livre de la *Métaphysique*, voulant montrer ce par quoi les choses ont l'unité, Aristote dit que toutes celles qui ne possèdent ni matière sensible ni [matière] intelligible sont immédiatement ce qu'elles sont par essence. En effet, au sujet de celles qui possèdent une matière sensible ou intelligible, il avait énoncé auparavant qu'elles acquièrent l'unité par l'avènement de la forme dans la matière, que l'agent produit effectivement lorsqu'il tire de la puissance de la matière une forme en acte. Quant aux choses [qui ne possèdent pas de matière sensible ni de matière intelligible], il soutient que l'être et l'unité leur conviennent par soi, et non par quelque chose qui serait

additum alicui alteri, sicut additur actus potentiae seu forma
materiae. Et inducit quoddam simile [1] quod sicut praedicamenta non fiunt ens et unum per aliquam differentiam additam enti
tanquam generi, sed per se ipsa sunt ens et unum, propter quod
300 ens et unum non cadit in definitione | eorum, quia tunc opor-
teret quod haberent rationem generis et quod per adventum
differentiarum constituerent praedicamenta diversa : sic vult
quod substantiae intellectuales quae non habent materiam
physicam seu sensibilem nec mathematicam seu imagina-
bilem, quam ipse vocat intelligibilem, sunt per se ipsa ens et
unum, per omnimodam scilicet identitatem sui cum forma seu
actu per quem sunt. Ergo vult quod nullomodo habeant
materiam nec aliquam potentiam respectu formae suae
substantialis. – Omnes etiam philosophi, tam Platonici quam
Peripatetici hoc idem videntur sentire, sicut patet in libro *De
causis* [2] et in libro Procli [3] et in dictis Averrois [4].

Per rationem vero potest argui ex quatuor quae secundum
omnes sunt in angelis et in omnibus substantiis intellectualibus; est enim in eis incorruptibilitas, inextensibilitas,
intellectualitas et libertas.

Ex primo sic.

1. Aristote, *Métaphysique*, VIII, 6, 1045b1 *sq.*

2. *Livre des causes*, prop. VII (sixième chapitre), A. Pattin (éd.), trad. fr.
P. Magnard, O. Boulnois, B. Pinchard, J.-L. Solère, Paris, Vrin, 1990, p. 48-51.

3. Proclus, *Institutio theologica*, F. Dübner (ed.), p. CV.

4. Averroès, *Aristotelis opera cum Averrois commentariis,
Metaphysicorum liber XII, comm. 5*, Venetiis apud Junctas, 1562-1574,
vol. VIII (réimp. Frankfurt a.M., Minerva, 1962), 292va *sq.* ; *De Substantia
orbis*, c. 3-5, Venetiis apud Junctas, 1562-1574, vol. IX (réimp. Frankfurt a.M.,
Minerva, 1962), 8va *sq.*

ajouté à un autre, comme l'acte est ajouté à la puissance ou la forme à la matière. Il avance encore un argument du même ordre : les catégories ne deviennent pas étant et un par une différence ajoutée à l'étant comme à un genre, mais elles sont étant et un par elles-mêmes ; c'est pourquoi l'étant et l'un n'entrent pas dans leur définition, | car il faudrait qu'elles **300** possèdent la raison de genre et qu'elles constituent des catégories différentes par l'avènement de différences [spécifiques]. Pareillement, il soutient que les substances intellectuelles, qui ne possèdent ni matière physique ou sensible ni matière mathématique ou imaginable – qu'il nomme « matière intelligible » –, sont étant et un par elles-mêmes, à savoir par leur parfaite identité avec la forme ou l'acte par lequel elles sont. Il affirme donc qu'elles ne possèdent en aucune façon une matière ou une puissance à l'égard de leur forme substantielle. – Tous les philosophes, les Platoniciens comme les Péripatéticiens, semblent de cet avis, comme il apparaît clairement dans le *Livre des causes*, dans le livre de Proclus et dans les propos d'Averroès.

On peut aussi argumenter en faveur de la même thèse par la raison, à partir de quatre [propriétés] qui, d'un commun avis, se trouvent dans les anges et dans toutes les substances intellectuelles, à savoir l'incorruptibilité, l'inextensibilité, l'intellectualité et la liberté.

À partir de la première [propriété] on argumente de la manière suivante.

11. Secundum enim Aristotelem, VII *Metaphysicae*[1], materia est illud qua unumquodque singulare potest esse et non esse; potentia enim ad esse et non esse non potest alicui convenire per formam, cum forma sit actus et non potentia; sed in angelo non est potentia ad non esse, cum sit naturaliter incorruptibilis; ergo non est in eo materia.

12. Item, secundum diversitatem actuum diversificantur potentiae et e contrario; quot enim modis dicitur unum corelativorum, tot modis et reliquum; sed in angelis non est potentia ad formam substantialem, quia tunc possent per motum generationis fieri et sic per consequens per motum contrarium corrumpi, nec etiam ad quamcunque formam accidentalem, sed solum ad illas quae de potentia subiecti non educuntur; ergo in eis non est materia, nisi sumendo materiam aequivoce. Per materiam enim intendimus proprie significare
301 illud possibile quod est in potentia ad formam | substantialem et quod constituitur in esse per eam; et tale possibile non est univocum cum illo possibili quod solum est in potentia ad formas accidentales, et maxime quando ad solas tales quae de potentia subiecti non educuntur, sed solum in ipso recipiuntur; quia quantum differt talis actus accidentalis ab actu formae substantialis, tantum differet possibile a possibili seu potentia a potentia; illa autem in nulla univocantur.

13. Item, Aristoteles, X *Metaphysicae*[2], vult quod corruptibile et incorruptibile differant plus quam secundum genus, quia incorruptibile privat potentiam generis ipsius

1. Aristote, *Métaphysique*, VII, 7, 1032a20 *sq.*
2. Aristote, *Métaphysique*, X, 10, 1058b26 *sq.*

11. En effet, selon Aristote, au septième livre de la *Métaphysique*, la matière est ce par quoi chaque chose singulière peut être ou ne pas être, car la puissance d'être et de ne pas être ne saurait revenir à quelque chose par le biais de la forme, puisque celle-ci est acte et non puissance. Or dans l'ange il n'y a pas de puissance à l'égard du non-être, car il est par nature incorruptible ; par conséquent, il n'y a pas de matière en lui.

12. De plus, les puissances sont diversifiées selon la diversité des actes [correspondants] et inversement, car un [terme] corrélatif est dit d'autant de manières que son corrélé. Or, dans les anges il n'y a pas de puissance à l'égard de la forme substantielle, car dans ce cas ils pourraient être produits par voie de génération et par conséquent ils pourraient aussi être corrompus par le mouvement contraire ; [en eux] il n'y a pas non plus de puissance à l'égard de n'importe quelle forme accidentelle, mais seulement à l'égard de celles qui ne sont pas tirées de la puissance du sujet. Il n'y a donc pas de matière dans les anges, si ce n'est en un sens équivoque. En effet, par « matière » nous voulons proprement signifier le possible qui est en puissance à l'égard de la forme | substantielle et qui 301 est constitué dans l'être par elle. Un tel possible n'est pas univoque avec le possible qui n'est en puissance que par rapport à des formes accidentelles, et à plus forte raison lorsqu'il ne l'est que par rapport à celles-là seules qui ne sont pas tirées de la puissance du sujet, mais sont simplement reçues en lui. En effet, le possible diffère du possible, ou la puissance de la puissance, autant que tel acte accidentel diffère de l'acte de la forme substantielle : or ceux-ci ne sont en rien univoques.

13. En outre, selon Aristote, au dixième livre de la *Métaphysique*, le corruptible et l'incorruptible diffèrent plus que selon le genre, car l'incorruptible nie la puissance propre au

corruptibilis; potentia enim illa per quam corruptibile potest non esse oporet quod insit omnibus generibus suis quantumcunque remotis. Si enim non inesset, tunc illud esset incorruptibile et non haberet in se materiam habentem potentiam ad non esse; impossibile est autem quod aliquid tale sit genus alicuius corruptibilis; ergo ad minus in angelis non erit materia univoce cum corruptibilibus, quia si esset, tunc necessario convenirent univoce in aliquo genere; ergo et cetera.

14. Item, omnis materia quae de se est indifferens ad formas diversas et disparatas seu oppositas est, quantum est de se, mobilis ad quamlibet illarum et determinabilis sive appropriabilis per quamlibet illarum; sed si angelus habet materiam, materia eius erit huiusmodi, quia si non est, tunc ipsa erit determinata ad quamlibet illarum; sed determinata non potest esse nisi per aliquam differentiam eam appropriantem tali formae; sed hoc est impossibile, sicut in quaestione qua quaeritur an materia habeat differentias materiales est probatum[1]; ergo et cetera.

15. Item, omne compositum est dissolubile in componentia, quantum est ex se; unde et quidam sancti probant Deum esse simplicem sine omni compositione, quia alias secundum eos sequeretur ipsum esse dissolubilem; sed angeli sunt naturaliter indissolubiles; ergo et cetera.

Ex secundo vero arguitur sic.

---

1. Cf. *Quaest. in II Sent.*, q. XX.

genre du corruptible. En effet, la puissance par laquelle le corruptible peut ne pas être doit appartenir à tous ses [sous-] genres, aussi éloignés soient-ils, car si elle ne leur appartenait pas, un tel [sous-]genre serait incorruptible et n'aurait pas en lui une matière ayant une puissance à l'égard du non-être ; or il est impossible que quelque chose de tel soit [sous-]genre d'un quelconque corruptible ; par conséquent, au moins dans les anges il n'y aura pas une matière conçue de manière univoque avec celle des choses corruptibles, car si tel était le cas, [les anges et les choses corruptibles] appartiendraient nécessairement et de manière univoque à un même genre ; donc, etc.

14. De plus, toute matière qui est par elle-même indifférente à l'égard de formes diverses, disparates ou opposées, est par elle-même mobile à l'égard de chacune d'elles et susceptible d'être déterminée ou appropriée par chacune d'elles. Mais si l'ange possède une matière, celle-ci sera ainsi car, dans le cas contraire, elle serait déterminée par rapport à une quelconque de ces formes. Or elle ne peut être déterminée que par le biais d'une différence l'appropriant à telle forme ; mais cela est impossible, comme il a été démontré dans la question où l'on demande si la matière possède des différences matérielles ; donc, etc.

15. En outre, tout composé en tant que tel peut être dissout en ses composants. Pour cette raison, certains Pères de l'Église déclarent que Dieu est simple sans aucune sorte de composition, car dans le cas contraire il s'ensuivrait, selon eux, qu'il peut être décomposé. Or les anges par nature ne sont pas décomposables ; donc, etc.

À partir de la deuxième [propriété], on argumente de la manière suivante.

16. Quando materiae simplici et indivisibili advenit forma, tota vestitur forma illa, quia si tota non vestiretur, tunc **302** secundum | unam partem sui non esset vestita seu informata tali forma, secundum autem aliam partem sui esset, et ita haberet partem et partem; sed si angeli haberent materiam, ipsa necessario esset simplex et indivisibilis; ergo sola una forma unius angeli informaretur tota materia angelorum.

17. Item, aut materia angeli habet partes aut non. Si sic, tunc potest habere unam extra alteram et sic per consequens extensionem; et tunc etiam forma abstracta, intelligerentur actu divisae et semper etiam secundum intellectum possent intelligi ut divisibiles; et tunc aut in infinitum aut veniretur ad partes indivisibiles ex quibus totalis materia esset composita; et utrumque horum videtur valde inconveniens. Si autem non habet partes, ergo videtur quiddam esse punctale habens minimum de essentia; et etiam tunc non poterit in angelis esse maior et minor capacitas, cum non sit in eis maior aut minor materia, sed solum aequalis; maius enim et minus multitudinem partium supponunt; haec autem omnia videntur falsa; ergo et cetera.

Ex tertio et quarto arguitur sic, scilicet ex intellectualitate et libertate.

18. Omnis enim forma quae totaliter est inclusa intra suam materiam et secundum se totam impendens materiae et dependens ab ea videtur habere nihil libertatis, sed potius videtur

16. Lorsqu'une forme advient à une matière simple et indivisible, la matière tout entière se revêt de cette forme, car, si elle ne s'en revêtait pas tout entière, | une partie d'elle ne **302** serait pas revêtue ou informée par une telle forme, alors qu'une autre partie le serait, et cette matière [simple et indivisible] aurait alors des parties. Or si les anges possédaient une matière, celle-ci serait nécessairement simple et indivisible; par conséquent toute la matière des anges serait informée par l'unique forme d'un seul ange.

17. De plus, soit la matière de l'ange a des parties, soit elle n'en a pas. Dans le premier cas, elle peut avoir une partie extérieure à une autre et peut donc posséder l'étendue. Et alors, même en faisant abstraction de la forme, ces parties seraient conçues comme actuellement divisées et du point de vue de l'intellect elles pourraient toujours être pensées comme divisibles; et si tel était le cas, soit on irait à l'infini [dans la division], soit on s'arrêterait à des parties indivisibles dont la matière totale serait composée; l'une et l'autre de ces possibilités paraissent tout à fait indues. Si la matière de l'ange n'a pas de parties, il semble qu'elle a l'être d'un point qui possède un minimum d'essence; dans les anges, il ne pourra donc pas y avoir plus ou moins de capacité, puisqu'il n'y a pas en eux plus ou moins de matière, mais seulement une quantité égale; en effet, le plus et le moins supposent une pluralité de parties. Or toutes ces alternatives se révèlent fausses; donc, etc.

À partir des troisième et quatrième [propriétés], c'est-à-dire de l'intellectualité et de la liberté, on argumente de la manière suivante.

18. Toute forme qui est totalement prise dans sa matière, qui repose en sa totalité dans la matière et qui est dépendante d'elle, semble en effet ne posséder aucune liberté, mais paraît

esse valde passibilis et defectibilis; sed tales erunt formae substantiarum intellectualium; ergo et cetera.

19. Item, quod impedit actum alicuius potentiae videtur repugnare naturae ipsius potentiae, cum potentia et actus et obiectum sint sibi valde proportionata; sed conditiones materiales impediunt actum intellectus et voluntatis intellectualis et puritatem sui obiecti; unde quando vult aliquid intelligere, abstrahit a conditionibus materialibus et pro viribus separat se ab eis et secundum quod magis separat se, tanto purius intelligitur; ergo et cetera.

20. Item, materia non potest recipere aliquid sine conditionibus materialibus, cum receptum sequatur modum recipientis; sed species intellectualis est abstractissima ab eis; ergo impossibile esset ea in intellectu recipi, si haberet materiam.

21. Item, arguitur hoc specialiter de rationali anima. Si enim habet materiam, prout est separata a corpore seu **303** separabilis, | ergo ipsa est potius quaedam substantia completa quam pars substantiae et ita non erit pars hominis.

22. Item, si habet materiam, tunc impossibile est quod sit forma corporis, cum impossibile sit unam formam informare simul diversas materias, et maxime si sunt diversissimorum generum; et posito quod posset, anima tamen non informaret corpus secundum aliam suam materiam, cum materia nullius possit esse forma; et tunc ipsa non deberet dici

plutôt être passible et défectible ; or telles seront les formes des substances intellectuelles ; donc, etc.

19. De plus, ce qui empêche l'acte d'une certaine puissance semble s'opposer à la nature de cette puissance, étant donné que la puissance, l'acte et son objet sont tout à fait proportionnés les uns aux autres ; or les conditions matérielles empêchent l'acte de l'intellect et celui de la volonté intellectuelle et font obstacle à la pureté de leur objet ; par conséquent, lorsque l'intellect veut saisir quelque chose, il l'abstrait des conditions matérielles et, dans la mesure du possible, il se sépare d'elles ; aussi, plus il s'en affranchit, mieux il intellige ; donc, etc.

20. En outre, la matière ne peut recevoir quelque chose indépendamment des conditions matérielles, puisque ce qui est reçu l'est selon le mode de ce qui reçoit ; or l'espèce intellectuelle est l'espèce la plus abstraite des conditions matérielles ; il serait donc impossible qu'elle soit reçue dans l'intellect, si celui-ci possédait de la matière.

21. De plus, cet argument concerne en particulier l'âme rationnelle. En effet, si elle possède de la matière, en tant qu'elle est séparée du corps ou qu'elle en est séparable | elle **303** sera une substance complète plutôt qu'une partie de la substance, et de cette manière elle ne sera pas une partie de l'homme.

22. De même, si elle possède de la matière, il est alors impossible qu'elle soit la forme d'un corps, puisqu'une seule forme ne peut informer simultanément des matières différentes, à plus forte raison si elles sont de genres tout à fait différents. Et en admettant qu'elle le puisse, l'âme n'informerait cependant pas le corps selon son autre matière, car la matière ne peut être forme d'aucune chose ; et ainsi, l'âme ne devrait pas être dite [purement et simplement]

forma corporis, sed ipsa forma animae deberet solum dici forma corporis.

Contra: 1. Simplex et compositum non possunt esse uniformiter et recte sub eodem genere, tanquam scilicet duae species eiusdem generis, quia genus simplicis erit necessario simplex, genus vero compositi erit compositum; sed omnes substantiae creatae sunt in genere substantiae, corpora autem quae sunt quaedam species eius sunt composita ex materia et forma; ergo et angelici spiritus. Probatio minoris: si enim substantiae corporales et incorporales non in eodem genere substantiae, tunc essent plura praedicamenta quam decem et essent plura genera generalissima in substantiis, cum omnis substantia, praeter illam quae est increata, sit in genere et praedicamento.

2. Item, secundum Boethium, in *Praedicamentis*[1], quando agit de substantia, relictis extremis, agit de composito; sed ipse agit ibi de genere generalissimo substantiae secundum quod ad omnes substantias se extendit, sicut et facit de aliis praedicamentis; ergo tam secundum eum <*sc.* Aristotelem> quam secundum Boethium genus generalissimum substantiae quod sub se comprehendit spiritus angelicos est compositum et sic per consequens et ipsi. Sumit autem ibi Boethius nomine extremorum materiam et formam; ergo sequitur secundum eos quod sunt compositi ex materia et forma.

---

1. Boèce, *In Categorias Aristotelis*, Liber I, PL 64, col. 184.

forme du corps, mais seule la forme de l'âme devrait être considérée comme la forme du corps.

Arguments contraires

1. Le simple et le composé ne peuvent pas être de manière uniforme et directement sous le même genre, c'est-à-dire comme deux espèces du même genre, car le genre de ce qui est simple sera nécessairement simple, alors que le genre du composé sera composé. Par ailleurs, toutes les substances créées appartiennent au genre de la substance ; or les corps, qui sont une certaine espèce de ce genre, sont composés de matière et de forme ; donc les esprits angéliques le seront aussi. On démontre la mineure : si les substances corporelles et incorporelles n'appartenaient pas au même genre de la substance, il y aurait plus de dix catégories et il y aurait pour les substances plusieurs genres généralissimes différents, puisque chaque substance, sauf celle qui est incréée, appartient à un genre et à une catégorie.

2. De même, selon Boèce, dans les *Catégories*, lorsque Aristote traite de la substance, en laissant de côté les extrêmes, il traite du composé. Mais il parle là du genre généralissime de la substance dans la mesure où il s'étend à toutes les substances ; et il en fait de même avec les autres catégories. Ainsi, pour Aristote comme pour Boèce, le genre généralissime de la substance, qui inclut les esprits angéliques, est composé ; par conséquent, ces esprits sont eux aussi composés. Sous le terme « extrêmes » Boèce comprend à cet endroit la matière et la forme. Il s'ensuit donc selon eux que les anges sont composés de matière et de forme.

3. Item, certum est Aristotelem posuisse motum non posse esse sine materia; unde dicit, II *Metaphysicae*[1], quod materiam necessario imaginamur seu intelligimus in re mota; et, I **304** *De generatione*[2], dicit quod sicut agere est | ratione formae, ita pati est ratione materiae; sed angeli moventur per loca et secundum varios effectus et multa pati et recipere possunt; ergo secundum eum ipsi habent materiam.

4. Item, secundum eum, libro *De caelo et mundo*[3], individuatio qua aliquid potest dici hoc non est sine materia; unde dicit quod cum dico « caelum », dico formam, cum autem dico « hoc caelum » dico formam cum materia; sed substantiae intellectuales sunt quaedam individua et de iis potest dici « hic angelus et ille »; ergo adhuc secundum eum ipsi habent materiam.

5. Item, Averroes, super III *De anima*[4], dicit quod in intellectu est aliquid simile materiae et aliquid simile formae; et Aristoteles ibidem[5] dicit sicut in natura est aliquid quo est omnia fieri et aliquid quo est omnia facere, sic et in anima secundum partem eius intellectivam; sed praedicta in aliis non sunt aliud quam materia et forma; ergo adhuc secundum eos ipsi habent materiam.

1. Aristote, *Métaphysique*, II, 2, 994b26.

2. Aristote, *De la génération et la corruption*, II, 9, 335b30 *sq.*

3. Aristote, *Du ciel*, I, 9, 278a11 *sq.*

4. Averroès, *Aristotelis opera cum Averrois commentariis*, *De anima liber III*, *summa 1, c. 1-3*, Venetiis apud Junctas, 1562-1574, vol. VI.I (réimp. Frankfurt a.M., Minerva, 1962), 136r *sq.*

5. Aristote, *De l'âme*, III, 4, 429a13 *sq.*; III, 5, 430a10 *sq.*

3. De plus, il est certain qu'Aristote a établi qu'il ne peut y avoir de mouvement sans matière. C'est pourquoi, dans le deuxième livre de la *Métaphysique*, il dit que dans une chose mue nous nous représentons ou concevons forcément de la matière. Dans le premier livre *De la génération*, il dit aussi que comme l'agir relève de | la forme, le pâtir relève de la matière. **304** Or les anges se meuvent à travers des lieux et, selon des effets différents, ils peuvent également pâtir ou recevoir de nombreuses choses. Par conséquent, selon Aristote, les anges ont une matière.

4. De même, selon lui dans le livre *Du ciel et du monde*, l'individuation grâce à laquelle quelque chose peut être dit « ceci » n'est pas sans matière. Pour cette raison, il précise que lorsque je dis « ciel » je signifie la forme, alors que si je dis « ce ciel » je signifie la forme et la matière. Or les substances intellectuelles sont des individus, si bien qu'à leur sujet on peut dire « cet ange-ci » ou « cet ange-là ». Ainsi, pour Aristote encore, les anges ont une matière.

5. De même, dans son commentaire du troisième livre du traité *De l'âme*, Averroès enseigne que dans l'intellect il y a quelque chose de semblable à la matière et quelque chose de semblable à la forme. Dans ce même traité, Aristote affirme que comme dans la nature il y a quelque chose par quoi tout peut advenir et quelque chose par quoi on peut tout produire, il en va de même de l'âme dans sa partie intellective ; mais dans les autres choses ces deux principes ne sont rien d'autre que la matière et la forme ; par conséquent, selon eux, les anges ont une matière.

6. Item, quibus competunt eaedem proprietates et univoce talia participant aliquod genus univoce; sed omnibus substantiis conveniunt univoce aliquae proprietates ut numerus et susceptibilitas contrariorum seu accidentium; ergo et cetera.

[Respondeo]

Ad quaestionem istam dicendum quod licet aliqui tenuerint et teneant in substantiis intellectualibus non esse materiam nec compositionem materiae cum forma, credo tamen iuxta communiorem opinionem in eis esse compositionem materiae cum forma et credo quod haec secundum fidem sit sanior et securior et quod altera multum appropinquet errori philosophicae et paganicae infidelitatis.

Ad huius autem pleniorem intelligentiam quatuor sunt notanda; quorum duo sunt communia omnibus substantiis intellectualibus propria; oportet enim primo videre quae sit 305 ratio materiae quam per suum nomen directe significare | intendimus; secundo autem quae sit eius necessitas ad constitutionem entium; tertio oportet videre an ratio et natura materiae cum proprietatibus naturae angelicae possit se compati; quarto an natura angelica et aliarum substantiarum intellectualium possit sine materia salvari in complemento suae existentiae et speciei.

Quantum ad primum sciendum quod quidam[1] dixerunt materiam esse puram potentiam seu purum possibile, ita quod in sua essentia nihil esset secundum se actus seu actualitatis. – Et nisi sunt hoc trahere ab Aristotele qui ubique definit eam

---

1. *Cf.* notamment Thomas d'Aquin, *Quodlibet* III, q. 1, éd. Léonine, t. XXV, p. 241-242; *Summa theologiae*, I, q. 15, art. 3, ad 3, éd. Léonine, t. IV, p. 204; *De potentia Dei*, q. 4, art. 1, P. Bazzi (ed.), p. 124.

6. De même, les choses auxquelles reviennent les mêmes propriétés de manière univoque appartiennent à un même genre de manière univoque. Or certaines propriétés, comme le nombre et la disposition à recevoir des contraires ou des accidents, reviennent de manière univoque à toutes les substances ; donc, etc.

[Réponse]

À cette question il faut répondre ceci : malgré le fait que certains ont soutenu et soutiennent que dans les substances intellectuelles il n'y a ni matière, ni composition de matière et de forme, je crois cependant, conformément à l'opinion plus commune, qu'il y a en elles composition de matière et de forme, et je suis de l'avis que cette opinion est plus saine et plus sûre du point de vue de la foi, alors que l'autre s'apparente pour beaucoup à l'erreur de l'incroyance philosophique et païenne.

Pour comprendre pleinement ceci, il faut relever quatre points, dont deux sont communs à toutes choses et [deux] sont propres aux substances intellectuelles. En effet, il faut d'abord considérer quelle est la raison de matière que nous voulons signifier directement par son nom ; | en deuxième lieu, il faut **305** montrer sa nécessité dans la constitution des étants ; en troisième lieu, il faut examiner si la raison et la nature de la matière sont compatibles avec les propriétés de la nature angélique ; en quatrième lieu, il faut vérifier si la nature de l'ange et des autres substances intellectuelles peut être maintenue sans matière dans la complétude de son existence et de son espèce.

Quant au premier point, il faut savoir que certains ont considéré la matière comme une puissance pure ou un pur possible, à tel point que dans son essence il n'y aurait rien qui serait de soi un acte ou une actualité. – Et ils se sont efforcés de tirer cela d'Aristote, qui définit partout la matière

dicendo quod est ens in potentia et quod est medium inter ens
et non ens et quod nihil in ea est distinctum et quod est de se
infinita et indeterminata semperque distinguit eam a forma
tanquam potentiam ab actu; haec autem patent I *Physicorum*
et I *De generatione* et II et VII *Metaphysicae*[1] et etiam fere
ubique. – Nisi sunt etiam hoc trahere a ratione, quia si ipsa
aliquo modo haberet actum seu actualitatem aliquam secundum se, haberet tunc secundum se et esse nec videretur posse
distingui a forma, cum forma et actus idem sint, nec etiam
videretur posse suscipere simpliciter esse a forma; ex quo
enim de se haberet aliquod esse, non posset ab ea suscipere
esse simpliciter, sed solum esse tale seu esse secundum quid.
Tunc etiam non videretur posse dari quare non posset aliquo
modo esse sine forma, ex quo per se habet aliquod esse. Tunc
etiam esset per se scibilis et non solum per analogiam seu per
respectum ad formam, quia actus videtur per se scibilis.
Videretur etiam esse composita necessario ex actu et potentia,
quia secundum id quod esset actus seu in actu non esset in
potentia ad formas, et ita oporteret quod secundum aliud erit in
actu et secundum aliud in potentia.

Alii autem dixerunt et, ut credo[2], verius et rationa-
bilius quod materia secundum suam essentiam dicit aliquem
306 actum seu actualitatem, distinctam | tamen sufficienter ab

---

1. Aristote, *Physique*, I, 7, 191a8 *sq.*; II, 1, 193a29 *sq.*; II, 3, 194b23 *sq.*;
IV, 2, 209b7 *sq.*; *De la génération et la corruption*, I, 7, 324b17 *sq.*; I, 10,
328b4 *sq.*; II, 9, 335a32 *sq.*; *Métaphysique*, VII, 3, 1029a20 *sq.*; VII, 7,
1032a20 *sq.*; VII, 10, 1035a1 *sq.*

2. *Cf.* notamment Henri de Gand, *Quodlibet* I, q. 10, R. Macken (ed.),
Henrici de Gandavo Opera omnia, t. 5, p. 62-74.

en disant qu'elle est un étant en puissance, qu'elle est à mi-
chemin entre l'étant et le non-étant, qu'il n'y a rien de distinct
en elle et qu'elle est par elle-même indéfinie et indéterminée ;
par ailleurs, il la distingue toujours de la forme comme la
puissance de l'acte. Ces propos sont manifestes dans le
premier livre de la *Physique* et dans le premier livre *De la
génération*, ainsi que dans les deuxième et septième livres de
la *Métaphysique*, de même que presque partout ailleurs. – Et
ils se sont également efforcés de défendre leur thèse par la voie
de la raison : en effet – disent-ils –, si, d'une manière ou d'une
autre, la matière possédait d'elle-même un acte ou une certaine
actualité, elle posséderait aussi l'être par elle-même et ne
pourrait pas être distinguée de la forme, étant donné que la
forme et l'acte sont identiques. Aussi, elle ne pourrait simplement pas recevoir l'être de la forme, car du fait qu'elle
posséderait d'elle-même un certain être, elle ne pourrait pas
recevoir de la forme l'être absolument parlant, mais seulement
tel être déterminé ou un être relatif. À partir du moment où elle
possède déjà un certain être par elle-même, on ne saurait non
plus expliquer pourquoi elle ne pourrait pas exister d'une
certaine manière sans la forme. Ainsi, puisque l'acte est
connaissable par soi, elle serait aussi connaissable par elle-
même, et non pas seulement par analogie ou par rapport à la
forme. Il semblerait aussi qu'elle serait alors nécessairement
composée d'acte et de puissance, car dans la mesure où elle
serait acte ou en acte, elle ne serait pas en puissance à l'égard
des formes, si bien qu'il faudrait qu'elle soit en acte et en
puissance selon des raisons différentes.

Avec plus de véracité et plus de raison, je le crois, d'autres
ont défendu la thèse suivante : selon son essence, la matière
signifie un acte ou une actualité, | suffisamment distincte **306**

actu qui est idem quod forma; hoc autem dicunt, sumendo nomine actus quodcunque positivum reale et quamcunque realem entitatem.

Moti autem sunt ad hoc ex ratione et ex dictis Augustini[1]. Si enim nullum actum diceret, tunc per consequens nec aliquam essentiam; essentia enim est actus seu actualitas entis, non partialis sicut forma, sed potius totalis, quoniam ipsa est proprie illud per quod ens est ens; pro quanto igitur habebit essentiam, pro tanto habebit et actualitatem. – Praeterea, nihil est in potentia ad illud quod habet, immo est actu respectu eius quod habet, et maxime si habet illud per se et per omnimodam indifferentiam; sed materia habet hoc modo suam essentiam, non enim accipit suam essentiam a forma; ergo ipsa erit vere in actu respectu suae essentiae. – Praeterea, de omni materia est verum dicere quod ipsa est materia actu; sed nulla potest esse materia actu nisi per illud per quod est materia, cum idem sit ipsam esse materiam et esse materiam actu; nec illud quod nihil facit ad hoc quod sit materia facit aliquid ad hoc quod actu habeat rationem et essentiam materiae; sed ipsa per nihil aliud potest habere rationem et naturam materiae quam per suam essentiam, et loquimur hic, prout le « per » stat hic in habitudine causae formalis seu quasi formalis et non prout stat in habitudine causae efficientis; ergo actus ille secundum quem est verum dicere quod ipsae essentialiter habent rationem materiae et sunt materiae non est aliud ab essentia materiae, et ita earum essentia aliquo modo est actus. – Praeterea, nihil potest fundari et stabiliri actualiter in eo quod de se nihil habet

1. Augustin, *L'immortalité de l'âme*, 12, n. 19, trad. fr. P. de Labriolle, BA, t. 5.2, p. 207.

cependant de l'acte qu'est la forme elle-même ; ils affirment cela en comprenant par le nom « acte » n'importe quelle positivité réelle et n'importe quelle entité réelle.

Ils ont été amenés à défendre cette position par la raison et par les dires d'Augustin. En effet, si la matière ne signifiait aucun acte, elle ne signifierait pas non plus une essence. En voici la raison : l'essence est l'acte ou l'actualité de l'étant, non pas l'acte partiel, comme l'est la forme, mais plutôt l'acte total, car l'essence est proprement ce par quoi l'étant est un étant ; l'étant aura donc autant d'actualité qu'il a d'essence. – De plus, rien n'est en puissance à l'égard de ce qu'il possède ; au contraire, toute chose est en acte relativement à ce qu'elle possède, et à plus forte raison si elle le possède par soi et sur le mode de la parfaite indifférence ; or la matière possède son essence de cette manière-là, car elle ne reçoit pas son essence de la forme ; elle sera donc véritablement en acte du point de vue de son essence. – En outre, de toute matière il est vrai de dire qu'elle est matière en acte ; or aucune matière ne peut être matière en acte par autre chose que ce qui fait d'elle une matière, puisqu'il revient au même qu'elle soit matière et qu'elle soit matière en acte. Au demeurant, ce qui ne contribue en rien au fait qu'elle soit matière, ne contribue pas non plus au fait qu'elle possède en acte la raison et l'essence de matière. Mais elle ne peut avoir la raison et la nature de matière par rien d'autre que par son essence et, dans notre propos, le « par » renvoie à un rapport de causalité formelle ou quasi formelle, et non à un rapport de causalité efficiente. Par conséquent, l'acte selon lequel il est vrai de dire que les matières ont essentiellement la raison de matière et sont essentiellement des matières ne diffère pas de l'essence de la matière, si bien que l'essence des matières est d'une certaine façon acte. – De plus, rien ne peut être fondé et établi de manière actuelle dans ce qui

actualitatis; ergo nec potentia passiva nec forma aliqua poterit fundari in materia, si ipsa per se nihil habet actualitatis. – Praeterea, unitas et veritas suae essentiae quae sibi competit per solam suam essentiam non datur ei a suis formis, cum materia una et eadem specie et numero possit esse et sit sub variis formis; sed unitas et veritas aliquam actualitatem dicere videntur; ergo essentia materiae habebit per se aliquam actualitatem sub diversis formis.

307 | Trahunt etiam hoc pro tanto ex dictis Augustini[1], quoniam materiam corporalem dicit esse ipsam molem corporum informem et mutabilem; moles autem, in quantum moles, aliquid actuale dicere videtur. Cum etiam tam ipse[2] quam omnes philosophi velint eam esse partem constitutivam substantiarum habentium materiam et esse aliquo modo substantiam – unde dicunt substantiam dici analogice de materia et forma et composito – et velint eam esse radicem et fundamentum primarium totius entis et suscipere in se actiones agentium et moveri ab eis et, prout est in corporibus, velint eam habere partes diversas secundum essentiam et ita quod suam essentiam et suam essentialem diversitatem non habeant a forma, sed potius per se ipsas: mirabile esset, si voluissent cum hoc ipsam non esse aliud quam puram potentiam, cum ista non videantur posse attribui purae potentiae. Non enim pura potentia videtur posse dici substantia nec quaedam pars principalis substantiae constitutiva nec videtur posse dici fundamentum omnium quae sunt in substantia,

---

1. Augustin, *Confessions*, XII, 20, éd. et trad. fr. P. de Labriolle, revue par M. Testard, p. 348-349.

2. Augustin, *Confessions*, XII, 7, 8, 12, 15, 21, *passim*.

ne possède par soi aucune actualité ; aucune puissance passive ni aucune forme ne pourra donc être fondée dans la matière, si elle ne possède pas d'actualité par soi. – En outre, l'unité et la vérité de l'essence qui reviennent à la matière par sa seule essence ne lui sont pas conférées par ses formes, puisqu'une matière une et identique par l'espèce et par le nombre peut être et est sous des formes différentes ; or l'unité et la vérité semblent signifier quelque actualité ; sous des formes différentes, l'essence de la matière aura donc par soi quelque actualité.

| Ils tirent également ces réflexions des propos d'Augustin, 307 puisque celui-ci affirme que la matière corporelle est la masse des corps, informe et muable ; or la masse, en tant que masse, semble signifier quelque chose d'actuel. Par ailleurs Augustin, ainsi que tous les philosophes, prétendent que la matière est une partie constitutive des substances possédant une matière et qu'elle est d'une certaine façon une substance – raison pour laquelle ils soutiennent que la substance se dit par analogie de la matière, de la forme et du composé –. Ils prétendent aussi qu'elle est la racine et le fondement primordial de la totalité de l'étant, qu'elle reçoit et porte en elle les actions des agents et qu'elle est mue par eux. Ils soutiennent encore qu'en tant qu'elle est dans les corps, elle possède des parties différentes selon l'essence – si bien que ces parties ne tiennent pas leur essence et leur diversité essentielle de la forme, mais plutôt d'elles-mêmes –. Il serait dès lors étonnant qu'ils eussent voulu dire qu'elle n'est rien d'autre qu'une pure puissance, car ces [caractéristiques] ne peuvent pas être attribuées à une pure puissance. En effet, il ne semble pas qu'une pure puissance puisse être appelée « substance », ni être considérée comme une partie principale et constitutive de la substance ou comme le fondement de toutes [les propriétés] qui sont dans la substance :

immo secundum rationem videtur potius dicere aliquid in
aliquo fundatum; alias enim si per se solum sumatur ut non
existens in aliquo, potius videtur dicere nihil quam aliquid.
Nec etiam potest dici quod ipsum mobile quod suscipit
actiones et motiones agentium non sit aliud quam quaedam
mera potentia passiva; quid enim est dicere puram potentiam
moveri? Non etiam videtur aliquid dictu quod pura potentia
habeat per se partes diversas secundum essentiam.

Tenendum est igitur, ut credo, quod materia non sit solum
potentia, sed praeter hoc quiddam solidum habens in se
rationem non solum unius potentiae, sed etiam plurium, sicut
ipsemet Aristoteles vult[1]; ad contrarias enim formas et
disparatas diversas habet secundum eum potentias, quod
tamen esse non posset, si ipsa non esset aliud quam mera
potentia; tunc enim plures potentiae seu plures rationes
potentiarum non possent unam materiam nec unam rationem
materiae dicere vel constituere.

308 | Distinguunt autem eam isti a forma hoc modo. Dicunt
enim quod materia dicit ens indeterminatum, ita quod eius
actualitas et eius esse et eius unitas est omnino de se indeterminata ac per hoc determinabilis per varias formas. Formam
autem dicunt esse actum determinatum non determinabilem
per aliquid aliud nisi per accidens. Licet enim dicatur quod
forma generis determinatur per formas differentiarum et
formae priores per posteriores, hoc tamen non est intelligen-

---

1. Aristote, *Métaphysique*, VII, 7, 1032b14 *sq.*; VIII, 4, 1044a15 *sq.*; ainsi
qu'en de nombreux autres lieux.

bien au contraire, et conformément à la raison, cela paraît
signifier plutôt quelque chose qui est fondé dans une autre
réalité ; car en effet, si ce quelque chose est envisagé seulement
en lui-même, c'est-à-dire en tant que n'existant pas dans un
autre, il semble plutôt ne rien signifier du tout. Par ailleurs, on
ne peut pas dire non plus que le mobile qui reçoit et qui soutient
les actions et les mouvements des agents n'est rien d'autre
qu'une pure puissance passive : que signifie-t-on lorsqu'on dit
qu'une pure puissance est mue ? De même, ce ne serait rien
dire que de prétendre qu'une pure puissance possède d'elle-
même des parties essentiellement différentes.

Il faut donc soutenir, comme je le crois, que la matière
n'est pas seulement puissance, mais qu'elle est en sus quelque
chose de solide qui possède en elle-même la raison non pas
d'une seule, mais de plusieurs puissances, comme Aristote lui-
même le soutient. Selon lui, elle possède en effet différentes
puissances à l'égard de formes contraires et disparates, ce qui
ne pourrait être le cas si elle n'était rien d'autre qu'une pure
puissance, car alors plusieurs puissances ou plusieurs raisons
de puissances ne pourraient signifier ou constituer ni une
unique matière ni une unique raison de matière.

| Ces maîtres distinguent la matière de la forme de la **308**
façon suivante. Ils disent en effet que la matière signifie
un étant indéterminé, de sorte que son actualité, son être et
son unité sont d'eux-mêmes totalement indéterminés, raison
pour laquelle la matière peut être déterminée par différentes
formes. Ils ajoutent que la forme est un acte déterminé qui ne
peut être déterminé par rien d'autre, si ce n'est par accident.
Et même si l'on disait que la forme du genre est déterminée
par les formes des différences [spécifiques], et les formes
antérieures par les postérieures, il ne faudrait comprendre cela

dum nisi per accidens, pro eo scilicet quod concurrunt in eadem materia et in eodem supposito, quae perfectiora sunt quanto plures formae in eis concurrunt. Dicitur etiam hoc propter modum intelligendi, pro eo quod quae postremo adveniunt habent se ad priores tanquam perfectiores ad minus perfectas, et ideo videtur secundum modum intelligendi quod se habeant ad eas sicut perfectiones ad sua perfectibilia. Et maxime quia materia, prout est sub prioribus, est in quadam tendentia ad posteriora et est adhuc perfectibilis et determinabilis per eas, et quia hoc in parte convenit materiae ratione imperfectionis priorum formarum, pro eo scilicet quod non complent capacitatem materiae, secundum quod ipsa est simul et semel replebilis : ideo intellectus attribuit hoc quod est materiae prioribus formis. Est etiam huius alia causa, quia scilicet per hoc quod materia per formas sequentes perfectior redditur, eo ipso et formae priores fiunt perfectiores; et etiam quia quando materia ducitur ad formas posteriores, tunc eo ipso per motum eundem sublimantur formae priores. In nullo autem istorum modorum aliquid per se et directe recipiunt a formis postremis.

Licet igitur materia aliquo modo sit actus, sufficienter tamen distinguitur a forma per hoc quod actualitas huius est per suam essentiam indeterminata et determinabilis; et ita per suam essentiam est in potentia ad alia tanquam per suam essentiam possibilis determinari per ea. Forma vero seu actus formalis est per suam essentiam determinatus seu

que par accident, c'est-à-dire dans la mesure où ces formes se retrouvent dans une même matière et dans un même suppôt, qui sont d'autant plus parfaits que de nombreuses formes y surviennent. Ceci procède de notre manière de connaître, car dans la mesure où les formes qui surviennent en dernier lieu se rapportent aux précédentes comme les plus parfaites aux moins parfaites, selon la modalité du connaître il semble que ces formes se rapportent aux précédentes comme des perfections à leurs perfectibles. Et à plus forte raison, l'intellect attribue aux formes précédentes ce qui relève de la matière, car la matière, en tant qu'elle est sous les formes précédentes, a une certaine orientation qui la dirige vers les formes suivantes et demeure encore perfectible ou déterminable par elles ; en outre [cette orientation] revient en partie à la matière à cause de l'imperfection des formes précédentes, car celles-ci ne comblent pas la capacité de la matière dans la mesure où elle peut être accomplie en une seule et même fois. Il y a encore une autre raison à cela : du fait que la matière est rendue plus parfaite par les formes suivantes, les formes précédentes elles-mêmes s'en trouvent plus parfaites. Et lorsque la matière est amenée vers les formes suivantes, de ce fait et par le même mouvement les formes précédentes sont sublimées. Toutefois, dans aucun de ces cas, les formes précédentes ne reçoivent quelque chose par soi et directement des formes suivantes.

Bien que d'une certaine façon la matière soit acte, elle se distingue néanmoins et suffisamment de la forme du fait que son actualité demeure par son essence indéterminée et déterminable. Ainsi, par son essence la matière demeure en puissance à l'égard des autres choses, dans la mesure où par son essence elle peut être déterminée par elles. En revanche, la forme ou l'acte formel est déterminé par son essence, ou est

potius terminus et terminatio et ab alio non determinabilis. Si
enim accipias molem cerae, ipsa quidem secundum quod est
quaedam moles est aliquid actuale; et tamen, in quantum talis,
309 nullam habet determinatam quantitatem | nec aliquam deter-
minatam figuram seu qualitatem et sic de aliis formis; et etiam,
in quantum talis, est determinabilis per omnes et possibilis ad
omnes suscipiendas. Ipsae autem formae sunt eius actuales
determinationes, sicut figura seu figuratio talis vel talis est eius
determinatio secundum hoc quod ipsa est figurabilis, et anima
secundum hoc quod ipsa est vivificabilis seu sensificabilis, et
sic de aliis.

Quod igitur Aristoteles vocat eam ens in potentia et quod
dicit eam esse indistinctam et infinitam : non oportet quod per
hoc velit dicere quod non sit aliud quam pura potentia aut quod
non habeat essentiam per se distinctam ab essentia formae, sed
solum quod ipsa sic est ens quod eius actualitati non repugnat
esse in potentia et esse indeterminatam; sed potius hoc
convenit sibi essentialiter, esse scilicet in potentia, non respectu sui sed respectu aliorum quae in ea possunt fieri, et esse
indistinctam, non respectu distinctionis quam habet cum
essentia formae et quam habent partes suae ad invicem secundum suas essentias, sed solum respectu distinctionis formalis.
Formae enim advenientes materiae distinguunt et uniunt
ipsam et eius partes formaliter et perfecte; unde et materia
sic informata potest dici differre formaliter et specifice

plutôt un terme ou une limite qui ne peut être déterminé par autre chose. En effet, si tu prends un morceau de cire, en tant qu'il s'agit d'un certain morceau, il est quelque chose d'actuel ; toutefois, en tant que cire, le morceau ne possède ni quantité déterminée | ni figure ou qualité déterminée, et il en va **309** de même des autres formes ; de plus, en tant que telle, la cire est déterminable par toutes les formes et peut les recevoir toutes. Or ces formes sont ses déterminations actuelles, de même que telle ou telle figure ou configuration est sa détermination pour autant que la cire est configurable. Il en va de même pour l'âme en tant qu'elle est vivifiable et peut être rendue sensitive, et ainsi de suite dans les autres cas.

Par conséquent, lorsque Aristote nomme la matière « étant en puissance » et dit qu'elle est indistincte et infinie, il ne veut pas nécessairement dire qu'elle n'est rien d'autre qu'une pure puissance ou qu'elle ne possède pas une essence distincte par soi de l'essence de la forme, mais il veut seulement dire que la matière est un étant dont l'actualité ne s'oppose pas au fait d'être en puissance et d'être indéterminée. Au contraire, il lui convient par essence d'être en puissance, non à l'égard d'elle-même, mais relativement à d'autres entités qui peuvent se réaliser en elle ; tout comme il lui convient par essence d'être indistincte, non relativement à la distinction qu'elle possède grâce à l'essence de la forme, ni relativement à la distinction de ses parties les unes par rapport aux autres selon leur essence, mais seulement par rapport à la distinction formelle. En effet, les formes qui adviennent à la matière distinguent et unissent formellement et parfaitement la matière et ses parties, raison pour laquelle on peut dire que la matière ainsi informée diffère formellement et spécifiquement

ab aliis materiis quae sunt formis aliis informatae et etiam
partes suae inter se.

Quod autem dicitur eam non posse distingui a forma
secundum hunc modum, quia forma et actus idem sunt:
sciendum quod si actus sumatur generaliter secundum quod
est analogum ad essentiam materiae, formae et compositi et ad
essentias accidentium, sic forma non est ita commune sicut
actus, immo addit aliquam specialem rationem ad ipsum.
Forma enim non est actus qualiscunque, sed solum actus deter-
minativus et indeterminabilis; et quia huiusmodi actus nullam
habet in se potentialitatem, sicut habet actus materiae: ideo
illum actum distinguimus ab isto sicut actum a potentia, non
intendentes per hoc quin in potentia tali implicetur aliquis
actus, sed intendentes per hoc significare differentiam seu
rationem differentialem per quam actus materialis distinguitur
a formali; quia scilicet iste est de se possibilis et informabilis,
ille autem nullo modo. Non etiam est inconveniens, si de se
310 habeat esse indeterminatum et | potentiale, sicut et habet actua-
litatem. Non etiam est intelligendum sic eam suscipere a forma
esse simpliciter quod totum esse quod habet ab ea suscipiat,
sed solum esse formale et non esse materiale. Esse tamen
formale pro tanto potest dici eius esse simpliciter, quia sine eo
non habet esse nisi secundum quid et quia etiam illud esse
quod sibi convenit secundum suam essentiam non potest
actualiter existere, nisi sit adiunctum ei esse formale, sicut
nec essentia materiae potest per se ipsam stare sine essentia
formae; nulla enim res potest esse actu nisi sub certo et
determinato modo essendi, determinatus autem modus essendi

des autres matières qui sont informées par d'autres formes, et que, de même, ses parties diffèrent formellement et spécifiquement entre elles.

Or, quand on dit que la matière ne peut pas être distinguée de la forme selon ce mode, car la forme et l'acte sont identiques, il faut savoir que si l'acte est considéré de manière générale en tant qu'il est analogue à l'essence de la matière, de la forme et du composé, ainsi qu'aux essences des accidents, alors la forme n'est pas aussi commune que l'acte, mais lui ajoute au contraire une raison spéciale. En effet, la forme n'est pas un acte quelconque, mais seulement un acte qui détermine et qui est indéterminable ; et puisqu'un tel acte ne porte en soi aucune potentialité, alors que l'acte de la matière en possède une, nous distinguons cet acte-là de celui-ci comme l'acte de la puissance, sans insinuer par là qu'un acte soit impliqué dans une telle puissance, mais en voulant signifier la différence ou la raison différentielle par laquelle l'acte matériel se distingue de l'acte formel : en effet l'acte matériel est de soi possible et susceptible d'être informé, tandis que l'acte formel ne l'est en aucune façon. Il n'est pas non plus incongru que la matière possède par soi un être indéterminé et | potentiel, tout comme **310** elle possède une actualité. Et il ne faut pas penser qu'elle reçoit de la forme son être absolument parlant, comme si elle recevait de la forme tout l'être qu'elle possède, car elle ne reçoit d'elle que l'être formel et non pas l'être matériel. Cependant, on peut dire que l'être formel est son être absolument parlant dans la mesure où, sans lui, la matière n'a d'être que relatif, et dans la mesure où l'être qui lui revient en vertu de son essence ne peut exister en acte sans que ne lui soit joint l'être formel ; de même, l'essence de la matière ne peut subsister par soi sans l'essence de la forme. En effet, aucune chose ne peut être en acte sinon sous un mode d'être précis et déterminé ; or un mode d'être

est modus essendi formalis. Quod autem hoc sit verum potest faciliter quis intueri in mole corporali; non enim potest intelligi esse nisi sub determinata figura et quantitate et sub determinata positione partium. Et ideo materia dicitur quodam modo recipere totale suum esse a forma, non quia totum ab ea recipiat, sed quia sine ea nullum habere potest.

Non etiam oportebit propter hoc materiam esse compositam ex potentia et actu, quia secundum idem realiter erit actus et potentia, cum actus suus per essentiam suam sit potentialis; quamvis alia ratio sit secundum quam est actus et alia secundum quam est in potentia. Sicut enim alibi pluries est ostensum[1], diversitas aliquarum rationum, etiam realium, potest stare cum omnimoda indifferentia essentiae. Posito etiam quod ex hoc sequeretur eam esse compositam ex actu et potentia : haec compositio non esset sicut duarum partium constituentium unum ens, sed solum sicut subiecti et propriae passionis; esset enim potentia propria passio ipsius materiae et actualitatis eius. Quomodo autem hoc non oporteat sequi in quaestionibus aliis de materia est actum[2].

Quod autem dicitur quod secundum hoc esset per se scibilis : nulli fideli debet esse dubium quin Deus ita cognoscat essentiam materiae per se sicut et formae et etiam angeli suo modo. Neutra tamen potest cognosci sine altera propter essentiales respectus quos inter se habent; materia tamen pro tanto minus, pro quanto minus potest esse sine forma quam forma sine ea et pro quanto minus habet de entitate intelligibili

1. Cf. *Quaest. in II Sent.*, q. XX, p. 377 et q. XXVIII, p. 486.
2. Cf. *Quaest. in II Sent.*, q. XVII, p. 358-360 et q. XX, p. 373-375.

déterminé est un mode d'être formel. La vérité de cette thèse, chacun peut facilement la constater dans quelque portion de matière corporelle ; en effet, il est inconcevable qu'elle ne soit pas sous une figure et une quantité déterminées, ni sans un agencement déterminé de ses parties. Ainsi, d'une certaine façon, la matière est dite recevoir son être total de la forme : non parce qu'elle le reçoit tout entier de la forme, mais parce qu'elle ne peut en posséder aucun sans la forme.

Cela n'entraînera pas nécessairement que la matière soit composée de puissance et d'acte, car du même point de vue elle sera réellement acte et puissance, puisque son acte est potentiel par son essence ; cependant, autre est la raison en vertu de laquelle elle est acte, autre celle en vertu de laquelle elle est en puissance. Comme il a été montré à de nombreuses reprises ailleurs, une diversité de raisons, même réelles, peut en effet cohabiter avec une totale indifférence de l'essence. Et à supposer qu'il faille admettre comme conséquence qu'elle est composée d'acte et de puissance, cette composition ne serait pas comme la composition de deux parties constituant un seul étant, mais seulement comme la composition du sujet et de sa passion propre ; la puissance serait en effet la passion propre de la matière et de son actualité. Dans d'autres questions sur la matière, il a été montré que cette conséquence n'est cependant pas nécessaire.

Si l'on dit que la matière serait alors connaissable par soi, [on répondra ceci :] aucun fidèle ne doit mettre en doute que Dieu connaît par soi l'essence de la matière comme celle de la forme, et que les anges les connaissent aussi à leur manière. Toutefois, en raison de leur réciprocité essentielle, aucune des deux n'est connaissable sans l'autre ; et la matière d'autant moins qu'elle peut moins être sans forme que la forme sans matière, et qu'elle possède moins d'entité intelligible que

quam forma. Ratio autem quare nos in cognitionem materiae
311 devenimus per formas est, quia nostra cognitio | proficiscitur a
sensibus quorum non est apprehendere quidditates substantiarum. Unde per accidentia et effectus substantiarum devenimus in cognitionem earum et ita per motum et passionem
devenimus in cognitionem earum, et ita per motum et passionem devenimus in cognitionem mobilis et potentiae patientis
et per hoc in cognitionem materiae. – Per hoc igitur reputant se
isti satisfacere rationibus alterius partis.

Secundo autem est videndum quae sit necessitas materiae
ad constitutionem entium, hoc est, propter quam causam et
rationem sic necessario exigitur quod sine ea esse non possint.
Ad quod plenius intuendum tria sunt per ordinem consi-
deranda : primo videlicet quomodo possibilitas seu potentia
passiva sit de complemento omnis substantiae creatae ; secundo autem quomodo oporteat huiusmodi potentiam esse substantialem ; tertio vero quomodo oporteat ipsam esse essentialiter et realiter distinctam ab actu formali seu a forma. Iis enim
visis et probatis patens erit quod in omni substantia est aliquid
possibile essentialiter distinctum a forma et entibus substantiale et de complemento ipsorum, et sic habebimus in omni
ente plenam definitionem seu rationem materiae.

Primo igitur sciendum quod potentia huiusmodi est
necessario de complemento omnis substantiae creatae ; sine ea

la forme. Or la raison du fait que nous acquérons la connaissance de la matière par le biais des formes est que notre connaissance | procède des sens, dont le propre n'est pas de **311** saisir les quiddités des substances. C'est pourquoi nous acquérons la connaissance des substances par le biais de leurs accidents et de leurs effets, c'est-à-dire que nous accédons à leur connaissance à travers un mouvement et une passion ; dès lors, c'est par un mouvement et une passion que nous acquérons la connaissance du mobile et de la puissance du patient, et c'est par là que nous parvenons à la connaissance de la matière. – Avec cela, ces maîtres pensent avoir suffisamment répondu aux arguments de l'autre partie.

En second lieu, il faut prendre en considération la nécessité de la matière dans la constitution des étants, c'est-à-dire examiner pour quelle cause et quelle raison elle est à ce point nécessaire qu'ils ne peuvent pas exister sans elle. Pour mieux le saisir, il faut considérer, dans l'ordre, trois aspects : premièrement, de quelle manière la possibilité ou la puissance passive est partie intégrante de toute substance créée ; deuxièmement, de quelle manière il faut qu'une telle puissance soit substantielle ; troisièmement, comment elle doit être essentiellement et réellement distincte de l'acte formel ou de la forme. Une fois ces aspects examinés et démontrés, il deviendra clair que dans chaque substance il y a quelque chose de possible qui est essentiellement distinct de la forme, qui est substantiel aux étants et qui relève de leur constitution : ainsi nous tiendrons, dans chaque étant, la définition ou la raison complète de matière.

Premièrement, il faut savoir qu'une telle puissance est le complément nécessaire de toute substance créée. Sans elle,

enim non habet completum modum existendi nec respectu Dei
nec respectu sui nec respectu universi.

Non quidem respectu Dei. Nulla enim creatura habet
plenum ordinem ad Deum, nisi possit ab eo diversimode
mutari et ad varia inclinari et diversas perfectiones ab eo suscipere, ita quod plenissime sit subicibilis et subiecta divinae
virtuti et eius influentiis et actionibus. Sed hoc non potest
proprie et plene habere sine potentia passiva. Si etiam sumantur duae creaturae finitae quarum una sit possibilis ad capien-
dum multas perfectiones a Deo, altera vero penitus nullam :
nemo dubitabit quin illa quae hoc potest sit eo ipso perfectior;
unde et haec est summa perfectio naturae intellectualis quod
312 est Dei singulariter | capax et in hoc secundum Augustinum [1]
est eius singularis imago.

Non etiam erit completa respectu sui sine huiusmodi
potentia, quoniam multitudo plurium perfectionum in nullo
creato sine hac esse potest, sive ponantur esse substantiales
sive accidentales; impossibile est enim quod plures perfectiones sibi invicem uniantur, nisi simul concurrant in aliquo
tertio in quo recipiantur, aut nisi una habeat potentiam
susceptivam alterius, ita quod una sit ab altera informabilis
et ab ea actu informetur, et nisi ad se invicem inclinentur; quocunque autem istorum modorum fiat, semper necessario
oportet ibi esse potentiam passivam. Nulla etiam unica perfectio seu forma potest esse absque hoc quod in aliquo alio a se sit
recepta, quin vel ipsa sit Deus vel ens valde incompletum;

1. Augustin, *La Trinité*, XIV, 12 et 17, trad. fr. P. Agaësse, J. Moingt, BA,
t. 16, p. 388-389 et 408-409; *La vraie religion*, c. 44, trad. fr. J. Pegon, BA, t. 8,
p. 146-149.

en effet, la substance ne possède un mode d'exister complet ni par rapport à Dieu, ni par rapport à soi-même, ni par rapport à l'univers.

Elle ne le possède pas par rapport à Dieu, car aucune créature n'est pleinement ordonnée à Dieu si elle ne peut pas être changée par lui de différentes manières, être orientée vers différentes choses et recevoir de lui diverses perfections, de sorte à être ainsi parfaitement soumise et sujette à la puissance divine, à ses influences et à ses actions. Or elle ne peut l'être proprement et parfaitement sans puissance passive. Si l'on prend deux créatures finies, dont l'une est capable de recevoir de multiples perfections de la part de Dieu, et l'autre aucune, personne ne doutera que celle qui le peut est par là-même plus parfaite. Telle est donc aussi la perfection suprême de la nature intellectuelle, à savoir d'être en sa singularité capable de Dieu, | et c'est en cela que, selon Augustin, elle est image singulière 312 de Dieu.

Par ailleurs, sans une telle puissance, aucune substance ne sera complète en elle-même, car dans aucune créature il ne peut y avoir une multitude de perfections – qu'elles soient substantielles ou accidentelles – sans cette puissance [passive]. Il est en effet impossible que plusieurs perfections s'unissent les unes aux autres si elles ne convergent pas dans une troisième chose, en laquelle elles sont reçues, ou si l'une n'a pas de capacité réceptive à l'égard de l'autre de manière à pouvoir être informée par elle et à en être informée en acte, et si ces perfections ne sont pas réciproquement orientées les unes aux autres. Quel qu'en soit le mode, il faut toujours qu'il y ait nécessairement là une puissance passive. Par ailleurs, aucune perfection ou aucune forme seule ne peut exister sans être reçue en quelque chose de différent d'elle : sauf s'il s'agit de Dieu ou d'un étant fort incomplet ;

quod quia in tertio membro magis tangetur, hic probare omitto. Et breviter : nullam actionem nullamque alicuius utilis acquisitionem poteris dare in aliqua substantia sine potentia ista; omne enim agens creatum oportet quod sit virtualiter inclinatum et conversum super suum patiens; omnis autem inclinatio exigit aliquod inclinabile quod per eam dicatur inclinatum et conversum, nisi ponas quod tota substantia et essentia eius sit mera inclinatio. Nihil etiam utile acquirere poterit, nisi possit illud capere et ad illud tendere et duci et illi uniri; quae non possunt stare, ubi nihil est possibile, mobile, ductibile, unibile. Hoc autem maxime patet in agentibus quorum actiones sunt intra eos et quorum summa perfectio est in eorum actionibus et passionibus intrinsecis, sicut est in rebus animatis et maxime sensitiva et super omnia in natura intellectuali, sicut infra magis patebit.

Non etiam erit completa respectu universi. Quod enim partibus universi non connectitur nec aliquem habet aspectum determinatum ad eas aut ipsum est Deus aut in nullo coadiuvat ad perfectionem universi aut coadiuvatur ab eo. Et quidem, si bene inspiciatur, quod nullum aspectum nec connexionem nec inclinationem determinatam et quasi partialem ad alia habet **313** ipsum vere est Deus, | quoniam omne tale oportet quod sit ens absolutissimum et universalissimum et ab omni ente creato ineffabiliter segregatum. Si igitur ad hoc quod universum sit

mais je laisse de côté, pour l'instant, la démonstration de ces affirmations, car il en sera davantage question dans la troisième partie. Pour être bref : tu ne pourras admettre aucune action, ni aucune acquisition de quelque chose d'utile dans une substance quelconque sans cette puissance [passive]. En effet, tout agent créé doit être virtuellement incliné et tourné vers son patient ; or toute inclination exige quelque chose qui puisse être incliné et qui, grâce à cette inclination, puisse être dit incliné et dirigé, à moins que tu n'imagines que sa substance tout entière et son essence ne soient qu'une pure inclination. Une substance ne pourra pas non plus acquérir quelque chose d'utile si elle ne pouvait le prendre, tendre vers lui, être conduite et unie à lui ; or ceci ne peut avoir lieu là où il n'y a rien de possible, de mobile, rien qui puisse être conduit et qui puisse être uni à autre chose. Cela est particulièrement manifeste dans le cas des agents dont les actions sont immanentes et dont la perfection suprême réside dans les actes et passions internes, comme il arrive dans le cas des êtres animés, particulièrement de la nature sensitive, et par dessus tout de la nature intellectuelle, comme cela apparaîtra plus loin.

De plus, sans cette puissance passive, aucune substance créée ne sera complète par rapport à l'univers. En effet, ce qui n'est pas relié aux parties de l'univers et ne possède pas non plus une orientation déterminée à l'égard de ces parties, soit cela est Dieu, soit cela ne contribue en rien à la perfection de l'univers et n'est pas non plus soutenu par lui. Certes, à bien y regarder, ce qui ne possède aucune orientation, ni connexion, ni inclination déterminée et pour ainsi dire partielle à l'égard des autres [choses], cela est véritablement Dieu, | car tout ce qui serait tel devrait être l'étant le plus absolu **313** et le plus universel, séparé de tout étant créé sur le mode de l'ineffable. Si par conséquent, pour que l'univers soit de

aliquo modo unum exigitur determinata unio et connexio inter
eius partes quae sine inclinabilitate potentiae passivae esse
non potest, si etiam partes universi et ipsum universum tanto
sunt perfectiores, quanto perfectius et intimius sibi invicem
connectuntur et quanto efficacius et perfectius se mutuo
coadiuvant et perficiunt, et hoc sine potentia passiva esse non
possunt : patens est quod potentia seu natura inclinabilis et
mobilis facit ad complementum ipsius universi et omnis
substantiae respectu ipsius. Sicut enim dicit Augustinus, *Super
Genesim ad litteram* [1] : « De unoquoque genere entium dictum
est per se *vidit Deus quod bonum est*, de omnibus autem
insimul dictum est quod *erant valde bona* »; quia nulli debet
esse dubium quod omne ens creatum perfectius est cum aliis
acceptum et aliis coordinatum quam per se acceptum et ab aliis
sequestratum; et tamen tale oportet ipsum poni, si nullam
habet potentiam passivam. Quemadmodum enim videmus
quod in nobis posse moveri ad plura loca vel in eodem loco est
nobilitatis et idem est in omnibus habentibus partialem situm
et locum, quamvis in Deo hoc esset valde ignobile : sic est
universaliter et de potentia passiva.

Secundo autem sciendum quod haec potentia est ipsis
entibus necessario substantialis. Quod quidem evidenter
ostendit ratio ipsius accidentis et ratio subiecti et suppositi seu
substantis et ratio ipsiusmet potentiae et ratio corporalis
materiae, et ratio potentiarum animae et ratio cuiuslibet
intellectualis naturae.

---

1. Augustin, *La Genèse au sens littéral*, III, 24, trad. fr. J. Agaësse,
A. Solignac, BA, t. 48, p. 270-275.

quelque manière un, une union et une connexion déterminées
entre ses parties est requise – union qui ne peut avoir lieu sans
qu'une puissance passive ne soit susceptible d'être orientée –
et si par ailleurs les parties de l'univers et l'univers lui-même
sont d'autant plus parfaits qu'ils sont réciproquement con-
nectés de manière plus parfaite et intime et qu'ils s'entraident
et se parachèvent mutuellement de manière plus efficace
et plus parfaite – et cela ne peut se faire sans une puissance
passive –, il est alors évident que la puissance ou la nature
inclinable et mobile contribue à l'accomplissement de l'univers et de toute substance par rapport à lui. En effet, comme
le dit Augustin dans *La Genèse au sens littéral*, « de chaque
genre d'étants pris en lui-même il est dit "Dieu vit qu'il était
bon", alors que de toutes choses considérées ensemble il est dit
qu'elles "étaient très bonnes" ». Car nul ne doit douter du fait
que lorsqu'il est pris avec les autres et coordonné à eux, tout
étant créé est plus parfait que lorsqu'il est pris par soi et séparé
des autres ; mais il faudrait pourtant le considérer comme tel,
s'il ne possédait aucune puissance passive. En effet, nous
constatons que pour nous – et pour toutes les créatures possédant une position et un lieu –, la possibilité de se déplacer vers
de nombreux lieux ou dans un même lieu relève de la noblesse,
bien qu'en Dieu cela serait fort ignoble ; de même cela vaut
universellement pour toute puissance passive.

Deuxièmement, il faut savoir que cette puissance est
nécessairement substantielle à ces étants. Cela est montré de
toute évidence par la raison d'accident et la raison de sujet, de
suppôt ou de substrat, ainsi que par la raison de puissance elle-
même, la raison de matière corporelle, la raison des puissances
de l'âme et de toute nature intellectuelle.

Ratio quidem accidentis hoc ostendit, quoniam omne accidens dicit actum et formam in alio receptam; actus autem formalis, in quantum talis, non dicit illud quod est primum recipiens alia. – Praeterea, si potentia ista esset accidens, cum **314** omne accidens sit in alia receptum, adhuc | oporteret dare aliud recipiens et aliam potentiam receptivam.

Ostendit hoc etiam ratio suppositi et subiecti. Substare enim et subici proprie est substantiae; et huic attestatur Aristoteles, in *Praedicamentis*[1], nullusque sapiens dicet quod suppositum, in quantum suppositum, seu subiectum, in quantum subiectum, sit accidens; quia tunc ipsum ens per se et in se esset sibi ipsi accidens et illud per quod alia sustentat et per quod habet rationem sustentantis, qualis est ratio suppositi et subiecti, esset in aliquo alio sustentatum, si esset accidens; cum omne accidens in aliquo subiecto et supposito sustentetur. – Praeterea, quis dicet quod substantia sit capax plurium perfectionum sive a Deo sive ab aliis solum per sua accidentia, ita quod sine eis nullo modo possit intelligi aliquam habere capacitatem nec a Deo possit aliquid recipere aut ad aliquod bonum inclinari?

Ostendit etiam hoc ratio ipsiusmet potentiae. Cum enim primum recipiens nullo modo possit esse in alio receptum – unde necessario semper dicit aliquid primum in ordine entium, sicut et omne receptum quodam modo dicit quid secundum in ordine entis, primum autem in ordine entium et quod in nullo alio est receptum impossibile est quod sit accidens: – patet

---

1. Aristote, *Catégories*, c. 5, 2a11 *sq.*; *Métaphysique*, VII, 3, 1029a8 *sq.*; V, 8, 1017b13 *sq.*; ainsi qu'en de nombreux autres lieux.

La raison d'accident permet de le démontrer, car tout accident signifie un acte et une forme reçue dans un autre, alors que l'acte formel, en tant que tel, ne désigne pas ce qui est le premier réceptacle des autres choses. – Par ailleurs, si cette puissance était un accident, il faudrait encore poser un autre réceptacle et une autre puissance réceptive, puisque tout accident est reçu dans un autre que soi.

| La raison de suppôt et de sujet est tout aussi démonstra- **314** tive. En effet, se tenir au-dessous et être sous-jacent sont le propre de la substance. Aristote le confirme dans le traité des *Catégories*, et aucun homme sensé n'affirmera que le suppôt en tant que suppôt ou le sujet en tant que sujet est un accident, car alors cet étant par soi et en soi serait son propre accident. Et si ce par quoi la chose supporte d'autres accidents et possède la raison de soutien – qui est la raison de suppôt et de sujet – était un accident, cet accident serait fondé dans autre chose que soi, puisque tout accident est fondé dans un sujet et un suppôt. – En outre, qui affirmera que la substance est susceptible de recevoir de nombreuses perfections, soit de Dieu soit d'autres agents, par le biais de ses seuls accidents, de manière à ce que, sans eux, on ne puisse aucunement la concevoir posséder une capacité de recevoir, qu'il s'agisse de recevoir quelque chose de Dieu ou d'être incliné vers quelque bien ?

Cela est aussi démontré par la raison même de puissance. En effet, puisque le premier réceptacle ne peut d'aucune manière être reçu dans un autre – raison pour laquelle il signifie toujours et nécessairement quelque chose de premier dans l'ordre des étants, de même que tout ce qui est reçu signifie d'une certaine manière quelque chose de second dans ce même ordre –, et que par ailleurs il est impossible que le premier dans l'ordre des étants, à savoir ce qui n'est pas reçu dans un autre, soit un accident, – la raison de puissance

quod ipsamet evidenter clamat se esse substantialem entibus.
– Praeterea, potentia passiva et eius quidditas, in quantum
talis, nullum dicit determinatum modum essendi, immo, in
quantum talis, abstrahit ab omni determinato modo essendi;
sicut patet percurrenti omnes modos possibilium, utpote cum
dico tale factibile, illuminabile, inclinabile, mobile et sic de
aliis; si mille talia etiam simul sumeres, nullum modum
essendi determinatum habebimus. Et hoc clarius patet in mole
seu materia corporali de qua certum est quod eius partes per se
ipsas nullam habent inter se unionem nec divisionem nec
situm et positionem; illa enim unio seu divisio quae per suam
315 essentiam | eis inesset nullo modo esset ab eis separabilis etiam
secundum intellectum, et tamen impossibile est eam esse, quin
partes eius sint sibi invicem unitae aliquo modo determinato
unionis et positionis, alias omnes partes essent actu divisae et
sic actu infinitae; et nihilominus ipsa divisio seu modus existendi cum tali divisione non esset aliquid de essentia earum. Si
igitur huiusmodi potentia nullum habet per se determinatum
modum essendi et nullum tale potest per se ipsum existere:
ergo oportet quod per aliud simpliciter existat et habeat esse;
sed impossibile est quod per aliquod accidens habeat simpliciter per se et primo existere; ergo oportet quod ab aliquo
actu substantiali hoc habeat; sed a nullo hoc habere potest,
nisi ipsam perficiat et ipsius sit actus determinans et statuens
eius indeterminationem; aliter enim non posset sibi dare
esse determinatum et esse simpliciter, non solum tale vel tale,
sicut est esse album vel huiusmodi; ab actu autem seu a

montre de manière évidente qu'elle est substantielle aux étants. – De plus, la puissance passive et sa quiddité, en tant que telles, ne signifient aucun mode d'être déterminé ; bien au contraire, comme telles, elles font abstraction de tout mode d'être déterminé. Celui qui considère l'un après l'autre tous les modes des possibles le constate ; par exemple, lorsque je dis que telle chose peut être faite, illuminée, inclinée, mobile et ainsi de suite : même si tu considérais ensemble mille autres cas de ce genre, nous n'obtiendrions aucun mode d'être déterminé. Cela apparaît plus clairement encore dans une quantité ou une matière corporelle, dont les parties ne possèdent assurément pas par elles-mêmes d'union réciproque, de division, de situation ou de position ; en effet, une telle union ou division qui leur serait inhérente par essence | ne serait d'aucune 315 manière séparable d'elles, même pas selon l'intellection ; et pourtant il est impossible qu'elle existe sans que ses parties ne soient unies entre elles selon un mode déterminé d'union et de position : dans le cas contraire, en effet, toutes ses parties seraient divisées en acte et par conséquent infinies en acte, et néanmoins cette division ou ce mode d'exister avec une telle division ne relèveraient pas de leur essence. Si donc cette puissance ne possède par soi aucun mode d'être déterminé et si par ailleurs rien de tel ne peut exister par soi, il faut alors qu'elle existe absolument parlant et possède l'être par quelque chose d'autre. Mais il est impossible qu'elle existe absolument, par soi et premièrement, au moyen d'un accident ; il faut donc qu'elle reçoive l'être d'un acte substantiel. Cependant, elle ne peut le recevoir que si un tel acte la perfectionne et s'il détermine et fixe son indétermination, faute de quoi il ne pourrait lui octroyer un être déterminé et l'être absolument – et non seulement tel ou tel être, comme par exemple le fait d'être blanc ou quelque chose de semblable. Or, cette puissance ne

forma substantiali hoc habere non potest, quin vere sit eius forma, sibi autem substantialis esse non potest, nisi e contrario ipsa sit substantialis eidem. Patet igitur quod sua indeterminatione evidenter clamat se esse substantialem, sicut et in praecedenti sua primitate suaque capacitate hoc clamabat.

Ostendit et hoc ratio corporalis materiae. In corporalibus enim omnes concedunt quod eadem materia subsistit accidentibus et formis substantialibus et quod, licet per plures dispositiones accidentales disponatur ad recipiendum aliqua, ipsa tamen per se ipsam seu in se ipsa suscipit omnia; quamvis enim mollities vel durities videantur dicere quasdam potentias, nullus tamen dicet quod ipsa mollities sit illud quod est vere subiectum recipiens illa ad quorum receptionem mollities disponit, sed solum hoc attribuent ipsi materiae. Si igitur ita est in materia corporali et si per hoc ipsa clamat se esse substantialem tanquam formis substantialibus substantem et omnibus accidentibus : satis per simile clamat hoc in aliis.

Quomodo autem hoc clament singulariter potentiae animae et cuiuslibet intellectualis naturae in *Quolibet* de potentiis animae [1] satis est tactum ; quoniam ipsa substantia intellec-
316 tualis non potest intelligi sine | huiusmodi potentia, non solum in quantum est potentia passiva, specierum scilicet et actionum intellectualium receptiva, sed etiam – quod amplius est – in quantum includit in se aliquid formale et activum ; quod quidem implicant aliquo modo omnes animae potentiae, sicut

---

1. *Quodlibet* I, q. 5 et *Quodlibet* III, q. 8.

peut recevoir l'être d'un acte ou d'une forme substantielle qui ne serait pas véritablement sa forme ; mais cette forme ne peut être substantielle à cette puissance, que si, en sens contraire, cette puissance est substantielle à ce même acte ou forme. Il apparaît ainsi que par son indétermination, la raison de puissance montre de manière évidente qu'elle est substantielle, de même qu'elle le montrait précédemment par sa primauté et par sa capacité.

La même thèse est aussi démontrée par la raison de matière corporelle. En effet, tous concèdent que dans les choses corporelles la même matière est sous-jacente aux accidents et aux formes substantielles et que, bien qu'elle soit disposée par de nombreuses dispositions accidentelles à les recevoir, elle les soutient cependant tous par elle-même ou en elle-même. En effet, quoique la mollesse ou la dureté semblent désigner des puissances, personne ne dira toutefois que la mollesse est véritablement le sujet qui reçoit les accidents auxquels la mollesse dispose, mais tous attribueront cela à la matière seulement. S'il en est ainsi dans le cas de la matière corporelle et si par là elle montre qu'elle est substantielle en tant que sous-jacente aux formes substantielles et à tous les accidents, alors, de manière similaire, elle le montre suffisamment dans les autres cas.

Dans le *Quodlibet* sur les puissances de l'âme, on a suffisamment montré comment, prises individuellement, les puissances de l'âme et de toute nature intellectuelle le réclament. En effet, la substance intellectuelle elle-même ne peut être conçue sans | une puissance de cette sorte, **316** non seulement en tant qu'elle est une puissance passive, c'est-à-dire réceptive des espèces et des opérations intellectuelles, mais encore – qui plus est – en tant qu'elle renferme quelque chose de formel et d'actif ; ce qu'impliquent d'une certaine façon toutes les puissances de l'âme, comme

ibidem est tactum et probatum : propter quod huiusmodi probationem hic omitto et quia etiam ex sequentibus hoc magis patebit.

Tertio etiam est sciendum quod oportet eam esse essentialiter et realiter distinctam a forma. Posset enim forte aliquis dicere quod forma sit actus respectu sui, si est prima forma, vel respectu alicuius alterius formae prioris, si est secunda forma, et quod sit in potentia respectu formae sequentis. Quod enim aliqua res respectu eiusdem sit actus et potentia est impossibile manifestum apud omnes.

Quod autem impossibile sit formam aliquam, quantum-cunque primam, esse simul actum et potentiam respectu diversorum et ita quod omnino oporteat potentiam passivam esse diversam ab omni actu formali : patet quidem primo ex parte ipsius potentiae.

Clamat enim hoc modus suae existentiae. Cum enim de se sit omnino indeterminata ad esse, sicut supra est tactum, oportet quod per aliquem actum accipiat esse simpliciter. Impossibile est autem quin ab illo actu per quem recipiet simpliciter esse differat essentialiter, quoniam aliter respectu eiusdem esset potentia et actus et idem esset realiter recipiens et dans et etiam recipiens et receptum, quoniam potentia ista non posset actum existendi recipere nisi per hoc quod informatur et perficitur; quod sine receptione formae et perfectionis non potest fieri. Sed si ponitur esse eadem per essentiam cum aliquo actu, oporteret quod per illum existeret; quoniam posito illo actu in esse, eo ipso ipsa esset posita

il a été mentionné et prouvé au même endroit. Pour cette raison, je laisse ici de côté cette preuve et aussi parce que cela apparaîtra davantage à partir de ce qui suit.

Troisièmement, il faut encore savoir que la matière doit être essentiellement et réellement distincte de la forme. En effet, quelqu'un pourrait certes soutenir que la forme est acte par rapport à elle-même – si elle est la forme première –, ou par rapport à une autre forme antérieure – si elle est une forme seconde –, et qu'elle est alors en puissance par rapport à une forme suivante ; pour tout le monde, il est toutefois manifestement impossible qu'une chose soit acte et puissance par rapport à la même réalité.

L'impossibilité pour une forme, aussi première fût-elle, d'être à la fois acte et puissance par rapport à des réalités différentes et la nécessité conséquente d'une puissance passive qui soit différente de tout acte formel, cela apparaît d'abord du côté de cette puissance.

Son mode d'existence l'exige en effet : puisque, en soi, elle est tout à fait indéterminée vis-à-vis de l'être – comme il a été mentionné auparavant –, il faut qu'elle reçoive l'être absolument parlant par le biais d'un acte. Or il est impossible qu'elle ne diffère pas essentiellement de l'acte par lequel elle reçoit l'être absolument ; dans le cas contraire, elle serait en effet puissance et acte par rapport à la même réalité, et la même chose serait alors réellement réceptacle et donatrice, elle serait à la fois ce qui reçoit et ce qui est reçu, car cette puissance ne pourrait recevoir l'acte d'exister sans être informée et rendue parfaite, ce qui ne peut se faire sans réception d'une forme et d'une perfection. Mais si l'on affirmait qu'elle est identique par essence à quelque acte, il faudrait qu'elle existe par lui ; en effet, aussitôt cet acte serait-il établi dans l'être qu'elle

in esse tanquam penitus eadem cum ipso; et sic sequeretur quod essent eadem per essentiam et diversa, quod est impossibile.

Clamat etiam hoc fundamentalis essentia ipsius potentiae, scilicet essentia ipsius possibilis. Non enim solum ipsa ratio potentiae, sed etiam essentia ipsius possibilis seu potentia tota, 317 in quantum talis, est indeterminata | et tota ab alio determinabilis; essentia vero formae seu actus formalis, in quantum talis, nihil habet in se indeterminatum nec determinabile, immo est purus terminus. Impossibile autem est quod eadem essentia sit secundum se totam indeterminata, ita quod nihil in ea sit quin sit totum determinabile et quod cum hoc secundum se totam sit purus terminus et pura determinatio et quod nihil in ea sit quod sit determinabile. Haec autem contingent, si aliqua una essentia sit aliquo modo simul potentia et actus; unde qui hoc imaginatur videtur imaginari quod ipsa ratio potentiae subiciatur formis et recipiat esse ab eis, ita quod non eius essentia, et eodem modo quod ipsa ratio formae seu actus sic sit forma quod tamen non haec sit eius essentia; quae imaginatio est omnino ridiculosa.

Clamat etiam hoc abstractio informitatis suae seu privatio omnis formae implicata in eius essentia. Potentia enim et eius essentia absolute et simpliciter abstrahit ab omni forma et non solum ab hac vel ab illa, quoniam secundum se et in quantum talis nullam habet in se formam; alias, in quantum talis, haberet determinatum modum essendi et potius haberet rationem formae quam potentiae; sed si ipsa secundum se esset

le serait également, en tant que parfaitement identique à lui. Il s'ensuivrait donc que [cette puissance et cet acte] seraient [à la fois] identiques par essence et différents l'un de l'autre, ce qui est impossible.

L'essence fondamentale de cette puissance, à savoir l'essence du possible, l'exige également. En effet, ce n'est pas seulement la raison même de puissance, mais aussi l'essence du possible ou la puissance tout entière, en tant que telle, qui est indéterminée | et entièrement déterminable par un autre. **317** Quant à l'essence de la forme ou à l'acte formel en tant que tel, il ne contient rien d'indéterminé ou de déterminable; au contraire, il est un pur achèvement. Or il est impossible que la même essence soit indéterminée en sa totalité, de sorte qu'il n'y ait rien en elle qui ne soit un tout déterminable, et que, en même temps, elle soit en sa totalité un pur achèvement et une pure détermination et qu'il n'y ait donc rien en elle de déterminable. Pourtant ces impossibilités se produiraient si une unique essence était de quelque manière à la fois puissance et acte. Ainsi, qui se figure cela semble se figurer que la raison même de puissance, et non son essence, est sujette aux formes et reçoit l'être de la part des formes; pareillement, il se figure que la raison de forme ou d'acte est forme, mais que son essence ne l'est pas – opinion qui est parfaitement ridicule.

Cela est également exigé par l'absence d'information ou par la privation de toute forme impliquée dans son essence. En effet la puissance, tout comme son essence, fait purement et simplement abstraction de toute forme, et pas seulement de cette forme-ci ou de celle-là, car par elle-même et en tant que telle la puissance ne possède aucune forme. Dans le cas contraire, elle aurait en tant que telle un mode d'être déterminé et aurait, par conséquent, la raison de forme plutôt que celle de puissance. Mais si, par elle-même, la

eadem essentia penitus, tum essentia alicuius formae non iam
abstraheret simpliciter et absolute ab omni forma; oportet
igitur necessario quod sua essentia omni formae opponatur
tanquam potentia actui; si autem omni formae opponitur, ab
omni forma est necessario per essentiam diversa. Si quis autem
diligenter inspiciat quod privatio informitatis et ordo perfectibilitatis secundum quem ipsum possibile refertur ad formam,
oportet quod fundentur in aliqua essentia quae aliquid positivum dicat praeter privationem et ordinem praedictum et
quod necessario illa essentia aliquem modum entitatis absolutum dicet et non solum purum respectum seu ordinem:
inveniet quod ille modus qui sibi absolute competit omnino est
oppositus illi modo quem forma in se includit; sicut sensibi-
liter quodam modo patet in mole cerae vel nasi quae aliquando
est sub una forma et figura, aliquando sub alia; amotis enim
omnibus formis quas amittere potest, utique aliquid ponet
318 praeter | privationem suae informitatis et praeter ordinem suae
perfectibilitatis seu possibilitatis. Et tamen modus illius entitatis quem absolute ponet tale quid oportet esse quod merito seu
per se et ex se et ex sua ratione talem privationem et ordinem in
se implicet ; quod nullo modo faceret, nisi totaliter esset
oppositus actui formali et modo eius, quoniam forma e contrario dicit modum determinatum entis ; unde sua praesentia
amovet privationem informitatis et indeterminationem sibi
oppositam ; dicit enim id quod dicit per modum termini et
perfectivi potius quam per modum terminabilis et perfectibilis,

puissance était exactement la même essence [que celle de la forme], alors l'essence d'une certaine forme ne ferait pas purement et simplement abstraction de toute forme. Il est donc nécessaire que son essence s'oppose à toute forme comme la puissance à l'acte. Or si la puissance s'oppose à toute forme, elle est par essence nécessairement différente de toute forme. Mais si quelqu'un considère attentivement que la privation constituée par l'informité ainsi que l'ordre de perfectibilité, selon lequel le possible se rapporte à la forme, doivent être fondés dans une essence qui signifie quelque chose de positif en plus de la privation et de l'ordre mentionné, et que cette essence n'indique pas seulement une pure relation ou un ordre, mais signifie nécessairement un mode entitatif absolu, il constatera que ce mode, qui revient absolument à la puissance, est totalement opposé au mode que la forme inclut. Ceci apparaît empiriquement, d'une certaine façon, dans un morceau de cire ou dans un nez, qui ont tantôt une certaine forme et figure, tantôt une autre : en effet, une fois ôtées toutes les formes susceptibles de lui être retirées, il restera encore quelque chose en plus de | la privation que constitue son informité et en **318** plus de l'ordre de sa perfectibilité ou de sa possibilité. Et cependant, ce mode entitatif qui est posé absolument doit être tel que, à bon droit – c'est-à-dire par soi, de soi et en vertu de sa raison – il implique cette privation et cet ordre [de perfectibilité]; ce qu'il ne pourrait impliquer d'aucune manière s'il n'était pas totalement opposé à l'acte formel et à son mode d'être, car la forme signifie au contraire un mode déterminé de l'étant; c'est pourquoi, par sa présence, elle abolit la privation que constitue l'informité ainsi que l'indétermination qui lui est opposée. Comme on le voit clairement dans toutes les formes qui nous sont connues, la forme signifie en effet ce qu'elle signifie sur le mode de l'achèvement et de ce qui parfait

sicut evidenter patet in omnibus formis nobis notis. Non enim figura est alia figuratione figurabilis nec calor est illuminabilis nec musica potest informari arte grammaticae vel quacunque alia scientia, ita quod possit fieri et dici musica grammaticalis; potius enim per huiusmodi formas aliquid aptum natum est dici tale vel tale quam quod ipsae per aliquas alias formas possint dici per se et non per accidens tales vel tales. Si autem essentia potentiae seu ipsius possibilis et essentia ipsius actus formalis opponuntur ad invicem secundum absolutos modos suae entitatis et non solum secundum suos respectus: tunc simpliciter et generaliter sibi opponentur et non solum per respectum ad hoc vel ad illud. Haec est enim conditio oppositionis absolutae seu inter absoluta; quamvis enim in relativis idem possit habere respectus oppositos respectu diversorum, nullo tamen modo hoc potest esse in absolutis, sicut patet in formis contrariis. Absoluta igitur oppositio essentiae ipsius possibilis ad essentiam formalem realem diversitatem esse inter ipsa clamat. Quod autem dixi ea inter se opponi etiam in suis absolutis, loquor de oppositione incompossibilitatis qua scilicet non possunt aliqua in uno et eodem se compati, non autem de oppositione contrarietatis proprie accepta, quia ista non est nisi in formis quae in eodem subiecto, quantum est de se, vicissim esse possunt.

Iis autem attestantur Augustinus et Aristoteles et omnes eius sequaces, quoniam non per aliam viam nec per aliam rationem probaverunt materiam esse in rebus corporalibus

une entité plutôt que sur le mode de ce qui peut être achevé et parfait. Une figure ne peut en effet pas être figurée par une autre [forme que celle de la] figuration, ni la chaleur illuminée, ni la musique informée par l'art de la grammaire ou par n'importe quelle autre science, de sorte à donner lieu à quelque chose qu'on appellerait « musique grammaticale ». Par ces formes en effet, quelque chose est par nature apte à être dit tel ou tel, plutôt que ces formes ne peuvent, par soi et non par accident, être dites telles ou telles grâce à d'autres formes. Or si l'essence de la puissance ou du possible et l'essence de l'acte formel s'opposent l'une à l'autre selon leur mode entitatif absolu et non pas seulement en vertu de leurs rapports, alors elles s'opposeront totalement et en général, et non seulement à l'égard de ceci ou de cela. Telle est en effet la condition de l'opposition absolue ou entre des absolus, car, malgré le fait que dans le cas des relatifs la même chose puisse avoir des relations opposées à l'égard d'entités différentes, il n'en est rien dans le cas des absolus – comme on le voit dans les formes contraires. Par conséquent, l'opposition absolue de l'essence du possible à celle de la forme réclame une différence réelle entre elles. Or, lorsque je dis que ces essences s'opposent entre elles jusque dans leurs caractères absolus, j'entends par là l'opposition d'incompossibilité en vertu de laquelle certaines choses ne sont pas compatibles dans une seule et même réalité ; je ne parle pas ici de l'opposition de contrariété proprement dite, car celle-ci n'a lieu qu'entre des formes qui, quant à elles, peuvent être tour à tour dans un même sujet.

Ces considérations sont confirmées par Augustin, ainsi que par Aristote et tous ses sectateurs, car ils ont démontré que la matière se trouve dans les choses corporelles

319 nisi per hoc quod in toto motu et sub contrariis | terminis eius
oportebat dare unum commune subiectum mobile et mutabile,
hoc autem necessario ponunt esse materiam et nullo modo
formam; et tamen si forma poterat istis esse subiecta per
aliquam potentiam quam in se haberet, tunc omnino insuffi-
ciens et inefficax esset ratio eorum. – Et quod quidem
Aristoteles nullam aliam rationem faciat ad probandum
materiam esse in istis inferioribus patet tam in *Physicis* quam
in *Metaphysicis*[1]; expresse etiam dicit V *Physicorum*[2], quod
formae non est forma, quod tamen nullo modo esset verum, si
potentia et essentia in qua fundatur non esset essentialiter alia
ab essentia formae. – Augustinus etiam, XII *Confessionum*[3], 2
capitulo, ostendens per quid devenerit in cognitionem materiae dicit quod postquam diu circa ipsam quasdam falsas
imaginationes habuerat quas ibidem recitat dicit, inquam,
quod « intendit in ipsa corpora, inspexitque eorum mutabilitatem qua desinunt esse quod fuerant et incipiunt esse quod
non erant; eundemque transitum de forma in formam per
informe quiddam fieri suspicatus sum, non per omnino nihil ».
Et paulo post[4]: « Mutabilitas enim rerum mutabilium ipsa
capax est formarum omnium in quas mutantur res mutabiles; et hoc quid est? numquid animus? numquid corpus?

---

1. Aristote, *Physique*, I, 7, 189b30 *sq.*; II, 1, 193a26 *sq.*; *Métaphysique*,
VII, 7, 1032a17 *sq.*; 1032b32 *sq.*; VII, 8, 1033a24 *sq.*; VIII, 1, 1042a25 *sq.*;
VIII, 4, 1044a15 *sq.*; VIII, 5, 1044b21 *sq.*

2. Aristote, *Physique*, V, 2, 226a10 *sq.*; V, 1, 224b11 *sq.*

3. Augustin, *Confessions*, XII, 6, éd. et trad. fr. P. de Labriolle, revue par
M. Testard, p. 332-333.

4. Augustin, *Confessions*, XII, 6, éd. et trad. fr. P. de Labriolle, revue par
M. Testard, p. 333.

sans recourir à un autre procédé ou à un autre argument que celui-ci : il est nécessaire que dans le mouvement tout entier et sous ses termes opposés | il y ait un sujet commun unique, qui **319** est mobile et muable ; or, ils affirment que ce sujet est nécessairement la matière et en aucun cas la forme. Mais si la forme pouvait servir de sujet [à ces termes opposés] en vertu d'une puissance qu'elle porterait en elle, alors leur argument serait totalement insuffisant et dépourvu d'efficacité. – D'ailleurs, il apparaît autant dans les livres de la *Physique* que dans la *Métaphysique* qu'Aristote n'a produit aucun autre argument pour prouver que la matière est présente dans les choses d'ici-bas. Dans le cinquième livre de la *Physique*, il affirme aussi explicitement qu'il n'y a pas de forme de la forme, ce qui ne serait absolument pas vrai si la puissance et l'essence dans laquelle la forme est fondée n'étaient pas essentiellement différentes de l'essence de la forme. – Augustin, lui aussi, au deuxième chapitre du douzième livre des *Confessions*, montre comment il est arrivé à la connaissance de la matière : après avoir longtemps adhéré à des représentations fausses – qu'il rapporte au même endroit –, il explique, dis-je, qu'« il a considéré attentivement les corps eux-mêmes, qu'il a examiné leur mutabilité, par laquelle ils cessent d'être ce qu'ils étaient et commencent à être ce qu'ils n'étaient pas ; qu'il a soupçonné que ce passage d'une forme à une autre forme doit se faire par quelque chose d'informe, plutôt que par un pur néant ». Et peu après : « En effet, la mutabilité même des choses muables est capable de devenir toutes les formes en lesquelles se transforment les choses muables ; mais qu'est-ce que cela ? Est-ce un esprit ? Est-ce un corps ? Est-ce une espèce

numquid species animae et corporis? si dici posset, nihil aliquid est ». Et breviter tam in libro illo quam libro *Supra Genesim ad litteram* quam libro *De vera religione*[1], per mutabilitatem probat esse aliquid omnino informe. – Per oppositum etiam probat Boethius, libro suo *De Trinitate*[2], quod in Deo non potest esse aliud praeter id quod est. « Nec enim », inquit, « subiectum fieri potest, forma enim est; formae vero subiectae esse non possunt; nam quod ceterae formae subiectae accidentibus sunt, ut humanitas, non ita accidentia suscipit in eo quod ipsa est, sed in eo quod ei materia subiecta est; dum enim materia subiecta humanitati suscipit
320 quodlibet accidens, ipsa | hoc suscipere videtur humanitas; forma vero quae est sine materia non poterit esse subiectum ».

Patet etiam hoc secundo ex parte ipsius actus formalis. Prima enim forma quae in nullo erit recepta erit omnino alterius generis et rationis ab omni forma in alio recepta et aliquid informante, quia istis erit essentiale quod informent aliquid a se differens, ita quod tota essentia earum erit essentialiter ordinata ad illud informandum ; illi vero primae formae erit essentiale esse absolutam ab omni tali informatione et ab omni ordinatione ad aliquid informandum ; ergo nomen formae vel actus non competet eis univoce. – Praeterea, constat quod forma sic absoluta habet actualitatem longe nobiliorem quam formae essentialiter alicui informabili impendentes;

---

1. Augustin, *La Genèse au sens littéral*, I, 14, 15, trad. fr. J. Agaësse, A. Solignac, BA, t. 48, p. 118-125; *La vraie religion*, c. 18, trad. fr. J. Pegon, revue par G. Madec, BA, t. 8, p. 70-73.
2. Boèce, *De Trinitate*, c. 2, PL 64, col. 1250, C. Moreschini (ed.), p. 169-170.

de l'âme et du corps ? Si on pouvait le dire, je dirais que c'est un rien [et à la fois un] quelque chose ». Pour le dire brièvement, aussi bien dans ce livre que dans le livre sur *La Genèse au sens littéral* et dans celui de *La vraie religion*, il démontre par le biais de la mutabilité qu'il y a quelque chose de tout à fait informe. – À l'inverse, Boèce prouve aussi, dans son livre sur *La Trinité*, qu'en Dieu il ne peut y avoir autre chose que ce qu'il est. « En effet – dit-il – il ne saurait devenir sujet, puisqu'il est forme et que les formes ne peuvent pas être sous-jacentes ; car la raison pour laquelle les autres formes, par exemple l'humanité, sont sous-jacentes à des accidents, n'est pas que la forme reçoive des accidents, pour ce qui est d'elle, mais du fait que la matière lui est sous-jacente. En effet, à partir du moment où la matière sous-jacente à l'humanité accueille un accident quelconque, | c'est l'humanité elle-même qui **320** semble le porter. Mais une forme qui est sans matière ne pourra pas être sujet ».

En second lieu, cela est aussi manifeste à partir de la considération de l'acte formel lui-même. En effet, une forme première qui ne sera reçue en rien sera d'un genre et d'une raison complètement différents de toute forme reçue dans un autre et qui informe quelque chose, car, pour celles-ci, il sera essentiel qu'elles informent quelque chose différant d'elles, de sorte que toute leur essence sera essentiellement ordonnée à informer quelque chose ; pour l'essence de la première forme en revanche, il sera essentiel d'être affranchie de toute information de cette sorte et de tout ordonnancement à informer quelque chose. Par conséquent, le nom de « forme » ou d'« acte » ne leur reviendra pas de manière univoque. – En outre, il est établi qu'une telle forme absolue possède une actualité bien plus noble que les formes essentiellement immanentes à quelque chose qui peut être informé.

ergo impossibile est quod illa forma sit inferior omnibus aliis;
sed prima forma est naturaliter inferior omnibus sequentibus,
saltem quando sequuntur ut perfectiores, finaliores et princi-
paliores; ergo prima forma non est minus impendens alicui ab
ea informabili quam ceterae formae sequentes. – Praeterea, si
forma informatur, aut sua actualitas informatur aut non. Si sic:
ergo actualitas formae, in quantum actualitas, informatur et est
informabilis; ergo, in quantum actualitas, est potentialis seu
potentialitas. Si non: ergo suum informans non recipitur in
actualitate formae quam informat; cum etiam actualitas eius
sit tota entitas sua: ergo nihil de tota sua entitate informatur.

Praeter ista autem omnia clamat hoc omnis formae creatae
multiplex defectus, videlicet defectus omnimodae absolutionis, summae simplicitatis, illimitationis. Omnis enim forma
quae non est in alio a se recepta et participata vel saltem ita se
habens, quantum est ex parte sua, ac si esset in alio recepta et
participata est absolutissima, simplicissima, universalissima
et infinitissima, et breviter est summum ens et ipsemet Deus.

Erit quidem absolutissima. Non enim habebit existere
suum impendens alicui nec per se nec per partes suas, quoniam
totum quod in ea erit erit in se ipso manens; quod enim non
321 esset in se ipso manens iam esset in alio receptum, | et tunc
quantum ad illud haberemus propositum. Non solum etiam
esset in se ipsa manens, sed etiam nullo modo esset in aliquo
alio receptibilis, ita quod posset esse actus alicuius alterius;
quoniam omne quod potest esse actus alterius oportet quod

Il est donc impossible que cette forme-là soit inférieure à toutes les autres. Or la première forme est naturellement inférieure à toutes celles qui suivent, du moins lorsqu'elles lui succèdent en tant que plus parfaites, plus ultimes et plus principales. Par conséquent, la première forme n'est pas moins immanente à quelque chose qui peut être informé par elle que ne le sont les formes suivantes. – De plus, si la forme est informée, soit son actualité est informée, soit elle ne l'est pas. Si elle l'est, alors l'actualité de la forme, en tant qu'actualité, est informée et informable ; par conséquent, en tant qu'actualité, elle est potentielle ou une potentialité. Si elle ne l'est pas, ce qui l'informe n'est pas reçu dans l'actualité de la forme qu'il informe ; et puisque son actualité est son entité tout entière, rien de son entité tout entière n'est informé.

Or, en plus de toutes les raisons invoquées, cela résulte aussi des multiples défauts de toute forme créée, à savoir le manque de toute indépendance, le manque de la plus grande simplicité et le manque d'illimitation. En effet, toute forme qui n'est pas reçue et participée dans un autre que soi – ou qui du moins se comporte ainsi –, même si elle était reçue et participée dans un autre, est pour sa part la forme la plus absolue, la plus simple, la plus universelle et la plus infinie ; pour le dire brièvement, elle est l'être suprême et Dieu lui-même.

Une telle forme sera parfaitement absolue. En effet, elle ne possédera pas un exister qui soit dépendant d'un autre, ni par soi ni par ses parties, car le tout qui sera en elle demeurera en lui-même ; en effet, ce qui ne demeurerait pas en soi-même serait déjà reçu dans un autre | et, concernant cet autre, nous **321** aurions alors notre conclusion. De plus, non seulement elle demeurerait en elle-même, mais elle ne pourrait d'aucune manière être reçue dans un autre de sorte à pouvoir être l'acte d'un autre, car il faut que tout ce qui peut être l'acte d'un autre

habeat in se defectum plenae existentiae et ordinabilitatem ad aliud competentem sibi essentialiter. Quantum autem ad esse seu existere non potest maior absolutio excogitari, nisi forte dicatur quod ipsa habeat relationem ad suum esse tanquam recipiens ad receptum et quod habeat relationem ad Deum tanquam ad causam effectivam sui esse. Sed primum stare non potest; et posito quod stare posset, iam haberemus plene intentum, quoniam essentia illa quae de se nihil habet de esse et quae tota est ordinabilis ad illud sicut possibile ad suum actum per quem simpliciter et non solum secundum quid existit habet vere in se totam definitionem materiae et huiusmodi esse vere totam definitionem substantialis formae, sicut in quaestione de essentia et esse magis patuit[1]. Unde oportet tenere quod omnis forma habeat esse absque hoc quod esse in ea recipiatur tanquam essentialiter et secundum rem diversum ab ea; et maxime, si est forma in se ipsa manens, hoc sibi competet. Licet autem effici a Deo implicet in se defectum plenae absolutionis, nihilominus tamen in tali actu eo ipso quod ponitur in se ipso perfecte consistere ponitur intra se summam absolutionem habere; sicut in essentia Filii Dei vel Spiritus Sancti tenemus quod licet personae illae producantur a Patre, quia tamen ita perfecte manent in se ipsis sicut et Pater, ita absolutam habent essentiam et esse sicut et Pater. Unde et Christus, Iohannis 5, ubi vult ostendere se Patri aequalem, hoc tanquam summum sibi attribuit dicens quod *sicut Pater habet vitam in semetipso, sic dedit et*

---

1. Cf. *Quaest. in II Sent.*, q. VIII.

ait en soi un manque d'existence achevée et qu'il possède une tendance, qui lui revient de manière essentielle, à être ordonné à un autre. Par ailleurs, on ne peut concevoir de plus grande indépendance en ce qui concerne l'être ou l'exister, à moins peut-être d'affirmer que cette forme se rapporte à son être comme ce qui reçoit à ce qui est reçu, et qu'elle se rapporte à Dieu comme à la cause productrice de son être. Mais la première possibilité n'est pas tenable, et même si nous supposions qu'elle l'était, nous aurions déjà ce que nous recherchions. En effet, l'essence qui n'a aucun être par soi et qui peut être ordonnée tout entière à cet être comme l'est le possible à l'acte qui le fait exister absolument, et non pas sous un certain rapport seulement, cette essence renferme véritablement la définition complète de la matière ; quant à un être de ce type, il renferme la définition complète de la forme substantielle, comme il a été mieux montré dans la question qui traite de l'essence et de l'être. C'est pourquoi il faut soutenir que toute forme possède l'être indépendamment du fait qu'il est reçu en elle en tant qu'essentiellement et réellement distinct d'elle. Et ceci d'autant plus, si cette forme demeure en elle-même. Et bien que le fait d'être produit par Dieu suppose un défaut intrinsèque de parfaite indépendance, néanmoins, du moment où l'on pose qu'un tel acte formel consiste parfaitement en lui-même, on pose la plus grande des indépendances en lui. Et il en va ainsi de l'essence du Fils de Dieu ou de celle du Saint Esprit : bien que ces personnes soient produites par le Père, nous affirmons que, tout comme le Père, elles possèdent une essence et un être absolus, car, tout comme le Père, elles demeurent parfaitement en elles-mêmes. C'est pourquoi, en *Jean* 5, lorsque le Christ veut montrer qu'il est égal au Père, il s'attribue cela comme une [perfection] suprême en disant : « De même que le Père a la vie en lui-même, il a donné à son

Filio vitam habere in semetipso[1]. Omne enim quod sic manet
in se ipso ad nihil extra se est inclinabile nec inclinatum nec
coordinatum; non enim hoc posset esse, nisi tota sua essentia
esset pura inclinatio, quoniam inclinabile et inclinatum non
differret ibi a sua inclinatione. Nulla etiam esset ibi protensio
virtualis alicuius aspectus seu potentiae, nisi forte tota essentia
322 eius esset pura protensio. Et tamen | cum hoc sequeretur quod
cum omnis inclinatio sit apta nata esse alicuius inclinabilis,
immo et de se semper videatur dicere actum alicuius inclinati
per eam formaliter, quod posset esse actus alicuius possibilis et
ita quod posset in aliquo recipi tanquam forma. Et breviter :
omnis actus in aliud relatus, sicut est protensio aspectus et
consimilia, semper videtur dicere actum alicuius possibilis seu
alicuius materiae; nulla enim protensio aut inclinatio videtur
dicere actum absolute in se ipso manentem. Si autem nulla
esset ibi protensio aut inclinatio nec aliquis aspectus determinatus, tunc haberet virtutem et actionem absolutissimam nullo
modo indigentem materia vel obiecto, et sic per consequens
posset creare, sicut est probatum in quaestione an creatura
aliqua possit creare[2]. Istae autem conditiones non sunt nisi
solius Dei.

Praeterea, cum totum quod erit in tali actu sic in se ipso
existente sit per se ens sufficienter et absolute – quicquid enim
esset in ipso quod non esset ens per se et in se esset necessario
in alio receptum et in alio existens – : constat quod talis actus
nullo modo indigebit aliquo recipiente aut qualitercunque

1. *Évangile de Jean*, 5, 26.
2. Cf. *Quaest. in II Sent.*, q. I.

Fils d'avoir pareillement la vie en lui-même». Par ailleurs, tout ce qui demeure de la sorte en soi-même n'est inclinable, incliné ou coordonné à rien d'autre qui lui soit extérieur; en effet, cela ne serait possible que si toute son essence n'était que pure inclination, car dans ce cas l'inclinable et l'incliné ne différeraient pas de leur inclination. Il n'y aurait pas non plus de tendance virtuelle relevant de quelque rapport ou puissance, à moins peut-être que toute son essence ne soit qu'une pure tendance. Pourtant, | il faudrait en tirer la consé- 322 quence suivante : puisque toute inclination appartient par nature à ce qui peut être incliné et que, plus encore, elle semble toujours désigner en soi l'acte de quelque chose qui est formellement incliné par elle, dès lors elle pourrait être l'acte d'un possible et pourrait donc être reçue dans un autre en tant que forme. Pour le dire brièvement : tout acte relatif à quelque chose d'autre, à l'instar de l'inclination que possèdent un rapport et d'autres choses semblables, paraît toujours signifier l'acte d'un possible ou d'une matière, en effet, aucune tendance ou inclination ne semble signifier un acte demeurant absolument en lui-même. Mais s'il n'y avait là aucune tendance ou inclination, ni aucune orientation déterminée, alors un tel acte aurait une puissance et une action absolument indépendante, qui n'auraient besoin d'aucune matière ou objet; par conséquent, il pourrait créer, comme il est prouvé dans la question qui demande si quelque créature peut créer. Or ces privilèges n'appartiennent qu'à Dieu seul.

En outre, puisque le tout qui est dans un tel acte existant ainsi en lui-même est un étant par soi de manière suffisante et absolue – car ce qui serait en lui sans être un étant par soi et en soi serait nécessairement reçu dans un autre et existerait nécessairement dans un autre –, il est établi qu'un tel acte n'aura en aucun cas besoin [d'un sujet] qui le reçoit ni d'une quelconque

coadiuvante ad suum existere. Ubi autem nihil est alio aliquo modo indigens ad sui esse nihil est penitus de possibili aut de potentia passiva, quoniam totum et omnis ratio quae in eo erit erit purus et perfectus actus, tanquam per se et in se perfecte existens, quod nullo modo competit rationi ipsius possibilis vel potentiae passivae. Quod autem nihil habet in se possibile non est ens creatum, saltem completum, sicut supra est satis ostensum. – Praeterea, si ille actus haberet aliquam potentiam passivam sive per indifferentiam realem sive a se realiter differentem : aut ratio illius actus fundaretur in ratione illius potentiae aut e contrario; non enim de pari et quasi disparate aut sine omni ordine posset utraque se habere ad esse. Si autem actus fundaretur in ratione potentiae, hoc non posset esse, nisi esset actus eius, ipsam scilicet perficiens et informans; et tunc haberemus propositum. Si vero ratio potentiae fundaretur in ratione ipsius actus, tunc eo ipso haberet rationem cuiusdam ulterioris actus et magis determinativi ex sua ratione quam esset id in quo fundaretur, quoniam haberet se ad id per modum addentis et supervenientis. – Praeterea, si actus 323 haberet potentiam aut in se implicitam aut | sibi suppositam, non videtur quod posset dicere aliud quam ordinem et relationem illius actus ad illa respectu quorum esset in potentia aut aliquam essentiam sibi inhaerentem et in ipso receptam. Secundum autem omnia ista semper diceret aliquam rationem formalem et in quantum talem et sic non iam rationem potentiae passivae.

aide pour son existence. Or, lorsque quelque chose n'a besoin de rien d'autre pour son exister, il n'y a rien en lui de possible ni aucune puissance passive, car sa totalité ainsi que toute raison présente en lui sera un acte pur et parfait, comme s'il existait parfaitement en soi et par soi, ce qui ne revient en aucun cas à la raison du possible ou de la puissance passive. Or ce qui n'a en soi rien de possible n'est pas un étant créé – du moins complet – comme il a été suffisamment montré auparavant. – En outre, si cet acte possédait une certaine puissance passive, soit en vertu d'une indifférence réelle soit par le fait de différer réellement de lui, la raison de cet acte serait alors fondée dans la raison de cette puissance ou inversement. En effet, il est impossible que chacune des deux raisons puisse se rapporter à l'être de la même manière et pour ainsi dire séparément ou sans aucun ordre. Or si l'acte se fondait sur la raison de puissance, cela ne pourrait se produire que s'il était son acte, à savoir l'acte qui la parfait et l'informe ; et alors nous aurions ce que nous recherchions. Si, en revanche, la raison de puissance était fondée dans la raison de cet acte, de ce fait, par sa propre raison, elle posséderait la raison d'un acte ultérieur et plus déterminant que l'acte sur lequel elle serait fondée, car elle se comporterait à son égard sur le mode d'une addition et d'un ajout. – En outre, si l'acte possédait une puissance implicite en lui ou alors | sous-jacente, il ne pourrait **323** manifestement signifier rien d'autre qu'un ordre et une relation de cet acte à l'égard de ceux envers lesquels il serait en puissance ; ou alors cet acte pourrait signifier une certaine essence qui lui est inhérente et qui est reçue en lui. De toutes ces manières, il signifierait toujours une certaine raison formelle en tant que telle et il ne signifierait déjà plus la raison de puissance passive.

Erit etiam simplicissima. Quaecunque enim diversitas partium ibi esset, nulla illarum esset perfecte in se ipsa manens; quaecunque enim in se ipsa maneret, esset ens per se ipsam absque omni alio. – Praeterea, partes diversae non possunt aliquod unum constituere, nisi una sit forma alterius vel ambae una forma informentur aut nisi concurrant in eadem materia; et sic in omni compositione partium semper oportet esse materiam et formam. Si enim sunt partes materiales, per se quidem possunt esse unibiles, sed actus unionis non erit de essentia earum, sed potius aliquid formale. Si vero sunt partes formales, oportebit quod una sit forma alterius et altera materia eius aut quod pro tanto uniantur, quia in eadem materia concurrunt. Nec est plures modos dare quomodo plures partes uniri possunt ad constituendum aliquod unum. – Et praeterea, impossibile est quod aliquod constitutum ex partibus sit proprie et plene manens in se ipso, cum stabilitas suae existentiae sit a partibus et quaelibet partium faciat ad stabilitatem alterius. Oportet igitur quod omnis forma in se ipsa manens sit simplicissima et tali simplicitate quod non poterit minui nec augeri, etiam a Deo, neque intelligi maior quam sit nec minor, quoniam tunc necessario haberet partes vel habere posset. Nec erit simplicitatis punctalis quam proprie vocamus simplicitatem parvitatis, quia tunc haberet essentiam defectivam in summo, ita quod non posset cogitari quomodo minus posset habere; et tunc non esset

Une telle forme sera aussi absolument simple. En effet, quelle que fût la diversité des parties présentes en elle, aucune ne demeurerait parfaitement en elle-même, car toute partie qui demeurerait ainsi serait un étant par soi, indépendamment de tout autre. – Par ailleurs, des parties différentes ne peuvent pas constituer quelque chose d'un si l'une n'est pas forme de l'autre, ou si les deux ne sont pas informées par une seule forme, ou encore si elles ne convergent pas dans une même matière ; ainsi, dans toute composition de parties, il faut qu'il y ait toujours une matière et une forme. En effet, s'il s'agit de parties matérielles, elles sont certes susceptibles d'être unies par soi, mais l'acte d'union ne relèvera pas de leur essence et sera plutôt quelque chose de formel. En revanche, s'il s'agit de parties formelles, il faudra que l'une soit forme de l'autre et que cette autre soit sa matière, ou alors qu'elles s'unissent dans la mesure où elles convergent dans une même matière ; et il ne faut pas poser plusieurs façons dont une pluralité de parties peuvent s'unir pour constituer quelque chose d'un. – De plus, il est impossible que ce qui est constitué de parties demeure pleinement et proprement en soi, puisque la stabilité de son existence résulte de ses parties et que chaque partie contribue à la stabilité de l'autre. Il faut donc que chaque forme qui demeure en soi-même soit absolument simple et d'une simplicité qui ne puisse être ni diminuée ni augmentée, pas même par Dieu, et qui ne puisse être conçue ni plus grande, ni plus petite qu'elle n'est, car dans ce cas elle aurait nécessairement des parties ou pourrait en avoir. Sa simplicité ne sera pas non plus celle d'un point – ce que nous appelons, à proprement parler, une simplicité de petitesse –, car alors son essence serait éminemment en défaut, de sorte que l'on ne saurait concevoir comment elle pourrait être encore moindre ; et, dans ce cas,

possibile quod esset in se ipsa manens, cum existere in se ipso sit nobilissimus actus entis.

Esset igitur simplicissima, ita quod secundum id ipsum sui simplicissimum haberet aliquem ambitum et latitudinem entitatis intensionis et virtutis, ita quod totum et totaliter in eo non differrent. Haberet etiam simplicitatem nulli alteri componibilem per modum partis, quia tunc oporteret quod 324 | posset recipi in aliquo sicut in materia et quod posset non existere in se ipsa. Talis autem simplicitatis conditio non videtur posse esse nisi solius Dei. Illud enim in quo non differt totum et totaliter, totum et totaliter, quantum est ex parte sua, attingit omnia quae attingit, ita quod si esset in pluribus locis, totum et totaliter esset in pluribus locis. Omne autem tale, qua ratione potest sic attingere duo vel tria, eadem ratione posset sic attingere infinita. Nullum etiam tale attingit aliquid per protensionem et inclinationem, quia omnis protensio vel inclinatio habet in se compositionem graduum intensionis et remissionis seu magis et minus; intensius enim attingit propinquiora quam longinquiora; et omne inclinatum et protensum posset saltem a Deo inclinari et protendi aliquando magis aliquando minus et secundum aliquid sui attingit unum et secundum aliquid aliud, sicut in omnibus potentiis animae et in omnibus aspectibus virtutum corporalium satis inspici potest. Quod autem absque protensione et inclinatione attingit alia, et operatur virtute absolutissima et in nullo determinata

il ne serait pas possible qu'elle demeure en elle-même, car le fait d'exister en soi est l'acte le plus noble d'un étant.

Elle serait donc absolument simple, de sorte que selon ce qui en elle est parfaitement simple elle aurait l'ampleur et l'étendue d'une entité capable d'intensité et de puissance active, de manière à ce que «tout» et «totalement» ne différeraient pas en ce qui, en elle, est parfaitement simple. Elle posséderait aussi une simplicité ne pouvant composer avec rien d'autre sur le mode de la partie, car il faudrait alors qu'elle | puisse être reçue dans quelque chose comme dans une 324 matière et qu'elle puisse ne pas exister en elle-même. Or une telle condition de simplicité ne semble pouvoir être que celle de Dieu seul. Un tel étant, en effet, dans lequel «tout» et «totalement» ne diffèrent pas, atteint pour sa part tout et totalement ce à quoi il s'étend, de sorte que s'il était en plusieurs lieux, il y serait tout entier et totalement. Or tout étant de ce type, par la même raison en vertu de laquelle il peut ainsi atteindre deux ou trois étants, pourrait aussi en atteindre une infinité. Par ailleurs, aucun étant de ce type n'atteint quelque chose par voie de propension et d'inclination, car toute propension ou inclination a en soi une composition de degrés de contraction et de dilatation ou de plus et de moins; elle atteint en effet les choses plus proches avec plus d'intensité que les plus éloignées. Et tout étant incliné et orienté pourrait être incliné et orienté, du moins par Dieu, tantôt plus tantôt moins; et selon une partie de lui-même, il atteint un étant et selon une autre un autre, comme cela peut suffisamment être observé dans toutes les puissances de l'âme et dans tous les types de qualités corporelles. Mais ce qui atteint les autres choses sans propension ni inclination et qui opère par une puissance active et absolue, en aucune manière déterminée,

omnia agit. Et sic est absolutissima in essentia et virtute et operatione; quod soli Deo attribui potest.

Erit etiam universalissima et illimitatissima, tum quia absolutissima et simplicissima, quanto autem aliquid absolutius et simplicius, tanto universalius vel abstractius; quicquid enim est partiale, est ad alia entia universi coordinabile tanquam quaedam pars universi tenens partialem gradum et quasi situm, sive spiritualem sive corporalem, in ipso universo respectu superiorum et inferiorum et respectu coaequalium. Quae omnia enti absolutissimo et simplicissimo et habenti conditiones supra immediate probatas convenire non possunt. – Praeterea, in omni habente limitem est dare terminos, saltem intelligibiliter, vel est terminus alicuius alterius, sicut est punctus; ubicunque autem sunt ista, ibi est dare compositionem, saltem intelligibilem, qualis est compositio graduum intensionis et remissionis. Cum etiam omni habenti terminum possit fieri additio, saltem a Deo, et etiam diminutio, cum non participet totum ambitum et totam actualitatem suae speciei aut sui generis: posset isti formae aliquid addi de sua essentia aut subtrahi; et ita non haberet absolutionem aut simplicitatem 325 superius praetactam et sic | per consequens nec essentiam in se ipsa manentem. Omnis etiam forma partialis est limitata ad hic et nunc et ita est tota applicata et determinata tam secundum suam essentiam quam secundum suam virtutem et eius aspectum et secundum suam operationem. Omnis

accomplit tout. Une telle forme est ainsi parfaitement absolue dans son essence, sa puissance active et son opération, ce qui ne peut être attribué qu'à Dieu seul.

Une telle forme sera aussi absolument universelle et illimitée, car parfaitement absolue et simple ; or une chose est d'autant plus universelle ou abstraite, qu'elle est plus absolue et simple. En effet, tout ce qui est partiel peut être coordonné aux autres étants du monde, en tant que partie du monde qui occupe un rang partiel et pour ainsi dire une place [déterminée] – soit spirituelle soit corporelle – au sein du monde par rapport aux parties supérieures, aux parties inférieures et aux parties de même rang. Or toutes ces [caractéristiques] ne peuvent convenir à l'étant parfaitement absolu et simple et qui possède les conditions explicitées immédiatement auparavant. – En outre, dans tout ce qui a une limite, il faut poser des termes – du moins dans l'ordre de l'intelligible –, sauf si cela est le terme de quelque chose d'autre, comme l'est le point ; mais partout où l'on trouve de telles choses, il y a une composition – au moins intelligible –, à l'instar de la composition des degrés de contraction et de dilatation. De plus, il serait possible d'ajouter ou de soustraire quelque chose à l'essence de cette forme, puisqu'un ajout, et même un retrait, peut être opéré, au moins par Dieu, sur tout ce qui possède un terme, du moment où cela ne participe pas à toute l'étendue et à toute l'actualité de son espèce ou de son genre. De la sorte, cette forme n'aurait ni l'indépendance ni la simplicité évoquées auparavant, | ni, **325** par conséquent, une essence demeurant en elle-même. Par ailleurs, toute forme partielle est limitée à un ici et à un maintenant ; de ce fait, elle est tout entière assujettie et déterminée du point de vue de son essence comme du point de vue de sa puissance active, de son orientation et de son opération.

autem talis forma manifeste videtur dicere essentiam in aliquo receptam et participatam et ad ipsum applicatam et determinatam et per ipsum ad alia. – Si autem dicatur, sicut et quidam dicunt[1], quod erit limitata ad certam naturam specificam ac per hoc non est universalissima, non autem erit limitata sub sua specie, ita quod non contineat in se totum ambitum suae speciei : hoc quidem praemissa non evadit; et tamen ex hoc ipso sequitur quod sit universalissima et in omnibus sicut Deus, sicut in sequenti quaestione plenius patebit[2].

Et praeterea, Dionysius tanquam christianissimus theologus, 4 capitulo *De divinis nominibus*, dicit quod « pulchrum et pulchritudo non sunt dividenda in causa quae in uno tota comprehendit; haec enim in existentibus in participationes et participantia dividentes pulchrum quidem esse dicimus quod participat pulchritudinem, pulchritudinem autem participationem pulchri facientis tota pulchra causae »[3]. In quo expresse dicere intendit quod in Deo non differunt pulchrum et pulchritudo, in aliis autem a Deo differunt sicut participans et participatum. Nec potest dici quod velit dicere quod in entibus differant haec secundum rationem solum, quia etiam sic differunt in Deo; et tamen in hoc ponit differentiam inter Deum et alia entia. Praeterea, in eo quod dicit quod differunt sicut participans et participatum,

1. *Cf.* Thomas d'Aquin, *Summa theologiae*, I, q. 50, art. 2, ad 3, éd. Léonine, t. V, p. 6; *Summa theologiae*, I, q. 76, art. 2, ad 1, éd. Léonine, t. V, p. 217; *De ente et essentia*, c. 5, éd. Léonine, t. XLIII, p. 378-379; *Summa contra Gentiles*, II, c. 93, éd. Léonine, t. XIII, p. 563; *Quaestio disputata de spiritualibus creaturis*, q. unica, art. 8, P. Bazzi (ed.), p. 341-347.

2. Cf. *Quaest. in II Sent.*, q. XXXIII.

3. Denys l'Aréopagite, *De divinis nominibus*, c. 4, 7, PG 3, col. 702, B.R. Suchla (ed.), p. 150-151.

Or toute forme de ce type signifie manifestement une essence reçue dans quelque chose d'autre et participée, une essence assujettie à cet autre, déterminée et orientée par lui vers d'autres choses. – Si jamais on affirmait, comme certains le font, que cette forme est limitée à une nature spécifique déterminée et qu'elle n'est donc pas parfaitement universelle, alors qu'elle n'est pas limitée sous son espèce de manière à ne pas contenir en soi toute l'étendue de son espèce, ces allégations n'invalident pas ce qui a été dit ; et cependant il s'ensuivrait qu'elle serait absolument universelle et qu'en toutes choses elle serait comme Dieu, comme il apparaîtra mieux dans la question suivante.

En outre, au quatrième chapitre des *Noms divins* Denys, en théologien très chrétien, déclare ceci : « il ne faut pas diviser le beau et la beauté dans la cause qui comprend tout en un ; en effet, si nous distinguons dans les existants les participations des participants, nous disons que le beau est ce qui participe de la beauté, alors que la beauté est la participation à la cause du beau qui rend toute chose belle ».

Dans ce texte, Denys veut expressément dire que le beau et la beauté ne diffèrent pas en Dieu, alors que dans les autres réalités ils diffèrent comme ce qui participe et ce qui est participé. Et l'on ne peut pas dire qu'il entend par là que dans les étants ils ne diffèrent que selon la raison, puisqu'ils diffèrent ainsi même en Dieu ; mais il établit pourtant une différence entre Dieu et les autres étants. En outre, lorsqu'il dit que le beau et la beauté diffèrent comme ce qui participe et ce qui est participé,

hoc est, sicut recipiens et receptum : manifeste apparet quod
vult quod realiter differant, quoniam recipiens et receptum
necessario realiter differunt. Non etiam potest dici quod velit
dicere quod participans sit ipsa essentia, participatum vero
ipsum esse, sicut quidam dicunt; quoniam pulchritudo et intel-
ligibile lumen potius dicunt rationes formales quam solum
ipsum esse seu existere; et tamen has vocat participationes et
participata. Ipsum etiam pulchrum quod vocat participans
potius dicit materiam vel aliquid quodcunque informatum
326 quam quidditatem alicuius formae. Et tam | 2 capitulo quam
alibi pluries[1] perfectiones formales omnium entium per quas
ascendimus in divinam cognitionem vocat participationes.
Unde 2 capitulo dicit quod « omnia divina participationibus
solum cognoscuntur »[2]. Unde et omnia nomina divina dicit
esse accepta a participationibus divinis a Deo in causa
procedentibus[3]. Et expressissime capitulo 11[4] ubi exponit
quid in libris suis vocat per se vitam et per se virtutem et consimilia dicit « per se substantificationem et per se vivificationem
et per se deificationem esse provisivas virtutes participaliter
datas ex Deo imparticipabili quibus existentia iuxta proprietatem suam participantia et existentia et viventia et divina et
sunt et dicuntur »; et alia similiter. Unde et infra hoc ipsum

---

1. Denys l'Aréopagite, *De divinis nominibus*, c. 2, 5-7; c. 1, 4; c. 5, 5 et 7,
PG 3, col. 642 *sq.*, 591, 819 *sq.*; B.R. Suchla (ed.), p. 128 *sq.*, 112 *sq.*, 183 *sq.*

2. Denys l'Aréopagite, *De divinis nominibus*, c. 2, 7, PG 3, col. 646,
B.R. Suchla (ed.), p. 131.

3. Denys l'Aréopagite, *De divinis nominibus*, c. 1, 4, PG 3, col. 590 *sq.*,
B.R. Suchla (ed.), p. 112 *sq.*

4. Denys l'Aréopagite, *De divinis nominibus*, c. 11, 6, PG 3, col. 955,
B.R. Suchla (ed.), p. 222 *sq.*

c'est-à-dire comme ce qui reçoit et ce qui est reçu, il apparaît clairement qu'il pose une différence réelle, car ce qui reçoit et ce qui est reçu diffèrent nécessairement selon la réalité. De plus, on ne peut pas affirmer – comme certains le soutiennent – que selon Denys ce qui participe soit l'essence même, alors que ce qui est participé est l'être même, car la beauté et la lumière intelligible signifient des raisons formelles plutôt que l'être ou l'exister seulement ; Denys les appelle pourtant « participations » et « participés ». Par ailleurs, ce beau qu'il nomme « participant » signifie la matière, ou quelque chose qui reçoit la forme, plutôt que la quiddité de quelque forme. Et aussi bien | dans le deuxième chapitre qu'ailleurs, il appelle **326** « participations » les nombreuses perfections formelles de tous les étants par lesquelles nous parvenons à la connaissance divine. Pour cette raison, dans le deuxième chapitre, il dit que « toutes les choses divines ne sont connues que par leurs participations ». C'est pourquoi il affirme que tous les noms divins sont dérivés des participations divines qui procèdent de Dieu dans leur cause. Et dans le onzième chapitre, où il explique ce qu'il nomme dans ses œuvres « vie par soi », « vertu par soi » et d'autres choses semblables, il dit de manière très explicite que « la substantification par soi, la vivification par soi ainsi que la déification par soi confèrent par participation les vertus octroyées par le Dieu imparticipable, grâce auxquelles les existants qui en participent selon leur capacité sont et sont dits existants, vivants et divins » ; et il en va de même des autres [attributs]. Pour cette raison, plus loin

dicit de per se bonitate, de per se pulchritudine. Et statim post[1] dicit quod Deus primo dicitur esse causa ipsarum absolute, deinde earundem in universali acceptarum, deinde earundem sumptarum in particulari, deinde participantium eas acceptorum in universali, ultimo participantium ipsas particulariter. Quod non est aliud dicere nisi quod sicut ipsae intelliguntur primo absolute, deinde respectu suorum inferiorum generaliter, deinde particulariter : sic consimiliter et de participantibus eas, et ita quod secundum omnem modum tam in generali quam in speciali semper intelligantur ut participabiles et participatae. Quinto etiam capitulo[2] ubi loquitur de existente dicit quod quia substantiae intellectuales pluribus donis Dei participant quam alia quae solum sunt existentia aut viventia : ideo sunt meliores omnibus aliis, quamvis in ipsis participationibus e contrario esse videatur, utpote quod existere excedit vitam et vita sapientiam. Et circa medium capituli id ipsum quod postea dicit capitulo 11 ponit, quod «scilicet per se vita et per se sapientia et per se deitas et per se esse sunt participationes quibus existentia participantia participant».

Boethius etiam, libro *De Trinitate*[3], hoc ipsum ponit expresse. «Divina», inquit, «substantia sine materia forma 327 | est atque ideo unum est et est id quod est. Reliqua enim non sunt id quod sunt; unumquodque enim habet esse suum ex iis ex quibus est, id est, ex suis partibus, et est hoc atque hoc, id est, partes suae coniunctae, sed non hoc vel hoc

1. Denys l'Aréopagite, *De divinis nominibus*, c. 5, 3, PG 3, col. 818, B.R. Suchla (ed.), p. 182.

2. Denys l'Aréopagite, *De divinis nominibus*, c. 5, 5-7; c. 11, 6, PG 3, col. 819 *sq.*, 955 *sq.*, B.R. Suchla (ed.), p. 183 *sq.*, 222 *sq.*

3. Boèce, *De Trinitate*, c. 2, PL 64, col. 1250, C. Moreschini (ed.), p. 169-170.

il affirme la même chose de la bonté par soi et de la beauté par soi. Et aussitôt après, il déclare qu'en premier lieu Dieu est dit être leur cause de manière absolue, ensuite il est dit être leur cause en tant qu'elles sont prises dans leur ensemble, puis en tant qu'elles sont considérées dans leur particularité ; ensuite il est dit être cause de ceux qui les participent pris de manière universelle et enfin de ceux qui les participent de manière particulière. Ce qui revient à dire ceci : de même qu'elles sont conçues d'abord de manière absolue, puis de manière générale par rapport à leurs inférieurs et ensuite de manière particulière, il en va de même des étants qui les participent, de manière à ce qu'elles soient toujours conçues comme participables et participées selon chaque modalité, qu'elle soit générale ou particulière. Au cinquième chapitre, où il parle de l'existant, il dit que, puisque les substances intellectuelles participent de plus nombreux dons de Dieu que les réalités qui sont seulement des existants ou des vivants, elles sont meilleures que tous les autres [étants], même si dans les participations elles-mêmes il semble qu'il en aille autrement, à savoir que l'exister dépasse la vie et la vie dépasse la sagesse. Et vers le milieu du chapitre, il affirme ce qu'il redit ensuite au onzième chapitre, c'est-à-dire que « la vie par soi, la sagesse par soi, la divinité par soi et l'être par soi sont les participations par lesquelles les existants qui [les] participent [en] participent ».

Boèce aussi, dans le livre sur *La Trinité*, déclare de manière explicite la même chose : « la substance divine – dit-il – est une forme sans matière | et de ce fait elle est Un et est ce **327** qu'elle est. Toutes les autres choses, en effet, ne sont pas ce qu'elles sont, car chaque chose tient son être de ceux par quoi elle est, c'est-à-dire de ses parties, et est ceci et cela, à savoir ses parties prises ensemble, mais n'est pas ceci ou cela pris

singulariter». Expresse igitur vult hic Boethius quod sola quidditas Dei seu suum id quod est non sit compositum ex partibus, immo quod in omnibus aliis sit compositum ex partibus; et hoc ipsum paulo post replicat. Unde illi qui[1] ponunt esse in angelis compositionem solum ex essentia et esse vel ex subiecto et accidentibus expresse iis contradicunt, quia tales compositiones non sunt compositiones ipsius essentiae seu ipsius quod est nec sunt compositiones tanquam ex partibus aliquod totum constituentibus.

Iis igitur visis quae sunt communia omnibus substantiis attendenda sunt sequentia duo substantiis angelicis propria : an scilicet ratio et natura materiae cum natura angelica possit se compati; et post, an natura substantiarum intellectualium possit sine materia in suo complemento salvari.

Et primum quidem, quod scilicet possint se compati, plene patebit ostenso quod materia in eis posita non repugnat eorum incorruptibilitati aut simplicitati nec eorum intellectualitati nec libertati. Quia autem hoc ex responsione argumentorum quae huius contrarium directe concludunt sufficienter patebit, idcirco usque tunc differatur.

Ultimum autem, quod scilicet sine materia secundum modum praedefinita non possint substantiae intellectuales in complemento suae existentiae et speciei salvari, licet ex superioribus iam sufficienter possit colligi, quoniam generaliter

---

1. *Cf.* Thomas d'Aquin, *Summa theologiae*, I, q. 50, art. 2, ad 3, éd. Léonine, t. V, p. 6; *Summa theologiae*, I, q. 76, art. 2, ad 1, éd. Léonine, t. V, p. 217; *De ente et essentia*, c. 5, éd. Léonine, t. XLIII, p. 378-379; *Summa contra Gentiles*, II, c. 93, éd. Léonine, t. XIII, p. 563; *Quaestio disputata de spiritualibus creaturis*, q. unica, art. 8, P. Bazzi (ed.), p. 341-347.

singulièrement ». Boèce affirme donc ici expressément que seule la quiddité de Dieu ou son « ce qu'il est » n'est pas composé de parties, alors que dans toutes les autres choses le « ce qu'il est » est composé de parties ; et il dit la même chose peu après. Pour cette raison, ceux qui posent dans les anges uniquement la composition d'essence et d'être, ou de sujet et d'accidents, contredisent manifestement ce qui a été dit, car ces compositions n'affectent pas l'essence elle-même ou le « ce que c'est » et ne sont pas non plus des compositions qui constitueraient un tout fait de parties.

Ainsi, après avoir considéré ce qui est commun à toutes les substances, il convient maintenant de porter notre attention sur les deux points suivants, qui concernent proprement les substances angéliques, à savoir d'une part si la raison et la nature de la matière sont compatibles avec la nature angélique et d'autre part si la nature des substances intellectuelles pourrait être maintenue en sa complétude sans matière.

Quant au premier point, il sera parfaitement clair que la nature matérielle et la nature angélique sont compatibles, lorsqu'il aura été démontré que la matière qui est posée dans les anges ne fait obstacle ni à leur incorruptibilité, ni à leur simplicité, ni à leur intellectualité, ni à leur liberté. Mais étant donné que cela apparaîtra suffisamment à partir de la réponse aux objections qui concluent en sens contraire, la démonstration en est reportée jusque-là.

Quant au second point, on pourrait recueillir dans les développements précédents suffisamment d'éléments pour répondre que sans la matière, telle qu'elle a été définie, les substances intellectuelles ne peuvent être maintenues dans la complétude de leur existence et de leur espèce, puisque cette impossibilité a été démontrée de manière générale pour tous

hoc de omnibus entibus est ostensum : nihilominus tamen ad abundantiorem huius evidentiam praedicta ad propositum applicemus.

Defectus enim materiae secundum rationem supra positam acceptae ponit in eis essentiam omnino imparticipabilem et imparticipatam et sic per consequens Deo aequalem, sicut hoc in sequenti quaestione magis patebit[1]. Ponit etiam eos respectu Dei omnino invariabiles et insusceptibiles omnis doni sui et cuiuscunque gratiae seu influentiae suae.

328 – Praeterea, | quaero an Deus posset unum angelum aut quamcunque substantiam intellectualem sibi personaliter unire[2]; et quidem secundum fidem nostram oportet concedi quod sic. Sed forma simplex in se ipsa manens et imparticipata nullo modo potest radicari et existere in alio supposito, cum sit per essentiam suam existens in se ipsa et ita sit sibi essentiale existere in se quod non possit intelligi sine tali existentia nec talis modus existendi aliquo modo addat aliquid ad ipsam, quantumcunque nudam et absolute cogitatam, nec dicat aliquid quod possit sibi auferri, si in eius substantia nulla est penitus substantialis compositio. Non enim potest dicere accidens, sicut de se patet et sicut satis alibi est probatum; quia tunc ratio suppositi et entis seu ipsum suppositum et ens esset sibi ipsi accidentale et quia oporteret quod esset tale accidens in quo tam natura quam omnia accidentia substantificarentur tanquam in eorum supposito. Ponit igitur haec positio Deum non posse angelum nec aliquam substantiam intellectualem sibi personaliter unire.

---

1. Cf. *Quaest. in II Sent.*, q. XXXIII.

2. Cf. *Quaestiones de Incarnatione et Redemptione*, P. Aquilini Emmen O.F.M. (ed.); *Quaestiones de virtutibus*, E. Stadter (ed.), q. I, p. 384.

les étants. Cependant, nous appliquerons ce qui a été dit auparavant au présent propos, pour en accroître l'évidence.

En effet, l'absence de matière – celle-ci étant conçue dans l'acception adoptée auparavant – postule dans les étants [ainsi privés] une essence qui ne peut absolument pas être participée et qui est tout à fait non participée, qui est par conséquent égale à Dieu, comme il apparaîtra mieux dans la question suivante. Elle implique aussi que ces étants soient tout à fait invariables dans leur rapport à Dieu et qu'ils ne soient pas susceptibles de recevoir un quelconque don divin, une quelconque grâce ou influence divine. – En outre, | je demande si Dieu pourrait alors **328** unir à sa personne un ange ou quelque substance intellectuelle ; et, selon notre foi, il faut bien sûr le concéder. Mais une forme simple, demeurant en elle-même et non participée, ne peut aucunement s'enraciner et exister dans un autre suppôt, puisqu'elle existe en elle-même par son essence et qu'il lui est essentiel d'exister en elle-même de sorte à être inconcevable sans une telle existence. Par ailleurs, si dans la substance [d'un ange ou d'une substance intellectuelle] il n'y a absolument aucune composition substantielle, un tel mode d'exister ne lui ajouterait rien – aussi dénudée et absolue fût-elle conçue –, et il ne signifierait pas non plus quelque chose qui puisse lui être ôté. Or ce mode d'exister ne peut signifier un accident, comme cela est évident par soi et comme il a été suffisamment prouvé ailleurs ; en effet, la raison de suppôt et d'étant, ou le suppôt lui-même et l'étant, seraient alors accidentels à l'étant, et il faudrait que ce soit dans cet accident que la nature, aussi bien que tous les accidents soient substantifiés comme dans leur suppôt. Cette position implique donc que Dieu ne peut pas unir à sa personne un ange ou quelque substance intellectuelle.

Ponit etiam eorum intellectum omnino inerrabilem et invariabilem et eorum libertatem omnino impeccabilem et immutabilem, impassibilem et impunibilem et imbeatificabilem et penitus ab omni passione seu receptione et ab omni determinata inclinatione et aspectu, etiam ab omni accidente penitus elongatam. – Et sicut in sequenti quaestione patebit [1], sequitur ex ea in omnibus hominibus unitas intellectus; contraria enim praedictorum potentiam receptivam seu participantem necessario in se includunt, et sic per consequens materiam superius praedefinitam. – Et ex ea sequitur quod anima rationalis sit ita absolute et perfecte in se ipsa manens quod nullo modo possit corpori aut alicui alteri substantialiter uniri et maxime tanquam participatum in participante et sicut receptum in recipiente. Si enim ratione suae simplicitatis et intellectualitatis nullo modo potest sibi competere quod sit aliquo modo recepta et participata in aliqua materia spirituali et simplici et quasi sui generis : multo minus ex eisdem causis poterit sibi competere quod sit recepta et participata in materia corporali. Si etiam ex eo, quod eius essentia est manens in se ipsa tanquam sibi ad esse sufficiens et tanquam imparticipabilis, nullo modo potest esse in materia spirituali : eisdem 329 causis sequitur | quod nec in materia corporali. Hoc autem in sequenti quaestione amplius patebit [2].

Ut autem sciatur quod haec opinio est recte sanctorum : sub expresso vocabulo materiae dicit Augustinus materiam esse in angelis. Dicit enim, *Confessionum* XIII, a medio et ultra [3],

---

1. Cf. *Quaest. in II Sent.*, q. XXXIII, p. 604.

2. Cf. *Quaest. in II Sent.*, q. XXXIII, p. 601-603.

3. Augustin, *Confessions*, XII, 6, 8, 15, 17, 20, éd. et trad. fr. P. de Labriolle, revue par M. Testard, p. 332 *sq.*, 338 *sq.*

Cette thèse postule encore que leur intellect soit absolument infaillible et invariable, que leur liberté soit absolument incapable de pécher et immuable, qu'elle soit impassible et qu'elle ne puisse être ni punie ni béatifiée, et qu'elle soit de surcroît complètement éloignée de toute passion ou réception, de toute inclination déterminée et orientation, ainsi que de tout accident. – Et comme il apparaîtra dans la question suivante, il résulte de cette thèse l'unité de l'intellect pour tous les hommes. En effet, les conclusions opposées impliquent nécessairement une puissance réceptive ou participante, et par conséquent la matière telle qu'elle a été définie précédemment. – Et il découle de cette thèse que l'âme rationnelle demeure en elle-même de manière tellement absolue et parfaite qu'elle ne pourrait en aucune façon être unie substantiellement au corps ou à quelque autre étant, et encore moins comme ce qui est participé dans ce qui en participe et comme ce qui est reçu dans ce qui reçoit. En effet, si en raison de sa simplicité et de son intellectualité il ne lui revient aucunement d'être reçue et participée d'une certaine façon dans une matière spirituelle, simple et relevant pour ainsi dire de son genre, pour les mêmes raisons elle pourra bien moins être reçue et participée dans une matière corporelle. De même, si du fait que son essence demeure en elle-même, en tant qu'elle suffit à son être et qu'elle ne saurait être participée, elle ne peut d'aucune façon être dans une matière spirituelle, pour les mêmes raisons il s'ensuit | qu'elle ne peut pas non plus **329** être dans une matière corporelle. Mais cela apparaîtra davantage dans la question suivante.

Pour que l'on sache que telle est vraiment l'opinion des saints : en usant expressément du nom « matière » Augustin dit qu'il y a de la matière dans les anges. En effet, au livre XIII des *Confessions*, à partir du milieu, lorsqu'il expose ce verset :

exponens illud *in principio fecit Deus caelum et terram* et inter alios modos exponendi ponens unum, quod per caelum intelligatur materia invisibilium, per terram vero materia visibilium, ita scilicet quod per terram invisibilem et incompositam intelligatur materies corporalis ante qualitatem formae, per tenebras autem super abyssum spiritualis materies ante cohibitionem quasi fluentis immoderationis et ante illuminationem, dans cum hoc rationem quare in utrisque esse possit, quoniam inest quaedam mutabilitas omnibus, sive maneant sicut aeterna domus Dei, sive mutentur sicut anima hominis et corpus : dicit quidem, postquam plures modos exponendi posuit, quod posito quod omnes non fuerint intellecti a Moyse, quod nihilominus omnes sunt veri secundum iudicium Veritatis aeternae. Unde et quemlibet per ordinem verum esse enarrans dicit quod « verus est ille qui ait quod *in principio fecit Deus caelum et terram*, id est, in Verbo suo coaeterno[1] fecit Deus informem materiam spiritualis et corporalis naturae ». Et exinde usque ad finem eiusdem libri multotiens ponit[2] materiam spiritualem et intelligibilem spiritualis et intelligibilis creaturae. – Et XIII libro, circa principium, loquens de informi spirituali et corporali, quae non solum vocat informia, sed etiam inchoata[3], sicut in libro *De vera religione*[4] ipsam materiam non solum vocat quoddam informe, sed etiam quandam inchoationem entium,

1. Augustin, *Confessions*, XII, 20, éd. et trad. fr. P. de Labriolle, revue par M. Testard, p. 348 *sq.*

2. Augustin, *Confessions*, XII, 20-29, *passim*, éd. et trad. fr. P. de Labriolle, revue par M. Testard, p. 348 *sq.*

3. Augustin, *Confessions*, XIII, 2, éd. et trad. fr. P. de Labriolle, revue par M. Testard, p. 367.

4. Augustin, *La vraie religion*, c. 18, trad. fr. J. Pegon, revue par G. Madec, BA, t. 8, p. 70.

« Au commencement Dieu a fait le ciel et la terre », il choisit parmi d'autres interprétations celle selon laquelle le ciel signifie la matière des choses invisibles, la terre en revanche la matière des choses visibles, de telle manière que la terre invisible et sans composition signifie la matière corporelle antérieure à toute qualité formelle, alors que les ténèbres au-dessus de l'abîme signifient la matière spirituelle avant que son flux immodéré ne soit endigué et avant son illumination. Par là Augustin donne la raison pour laquelle la matière peut être à la fois dans les corps et dans les esprits : car une certaine mutabilité est inhérente à toutes choses, qu'elles perdurent, comme la demeure éternelle de Dieu, ou qu'elles changent, comme l'âme et le corps de l'homme. Après avoir présenté plusieurs interprétations, il dit en effet qu'elles sont néanmoins toutes vraies selon le jugement de la Vérité éternelle, bien qu'elles n'aient pas toutes été pensées par Moïse. C'est pourquoi, en expliquant dans l'ordre que chaque interprétation est vraie, il dit qu'est vraie celle d'après laquelle le verset « Au commencement Dieu a fait le ciel et la terre » signifie que Dieu a produit la matière informe de la nature spirituelle et corporelle dans son Verbe coéternel. À partir de là et jusqu'à la fin du même livre, il mentionne à de nombreuses reprises la matière spirituelle et intelligible de la créature spirituelle et intelligible. – Vers le début du livre XIII, tout en parlant de ce qui est informe, qu'il soit esprit ou corps – et qu'il nomme non seulement informe mais aussi ébauché –, il dit que

dicit quod « spirituale informe praestantius est quam si forma-
tum corpus esset, corporale autem informe praestantius quam
si omnino nihil esset». Et post dicit quod «ita penderent
informia, nisi per Verbum Dei revocarentur ad divinitatem
eius et formarentur». Et post etiam expressis verbis eas nomi-
nando expresse plura dicit de eis. – Item, V *Super Genesim*,
330 | capitulo 10 de nostris capitulis parvis[1], «non itaque»,
inquit, «corporali sed causali ordine prius facta est infor-
mis formabilisque materies et spiritualis et corporalis». Et
postea ponit quomodo «per caelum et terram intelliguntur
et per terram invisibilem et incompositam ac per abyssum
tenebrosam», ut in primo libro se dicit tractasse, subiungens
quaedam de angelica natura per quae patentius patet quod
de materia eorum loquitur. – Item, VII libro *Genesis*, circa
principium, quaerens quomodo ante creata fuerit simul cum
primis operibus sex dierum et subiungens unum modum qui
dici posset, quod scilicet materiam eius spiritualem de qua
fieri posset fecisset in illis diebus, antequam ipsam secundum suam speciem formasset, sed volens post recitationem
huius positionis ostendere quod quantum ad hoc non est
inconveniens quod materiam ponit in anima rationali dicit:
«Si enim quiddam incommutabile esset anima, nullo modo
eius materiem quaerere deberemus; nunc autem mutabilitas satis indicat eam vitiis interim atque fallaciis

1. Augustin, *La Genèse au sens littéral*, V, 5, trad. fr. J. Agaësse,
A. Solignac, BA, t. 48, p. 392.

« le spirituel informe a plus de valeur que s'il était un corps formé et que le corporel informe a plus de valeur que s'il n'était absolument rien ». De même, dans le livre sur *La vraie religion* il ne désigne pas la matière seulement comme quelque chose d'informe, mais aussi comme une ébauche des étants.

Ensuite il ajoute que « ces choses informes resteraient ainsi dépendantes, si par le Verbe de Dieu elles n'étaient pas rappelées à sa divinité pour recevoir une forme ». Et plus loin encore, en se référant explicitement aux choses informes, il en dit plus à leur sujet. – De même, dans le livre V de son *Commentaire de la Genèse,* | au dixième de nos petits chapitres, **330** il affirme : « C'est donc selon un ordre non pas corporel, mais causal, que fut d'abord produite la matière informe et formable, tant spirituelle que corporelle ». Ensuite il précise comment ces matières sont signifiées « tantôt par le ciel et la terre, tantôt par la terre invisible et sans composition ainsi que par l'abîme ténébreux » – c'est ainsi qu'il en a traité, dit-il, dans le premier livre, en ajoutant quelques remarques à propos de la nature angélique qui révèlent bien qu'il se réfère là à leur matière. – De plus, vers le début du septième livre du *Commentaire de la Genèse*, Augustin demande comment, encore auparavant, la nature angélique fut créée en même temps que les premières œuvres des six jours ; il ajoute une interprétation selon laquelle on pourrait dire que la matière spirituelle pouvant constituer la nature angélique fut créée en ces jours-là, avant d'être formée selon son espèce. Mais après avoir rapporté cette interprétation, voulant montrer que de ce point de vue il n'y a pas d'inconvénient à poser de la matière dans l'âme rationnelle, il dit : « en effet, si l'âme était quelque chose d'immuable, nous ne devrions en aucune façon nous interroger sur sa matière ; mais sa mutabilité montre suffisamment que, dans sa nature même d'âme, elle est parfois

deformem reddi, formari autem virtutibus veritatisque doctrina, et hoc in sua natura qua est anima; sicut et caro in sua natura qua iam caro est et salute decoratur et morbis vulneribusque foedatur»[1]; quamvis quantum ad aliquas alias conditiones ostendat positionem praedictam non multum esse convenientem. – Boethius etiam, libro *De unitate*[2], si tamen suus est liber, dicit quod aliud dicitur esse unum essentiae simplicitate, ut Deus, aliud simplicium coniunctione, ut angelus et anima quorum unumquodque est unum coniunctione materiae et formae. – Patet igitur quod sic senserunt sancti.

Quid autem super hoc senserunt philosophi pagani in responsione argumentorum tangetur.

[Solutio Obiectorum]

Ad primum igitur dicendum quod non est simile de bonitate et veritate et de simplicitate, quia compositum
331 opponitur | simplici uno modo relative, sicut totum et pars et sicut suo modo unum et multa, compositum enim est quodam modo multa; alio modo opponitur ei disparate et quasi contrarie. Compositio etiam seu compositum non dicunt aliquid repugnans naturae ipsius compositi nec defectum naturae eius indebitum et innaturalem, sed potius aliquid positivum et naturae complementum. Malum autem et falsitas dicunt quosdam defectus disconvenientes, indebitos et innaturales naturae in qua sunt et opponuntur veritati et bonitati privative; sunt enim quaedam privationes veritatis et bonitatis

1. Augustin, *La Genèse au sens littéral*, VII, 6, trad. fr. J. Agaësse, A. Solignac, BA, t. 48, p. 520; voir également *La Genèse au sens littéral*, I, 2 et 5, trad. fr. J. Agaësse, A. Solignac, BA, t. 48, p. 86 *sq.*

2. Gundissalinus (Dominicus Gundisalvi), *De unitate et uno*, P. Correns (ed.), p. 9; M. Alonso (ed.), p. 11 (75).

déformée par les vices et les erreurs ou, au contraire, formée par les vertus et par la science de la vérité ; de la même manière, la chair dans sa nature même de chair est embellie par la santé, et enlaidie par les maladies et les blessures ». Cependant, il montre que sous certaines conditions cette opinion n'est pas bien adéquate. – Dans le livre sur *L'unité* – pour autant qu'il soit authentique –, Boèce écrit lui aussi qu'il faut entendre autrement l'unité de ce qui est un par la simplicité de son essence, comme Dieu, et l'unité de ce qui est composé d'éléments simples, comme l'ange ou l'âme, qui sont tous deux un par la conjonction d'une matière et d'une forme. – Il est donc clair que tel était bien l'avis des saints.

On parlera des opinions des philosophes païens lors de la réponse aux arguments contraires.

[Solution des objections]

À la première objection il faut donc répondre qu'il n'en va pas de même de la bonté et de la vérité d'une part et de la simplicité de l'autre, car le composé s'oppose | au simple de **331** deux manières : d'abord de manière relative, comme le tout et la partie et d'une certaine façon comme l'un et le multiple, car ce qui est composé est en quelque sorte plusieurs choses ; et ensuite de manière disparate et presque contraire. Par ailleurs, la composition ou le composé ne signifient pas quelque chose qui s'oppose à la nature du composé, ni un défaut indu et contre nature, mais ils signifient plutôt quelque chose de positif et un complément de sa nature. Le mal et la fausseté signifient en revanche des défauts disconvenants, indus et contraires à la nature dans laquelle ils sont, et ils s'opposent à la vérité et à la bonté sur le mode de la privation ; ils constituent en effet des privations de la vérité et de la bonté qui sont dues ou qui

debitae seu quae inesse debent, nec ex eis potest aliquid totum constitui, sicut nec ex ente et non ente. – Praeterea, simplex, prout a se excludit omnem compositionem, idem est quod summe simplex; omne enim tale nullum habet defectum simplicitatis. Bonitas autem excludens a se omne malum non propter hoc excludit omnem defectum bonitatis, quia non omnis defectus bonitatis est malum, sed solum ille qui est indebitus et innaturalis, non autem ille qui est conveniens et naturalis, sicut est unicuique rei conveniens quod non habeat bonitates aliarum rerum. Et ideo dicere quod creatura possit esse simplex absque omni compositione est dicere quod possit esse summe simplex et summe absoluta. Dicere autem quod sit absque omni malo vel falsitate non est dicere quod sit summe bona et summe vera. Summa autem simplicitas non potest communicari creaturae absque contradictione sicut nec summa bonitas.

Ad id autem quod additur de primis principiis entium dicendum quod simplicitas eorum potius dicit defectum a perfectione totius ex eis compositi quam perfectionis excessum; unde potius debet dici simplicitas parvitatis et defectibilitatis secundum quam a ratione entis completi deficiunt quam simplicitas plenae et absolutae unitatis. Nec etiam excludunt a se compositionem simpliciter, quoniam de se semper sunt componibilia nec possunt existere nisi in composito; et si possunt, non potest hoc fieri nisi cum modo existendi incompleto et semper contra exigentiam naturae eorum. – Quidam etiam praeter hoc ad hoc dicunt quod nullum principium substantiae

doivent inhérer aux choses, de sorte qu'à partir d'eux on ne pourrait constituer un tout, de même qu'on ne le pourrait d'un étant et d'un non-étant. – De plus, ce qui est simple en tant qu'il exclut de soi toute composition est identique à ce qui est simple au plus haut degré, car toute chose de ce genre ne possède aucun défaut de simplicité. La bonté, en revanche, qui exclut toute forme de mal, n'exclut pas pour autant tout défaut de bonté, car un manque de bonté n'est pas forcément un mal ; seul est un mal un défaut indu et contre nature, mais pas un défaut convenable et conforme à la nature, comme il est convenable, pour chaque chose, qu'elle ne possède pas les bontés des autres choses. Par conséquent, affirmer qu'une créature peut être simple et sans aucune composition revient à dire qu'elle peut être à la fois simple et absolue au plus haut degré. En revanche, affirmer qu'elle est sans mal ou fausseté ne revient pas à dire qu'elle est à la fois bonne et vraie au plus haut degré. Or la simplicité suprême et la bonté suprême ne peuvent pas être communiquées sans contradiction à une créature.

À ce qui est ajouté au sujet des premiers principes des étants, il faut répondre que leur simplicité signifie un défaut par rapport à la perfection du tout qu'ils composent plutôt qu'un excès de perfection ; c'est pourquoi, plutôt que de la considérer comme la simplicité propre à l'unité pleine et absolue, il faut la dire simplicité propre à la petitesse et à l'insuffisance en vertu de laquelle ces principes font défaut à la raison d'être complet. De plus, ils n'excluent pas absolument d'eux-mêmes toute composition, car en eux-mêmes ils sont toujours susceptibles d'être composés et ne peuvent exister que dans un composé ; s'ils peuvent exister en eux-mêmes, ce ne peut être que sur un mode d'exister incomplet et toujours contre l'exigence de leur nature. – En outre, certains ajoutent à cela qu'aucun des principes de la substance n'est exempt

332 est carens omni compositione partium, | quamvis in intellec-
tualibus careant compositione quantitativa sicut et entia ex eis
composita, quamvis ubique careant compositione naturarum
diversae speciei vel generis, si tamen sunt omnino prima.
Volunt enim[1] quod omnis forma habeat compositionem gra-
duum secundum quam potest esse intensior et remissior et
virtuosior seu potentior et minus potens. Et dicunt quod sine
tali compositione angeli non possunt in suis formis substantialibus se ipsos excedere nec Christi anima nostras, cum omnis
excessus respectu eiusdem speciei et formae specificae necessario praesupponat plus haberi de illa specie seu forma; plus
autem et minus partium compositionem includunt. Et idem
dicunt de caritate maiori et minori, sicut in quaestione de aug-
mento caritatis et aliarum virtutum habet tradi[2]. Consimiliter
etiam dicunt quod una materia plus habet in se de substantia
informi et plus per consequens de capacitate quam alia; et
loquuntur de maioritate capacitatis quae materiae essentialiter
inest, non de illa maioritate capacitatis quae ratione dispositio-
num formalium sibi attribuitur, eo modo quo dicitur quod
materia corporis humani est capax animae rationalis, prout est
debite organizata et non aliter. Dicunt enim isti quod omnis
forma habens aliquem ambitum et magnitudinem virtutis et
omnis materia habens aliquem ambitum seu magnitudinem
capacitatis oportet quod hoc habeat secundum aliquam

1. Par exemple, mais en d'autres termes et avec des nuances : Matthieu
d'Aquasparta, *Quaestiones de anima* XIII, q. 10, A.J. Gondras (ed.), p. 168-
177; Guillaume de la Mare, *Correctorium fratris Thomae*, *In primam partem
Summae*, art. XXXII, P. Glorieux (éd.), *Les premières polémiques thomistes* I,
n. 32, p. 144; *ibid.*, *In Quaestiones de anima*, art. VI, P. Glorieux (éd.), *Les
premières polémiques thomistes* I, n. 91, p. 374-375.

2. Cf. *Quaestiones de virtutibus*, q. V, E. Stadter (ed.), p. 242-269.

de toute composition de parties, | bien que dans les étants 332
intellectuels ces principes soient dépourvus de composition
quantitative – tout comme les étants qu'ils composent – et
bien qu'ils soient étrangers à toute composition de natures
spécifiquement ou génériquement différentes, du moins s'ils
sont absolument premiers. Ces maîtres prétendent en effet que
toute forme renferme une composition de degrés, en vertu
de laquelle elle peut être plus ou moins contractée et dilatée,
plus en capacité active, c'est-à-dire plus puissante, et moins
puissante. Ils affirment aussi que, sans une telle composition,
les anges ne peuvent se surpasser dans leurs formes substantielles, ni l'âme du Christ surpasser les nôtres, puisque tout
dépassement à l'égard d'une même espèce et d'une même
forme spécifique présuppose nécessairement une participation
plus grande à cette espèce ou à cette forme; or le plus et le
moins impliquent une composition de parties. Et ils affirment
la même chose au sujet de la plus ou moins grande charité,
conformément à ce qui doit être enseigné dans la question
relative à l'accroissement de la charité et des autres vertus.
Pareillement, ils disent encore qu'une matière donnée contient
en soi davantage de ce qui relève de la substance informe
et par conséquent davantage de capacité qu'une autre; ils
parlent alors d'une augmentation de capacité qui est essentiellement inhérente à la matière, et non pas de l'augmentation
de capacité qui lui est attribuée en raison de dispositions
formelles – à la manière dont on dit que la matière du corps
humain peut recevoir l'âme rationnelle dans la mesure où
cette matière est dûment organisée, et pas différemment.
En effet, ces maîtres affirment que toute forme possédant
une étendue et une certaine ampleur de puissance active
ainsi que toute matière possédant une étendue et une magnitude de capacité réceptive doivent les posséder selon la

magnitudinem suae essentiae, etsi illa magnitudo non sit situalis et extensa. Et breviter, dicunt quod si aliquid in eis est dare absque omni compositione partium, quod illud est recte in eis sicut punctus in linea vel terminus mutationis in motu, minimum scilicet illius naturae quod excogitari possit.

Ad secundum dicendum quod sicut in quaestionibus de sacramento Eucharistiae[1] magis habet tangi, accidentia illa semper sic stant, quantum est ex parte sua, ac si materiae actualiter inhaererent. Nulla enim mutatio facta est ex parte eorum, sed solum materia et subiectum sunt eis subtracta et ideo miraculose dicuntur existere; nec est eis datus modus per se existendi absolutus proprie, cum actualiter, quantum est ex parte sua, referantur ad subiectum et recte ita ac si iam actu inhaererent. Unde in eis per se existere nihil ponit nisi solum negationem subiecti; non enim est eis data ratio suppositi seu 333 substantiae primae | nec aliquid positivum quod prius non haberent. – Quod autem dicitur quod non possunt inclinari aut inhaerere, etiam quantum est ex parte sua, nisi illa inclinatio aut inhaerentia habeat terminum actualem: dicendum quod est verum de termino intrinseco, eo modo quo terminum vocamus terminationem cuiuscunque finiti; non autem hoc oportet de termino extrinseco. Potest enim hoc Deus miraculose facere etiam in motu, utpote si moveret aliquid localiter absque omni loco seu locante; sicut posset movere totum mundum,

---

1. Olivi pourrait se référer soit aux « Questions sur les sacrements » (inédites), soit aux « Questions sur la quantité » (édition de 1505).

magnitude de leur essence, même si cette magnitude n'est pas dans un lieu et n'est pas étendue. En bref, ils disent que s'il y a quelque chose en eux qui est dépourvu de toute composition de parties, cela est précisément en eux comme le point dans la ligne ou le terme du changement dans le mouvement, c'est-à-dire comme l'élément le plus infime que l'on puisse concevoir de cette nature.

À la deuxième objection il faut répondre – comme cela doit être traité davantage dans les questions au sujet du sacrement de l'Eucharistie –, que les accidents se comportent toujours, en ce qui les concerne, comme s'ils étaient inhérents en acte à la matière. En effet, aucun changement ne s'est produit de leur côté, mais seuls la matière et leur sujet en ont été retirés, et c'est pourquoi l'on dit qu'ils existent miraculeusement. Un mode d'exister par soi et à proprement parler absolu ne leur est pas non plus attribué, puisqu'en ce qui les concerne ils se réfèrent actuellement à leur sujet exactement comme s'ils lui étaient inhérents en acte. C'est pourquoi l'exister par soi n'introduit rien en eux, sinon une négation du sujet : en effet, la raison de suppôt ou de substance première ne leur est pas conférée, | ni non plus quelque chose de positif qu'ils n'avaient 333 pas auparavant. – En outre, si l'on dit que les accidents ne peuvent être inclinés ou inhérer à quelque chose – même en ce qui les concerne – à moins que cette inclination ou cette inhérence ne possède un terme actuel, il faut répondre que cela est vrai lorsqu'il s'agit d'un terme intrinsèque, à la manière dont nous appelons « terme » la délimitation de n'importe quel étant fini ; mais cela n'est pas nécessairement le cas lorsqu'il s'agit d'un terme extrinsèque. En effet, Dieu peut produire cela par miracle même dans le mouvement, comme s'il produisait un mouvement local indépendamment de tout lieu ou de tout corps contenant. Tout comme il pourrait mouvoir le monde

faciendo quod ubi nunc est pars caeli superior, esset illa quae est subtus nos, ita quod illa quae est supra nos esset tantum supra eam quantum nunc est; totus enim motus iste nullum haberet terminum extrinsecum. – Quod etiam dicitur quod nulla res potest inclinari ad nihil: dicendum quod inclinari ad nihil potest sumi dupliciter, aut scilicet ad id quod licet actu sit nihil, ex sua tamen ratione dicit aliquid et ens; et hoc modo bene potest aliquid inclinari ad nihil, saltem miraculose. Unde et intellectus noster intelligendo aliquid praeteritum seu quodcunque aliud quod actu est nihil seu non ens refertur aliquo modo ad id quod est actu, nihil dicens tamen ratione obiecti et entis. Aut potest dici alio modo inclinari ad nihil, quia ad ipsam non entitatem et ad ipsam negationem entis aliquid inclinetur; et hoc nullo modo potest fieri per se et directe. Sic autem non est in proposito, sed solum primo modo.

Ad tertium patet ex iis quae dicta sunt in principio responsionis principalis. Licet enim materia dicat actum et essentiam, tamen essentialiter differentem ab actu et essentia formali; quoniam actus et essentia materialis includit in se essentialiter privationem informitatis et indeterminationem essendi et ordinem potentialitatis et perfectibilitatis et aliquid magis sibi absolutum quod nobis non est bene explicabile verbo; forma vero includit in se eorum opposita.

entier, en faisant en sorte que là où est maintenant la partie supérieure du ciel soit celle qui est en dessous de nous, de manière à ce que celle qui est au-dessus de nous serait autant au-dessus d'elle qu'elle l'est maintenant; ce mouvement tout entier n'aurait en effet aucun terme extrinsèque. – À l'objection qui dit qu'aucune chose ne peut être inclinée vers le néant, il faut répondre que «être incliné vers le néant» peut être compris de deux manières : d'une première manière vers quelque chose qui, bien qu'il ne soit rien en acte, signifie toutefois par sa raison quelque chose et un étant; et de cette façon quelque chose peut effectivement être incliné vers le néant, du moins par miracle. C'est pourquoi même notre intellect, lorsqu'il saisit quelque chose de passé ou n'importe quoi d'autre qui n'est rien en acte ou qui est un non-étant, se rapporte d'une certaine manière à ce qui est en acte, ne signifiant toutefois rien sous la raison d'objet et d'étant. D'une seconde manière, «être incliné vers le néant» peut être compris en ce sens que quelque chose serait incliné vers la non-entité et vers la négation de l'étant – ce qui toutefois ne peut en aucune façon se produire par soi et immédiatement. Il n'en va pas ainsi dans le cas présent, mais seulement de la première manière.

La réponse à la troisième objection résulte de ce qui a été dit au début de la réponse principale. En effet, bien que la matière signifie un acte et une essence, elle signifie pourtant un acte et essence qui diffèrent essentiellement de l'acte et de l'essence formels, car l'acte et l'essence matériels comportent essentiellement une privation qui relève de l'absence de forme, une indétermination quant à l'être, un rapport de potentialité et de perfectibilité, et quelque chose qui leur est plus absolu et que nous ne parvenons pas bien à rendre au moyen de mots; la forme en revanche inclut les qualifications opposées.

– Quod autem obicitur quod tunc erunt compositae ex eo in quo conveniunt et ex eo in quo differunt, quasi ex genere et differentia : dicendum quod actus vel essentia est eis commune analogum, sicut et ens, et ita non est genus eorum. Nec etiam omnem rationem differentialem oportet aliquid addere realiter diversum ad illud commune cui additur et maxime ad

334 commune analogum ; sicut patet | de praedicamentis quae non addunt ad ens aliquid realiter diversum, etiam secundum Aristotelem[1], et tamen aliquo modo addunt aliquas rationes differentiales secundum quas inter se differunt. – Ad illud autem de imperfecto dicendum quod imperfectum non diversificat speciem, si illa imperfectio non dicat nisi diminutionem eiusdem naturae et speciei quam perfectum superaddit, sicut cum dicimus caritatem vel calorem perfectum et imperfectum. Quando autem privatio imperfectionis est ipsi imperfecto essentialis et in se includens aliquam differentiam essentialem et realem seu positivam, tunc bene diversificat speciem. Et sic est in proposito, sicut ex praedictis patet.

Ad quartum dicendum quod potestas stabiliendi et substantificandi non convenit materiae nisi materialiter, per hoc scilicet quod forma recipitur in ea et terminatur et figitur in ea formae impendentia tanquam in recipiente eam et tanquam in eo cuius est actus non enim materia facit hic aliquid effective nec aliquid formale ; forma vero stabilit materiam formaliter.

---

1. Aristote, *Métaphysique*, V, 28, 1024b9 *sq.* ; VII, 1, 1028a10 *sq.* ; III, 3, 998b22 ; V, 6, 1016b31 *sq.* ; V, 7, 1017a22 *sq.* ; *Éthique à Nicomaque*, I, 4, 1096a23 *sq.*

– À l'objection qui dit que la matière et la forme seront alors composées de ce en quoi elles convergent et de ce en quoi elles diffèrent comme d'un genre et d'une différence, il faut répondre ceci : l'acte ou l'essence leur est commun en tant qu'[entité] analogue – à l'instar de l'étant – et n'est donc pas leur genre. De plus, il n'est pas nécessaire que toute raison différentielle ajoute quelque chose de réellement différent à la chose commune à laquelle elle se joint, et à plus forte raison lorsqu'il s'agit d'un commun analogue. Cela est manifeste | dans le cas des catégories : elles n'ajoutent pas à l'étant 334 quelque chose de réellement différent, même selon Aristote, et pourtant d'une certaine manière elles lui ajoutent des raisons différentielles en vertu desquelles elles diffèrent mutuelle- ment. – Quant à la remarque concernant ce qui est imparfait, il faut répondre que l'imparfait ne différencie pas l'espèce, si cette imperfection ne signifie rien d'autre qu'une diminution de cette même nature et espèce que le parfait complète en s'y ajoutant, comme lorsque nous disons que la charité ou la chaleur est parfaite et imparfaite. Mais lorsque la privation relevant de l'imperfection est essentielle à ce qui est imparfait et lorsqu'elle inclut en elle-même une différence essentielle et réelle, ou positive, alors elle différencie bien l'espèce. Et il en va ainsi dans notre cas, comme il découle des développements précédents.

À la quatrième objection il faut répondre que le pouvoir de stabiliser et de substantifier ne convient pas à la matière sinon matériellement, du fait que la forme est reçue en elle, y est achevée et que ce qui est dépendant de la forme est fixé dans la matière comme dans ce qui la reçoit et comme dans ce dont la forme est l'acte ; en effet, la matière ne produit ici ni quelque chose d'effectif ni quelque chose de formel ; la forme en revanche stabilise formellement la matière.

Non igitur convenit materiae nobilissimo modo nec totali, sed solum partiali; formae etenim hoc convenit et altiori modo. – Quod autem dicitur quod recipiens est naturaliter prius recepto : dicendum quod hoc est verum de tali recepto quod recipit existentiam suam a recipiente et quod non dat aliquo modo existere simpliciter suo recipienti, sicut est de lumine recepto in aere. Et sic est de omni accidente. Non autem est verum de tali recepto sine cuius adiutorio existentia seu esse nullo modo potest haberi. Talis autem est forma substantialis respectu suae materiae; licet enim possit aliquando esse sine hac vel sine illa et pro tanto possit esse prius naturaliter hac forma vel illa, non tamen simpliciter potest esse sine forma. Et ideo nec simpliciter et absolute et universaliter est prior omni forma, immo sic materia et forma sunt simul natura tanquam correlativa; mutuo enim ad se referuntur, etiam secundum Aristotelem, II *Physicorum*[1], per hoc inter alia ostendentem
335 quod ad naturalem pertinet considerare formam | et materiam, quia unum correlativum non potest sciri sine altero, cum unum cadat in definitione alterius.

Ad quintum dicendum quod quando dicitur formam et materiam ad invicem uniri, unio haec non dicit actum quendam intermedium inter materiam et formam, quia tunc praedicta ratio bene concluderet; et praeter hoc sequeretur quod huiusmodi unio uniretur suis unibilibus, materiae scilicet et formae, alia unione a se, et sic in infinitum.

---

1. Aristote, *Physique*, II, 2, 194a12 *sq.*

Par conséquent, ce pouvoir ne revient à la matière ni de la façon la plus noble ni totalement, mais seulement partiellement, alors qu'il revient à la forme, et de façon plus éminente. – À l'affirmation selon laquelle ce qui reçoit est naturellement antérieur à ce qui est reçu, il faut répondre que cela est vrai dans le cas du reçu qui reçoit son existence de ce qui le reçoit et qui ne donne pas, d'une certaine manière, l'exister absolument parlant à ce qui le reçoit, comme c'est le cas de la lumière reçue dans l'air. Et il en va ainsi de tout accident. Mais cela n'est pas vrai dans le cas du reçu sans le secours duquel l'existence ou l'être ne peut en aucune façon être possédé. Or telle est la forme substantielle à l'égard de sa matière; en effet, bien qu'elle puisse parfois être sans cette forme-ci ou sans celle-là et que dans cette mesure elle puisse être naturellement antérieure à cette forme-ci ou à celle-là, la matière ne peut cependant pas être absolument sans forme. Et par conséquent, elle n'est ni simplement ni absolument ni universellement antérieure à toute forme; bien au contraire, la matière et la forme sont par nature simultanées comme des corrélatifs. Elles se rapportent en effet l'une à l'autre, même selon Aristote qui, au deuxième livre de la *Physique*, a montré que la considération de la matière et de la forme est de la compétence du philosophe de la nature, | du fait, notamment, que l'un des 335 corrélatifs ne peut être connu sans l'autre, puisque l'un tombe dans la définition de l'autre.

À la cinquième objection il faut répondre ceci : lorsque l'on dit que la forme et la matière s'unissent l'une à l'autre, cette union ne signifie pas un acte intermédiaire entre la matière et la forme, car dans ce cas l'argument invoqué serait correct ; et il s'ensuivrait de surcroît qu'une telle union s'unirait à ceux qui peuvent être unis par elle, c'est-à-dire à la matière et à la forme, par une autre union encore, et on irait ainsi à l'infini.

Si enim forma non possit uniri materiae suae nisi per unionem intermediam quae dicat alium actum per essentiam a suis extremis : ergo nec forma unionis poterit uniri suis unibilibus quorum est unio et actus nisi per aliam unionem. – Sequitur enim hoc per locum a toto in quantitate[1]. Quem scienter allego, quia quidam hic et in consimilibus accipientes primo universalem negativam instant in proposito. Et tamen instantia haec est quaedam propositio particularis contenta sub illis, ut quando dicitur quod veritas addit aliquid diversum essentialiter ad essentiam seu ad ens, probantes per hoc, quia ratio essentiae non est ratio veritatis, immo sunt ratio alia et alia. Et tamen, quando ab eis quaeritur si in illa essentia quam addit ratio ipsius veritatis aut consimilium sunt penitus idem ratio essentiae et ratio veritatis : dicunt quod sic ; quia, ut dicunt, standum est in primis, alias iretur in infinitum, non intelligentes quod hoc continebatur sub prima, sicut particularis in sua universali, sub illa scilicet qua dicitur quod ratio essentiae non est ratio veritatis, sed sunt alia et alia ratio. Si autem prima non erat universaliter accepta, tunc ex ea non poterunt aliquam conclusionem formare in aliqua determinata materia sine paralogismo consequentis ; erit enim sicut si dicerem : quidam homo currit, ergo iste. Si etiam non erit vera universaliter, tunc simpliciter et absolute non erit vera, sed solum in aliqua determinata materia ; nec hoc erit per se,

---

1. *Cf.* notamment Pierre d'Espagne, *Tractatus seu Summulae logicales*, L.M. de Rijk (ed.), Assen, Van Gorcum, 1972, p. 64-65.

En effet, si la forme ne pouvait s'unir à sa matière que par une union intermédiaire, qui signifierait un acte par essence autre que [celui de] ses termes extrêmes, alors la forme de l'union ne pourrait s'unir à ceux qui peuvent être unis par elle, dont elle est l'union et l'acte, que par le bais d'une autre union. – Cela résulte, en effet, du lieu [argumentatif] pris à partir du tout dans la quantité – lieu que j'invoque sciemment, car certains objectent ici, et dans des cas semblables, en prenant comme point de départ une [proposition] universelle négative. Cette objection consiste toutefois en une proposition particulière contenue sous les propositions précédentes, comme lorsque l'on dit que la vérité ajoute quelque chose d'essentiellement différent à l'essence ou à l'étant en arguant que la raison d'essence n'est pas la raison de vérité, mais qu'au contraire ce sont des raisons différentes. Et cependant, quand on leur demande si dans l'essence ajoutée par la raison de vérité ou par d'autres raisons semblables la raison d'essence et la raison de vérité sont parfaitement identiques, ils répondent que oui, car – comme ils le disent – il faut s'en tenir aux premiers principes, faute de quoi on irait à l'infini ; mais ils ne comprennent pas que cela était contenu dans la première proposition à la manière d'une proposition particulière dans sa proposition universelle, c'est-à-dire dans celle qui affirme que la raison d'essence n'est pas la raison de vérité, mais qu'elles sont des raisons différentes. Or, si la première proposition n'était pas prise de manière universelle, ils n'auraient pas pu former à partir d'elle une conclusion relative à un sujet déterminé impliquant une erreur de déduction ; il en serait en effet comme si je disais : « un certain homme court, donc cet homme court ». De plus, si la première proposition n'était pas universellement vraie, elle ne serait pas vraie absolument et dans tous les cas, mais seulement par rapport à un sujet déterminé ; et elle ne serait pas vraie par soi,

sed quasi per accidens. Et tamen tunc oportebit probare quare
sit vera in tali materia et quare magis in illa quam in alia. Haec
autem idcirco tetigi, quia in multis habet locum et maxime in
primis et generalissimis conditionibus entis, ut sunt absolutum
et relatum, suppositum et natura, essentia et esse, unum,
verum, bonum et consimilia. – Dico igitur quod materiam uniri
336 formae non est aliud quam eam per modum possibilis | et infor-
mabilis esse praesentem formae ; et formam uniri non est aliud
quam eam per modum actus et informantis esse praesentem
materiae. Non enim materia refertur ad formam per aliquem
actum formalem aliquo modo, utpote non per aliquam inclinationem actualem vel unionem, sed solum per modum possibilis et perfectibilis et receptivi ; nisi forte quando respectu
aliquarum ulteriorum formarurm oportet eam esse dispositam
et coaptatam ad eas per aliquas priores formas, tunc enim
refertur ad tales formas non solum ut possibilis et ut capax,
sed etiam ut per formas priores disposita et inclinata ad eas. Et
consimiliter forma non refertur ad materiam per aliquam aliam
formam, acsi esset quaedam materia per formam aliquam
sibi additam ad suam materiam inclinata ; sed solum refertur
tanquam per suam essentiam ut huius materiae actus et non
solum actus absolute, sicut et materia per suam essentiam est
possibile et capax eius. Alias quaero per quid inclinatio unitur
inclinabili quod per eam est inclinatum et e contrario per quid

mais pour ainsi dire par accident. Il faudrait alors démontrer pourquoi elle est vraie par rapport à tel sujet et pourquoi elle est vraie par rapport à un sujet plutôt qu'à un autre. J'ai toutefois évoqué ces difficultés, car elles interviennent dans beaucoup d'autres cas, et surtout lorsqu'il est question des conditions premières et les plus générales de l'étant, comme l'absolu et le relatif, le suppôt et la nature, l'essence et l'être, l'un, le vrai, le bon et ainsi de suite. – Je dis donc que l'union de la matière à la forme n'est rien d'autre que la présence de la matière à la forme sur le mode du possible | et de ce qui peut être informé ; 336 et l'union de la forme à la matière n'est rien d'autre que la présence de la forme à la matière sur le mode de l'acte et de ce qui donne la forme. En effet, la matière ne se rapporte aucunement à la forme par le biais d'un acte formel, et donc pas par le biais d'une certaine inclination actuelle ou d'une union, mais exclusivement selon le mode du possible, du perfectible et de ce qui reçoit – sauf peut-être dans le cas où la matière doit être disposée et habilitée à l'égard de formes ultérieures par des formes antérieures : dans ce cas, en effet, elle se réfère à ces formes-là non seulement en tant que possible et capable [de les recevoir], mais aussi en tant que disposée et inclinée vers elles par les formes antérieures. Pareillement, la forme ne se rapporte pas à la matière par le biais d'une autre forme, comme s'il y avait une certaine matière inclinée vers la matière [de cette forme] par le biais d'une forme qui lui aurait été ajoutée ; au contraire, la forme se rapporte à la matière par son essence uniquement comme l'acte de cette matière-ci, et non pas seulement de manière absolue en tant qu'acte, de même que la matière est par son essence possible et capable à l'égard de cette forme-ci. Je demande par ailleurs par quel biais l'inclination s'unit à ce qui peut être incliné et est incliné par elle, et inversement, par quel

ipsum inclinabile unitur suae inclinationi; et idem quaero de unione et unibili. Et utique non erit dare per quid aliud a se ipsis, nisi eatur in infinitum. Et tamen toto hoc nihil esset dictu secundum veritatem. Secundum hoc autem forma non debet dici appropriata suae materiae per aliquem alium actum, immo de se est terminus proprius materiae et eius determinatio; unde debet dici eius forma propria potius quam appropriata.

Ad sextum dicendum quod in definitionem substantiae compositae ex materia et forma oportet quod intret materia seu ratio materiae; alias non dicet totam essentiam compositi. Verum est autem quod materia ponitur ibi oblique, sicut et forma concretive; de substantia enim sic composita non potest aliqua eius pars praedicari directe et in quid. Unde genus quod praedicatur in quid dicit compositum ex materia et forma; unde in eo, quod genus ponitur in definitione, ponitur ibi materia. Alias quis posset definire hominem nulla facta mentione de corpore humano, non solum per modum correlativi, sed etiam per modum partis hominis essentialis? nonnisi qui diceret quod homo non sit aliud quam anima corporis humani. – Averroes igitur hic sicut et in multis 337 aliis insanit. Non enim forma rerum habentium | materiam dicit totam quidditatem ipsarum, sicut ipse vult[1], sed oportet quod dicat aggregatum ex forma et materia, sicut facit

---

1. Averroès, *Aristotelis opera cum Averrois commentariis, Metaphysicorum liber VII, comm. 21*, Venetiis apud Junctas, 1562-1574, vol. VIII (réimp. Frankfurt a.M., Minerva, 1962), 171vI-K; voir aussi: *liber VII, comm. 3*, 154r; *VII, comm. 8*, 158vI-159vG; *VII, comm. 33-35*, 182vI-187v.

biais ce qui peut être incliné s'unit à l'inclination ; et je pose la même question à propos de l'union et de ce qui peut être uni. Dans les deux cas, il n'y aura pas quelque chose d'autre que ces entités, à moins d'aller à l'infini ; et pourtant, avec tout cela, on ne dirait rien qui soit conforme à la vérité. Or selon ce qui vient d'être avancé, la forme ne doit pas être dite appropriée à sa matière par quelque autre acte, car, au contraire, elle est par soi le terme propre de la matière et sa détermination ; pour cette raison, il faut dire qu'elle est sa forme propre plutôt que sa forme appropriée.

À la sixième objection il faut répondre que la matière ou la raison de matière doit entrer dans la définition de la substance composée de matière et de forme, sinon cette définition ne signifierait pas l'essence entière du composé. Or il est vrai que la matière est introduite dans cette définition de manière indirecte, tout comme la forme y est posée concrètement ; en effet, aucune partie d'une substance ainsi composée ne peut en être prédiquée directement et de manière quidditative. C'est pourquoi le genre qui est prédiqué quidditativement signifie le composé de matière et de forme ; ainsi, du moment où l'on introduit le genre dans la définition, on y introduit la matière. Dans le cas contraire, qui pourrait définir l'être humain sans faire mention du corps humain, non seulement comme corrélatif, mais aussi comme partie essentielle de l'homme ? Personne, sauf celui qui dirait que l'homme n'est rien d'autre que l'âme d'un corps humain. – Sur ce point, comme en de nombreux endroits, Averroès délire. En effet, la forme des choses qui possèdent | une matière ne signifie pas leur quiddité 337 tout entière, comme Averroès le prétend, mais il est nécessaire qu'elle signifie l'agrégat de forme et de matière ; il en va ainsi

humanitas quam quidam[1] vocant formam totius, quamvis
secundum veritatem non possit dici forma nisi metaphorice;
alias oporteret quod aliquam materiam veraciter informaret et
quod cum ea constitueret tertiam naturam et multa alia inconvenientia alibi tacta. – Aristoteles etiam non hoc videtur ibi
sentire, licet mihi non sit cura quid hic vel alibi senserit; eius
enim auctoritas et cuiuslibet infidelis et idolatrae mihi est
nulla, et maxime in iis quae sunt fidei christianae aut multum ei
propinqua. A multis enim ibidem[2] exponitur quod non loqua-
tur de materia aut partibus materialibus in communi acceptis,
sed solum de eis, prout sunt particulares et individuatae; alias
verba eius sunt etiam contra dictum Averrois[3], cum ipse velit
quod intrent definitionem per modum correlativi; et eo modo
quo intrat definitionem oportet quod sit prior definito[4].
Aristoteles autem utrumque negat a partibus materialibus; vult
enim quod non intrent definitionem totius, sed potius quod
totum intret definitionem earum et quod non sint priores suo
toto sed posteriores quantum ad intellectum et quantum ad

1. Opinion d'Averroès telle qu'elle est rapportée par Thomas d'Aquin,
In duodecim libros Metaphysicorum Aristotelis expositio, VII, leçon 9, n. 8,
M.R. Cathala, R.M. Spiazzi (ed.), n. 1467, p. 358. Voir aussi : Thomas d'Aquin,
De ente et essentia, c. 1 *in fine*, éd. Léonine, t. XLIII, p. 370.

2. *Cf.* Thomas d'Aquin, *In duodecim libros Metaphysicorum Aristotelis
expositio*, VII, leçon 9, M.R. Cathala, R.M. Spiazzi (ed.), p. 358-360; Siger de
Brabant, *Quaestiones in Metaphysicam*, VII, comm. 8, Reportations de
Cambridge et Paris, A. Maurer (ed.), p. 369-370.

3. Averroès, *Aristotelis opera cum Averrois commentariis*, *Metaphysicorum liber VII*, *comm. 35*, Venetiis apud Junctas, 1562-1574, vol. VIII
(réimpr. Frankfurt a.M., Minerva, 1962), 186vH-187rE.

4. Pierre de Jean Olivi expose la même critique dans ses *Quaestiones
logicales*, q. 14, St. Brown (ed.), p. 367; voir aussi *Quaest. in II Sent.*, q. LI,
p. 119.

de l'humanité, que certains nomment « forme du tout », bien qu'en vérité elle ne puisse être appelée « forme » que métaphoriquement, autrement il faudrait qu'elle informe véritablement une matière et qu'elle constitue avec elle une troisième nature – sans parler des nombreux autres inconvénients mentionnés ailleurs. – Aristote lui aussi, au même endroit, ne semble pas de cet avis, quoique que je ne me soucie pas de ce qu'il a pensé ici ou ailleurs, car son autorité, comme celle de tout autre infidèle ou idolâtre, ne vaut rien pour moi, et encore moins dans les questions qui concernent la foi chrétienne ou qui lui sont très proches. Plusieurs interprètes expliquent qu'il ne parle pas à cet endroit de la matière ou des parties matérielles prises en général, mais qu'il s'y réfère seulement en tant qu'elles sont particulières et individuées, autrement ses paroles vont à l'encontre de ce qu'a dit Averroès, puisque ce dernier soutient que la matière ou les parties matérielles entrent dans la définition comme des corrélatifs et qu'il faut que cela soit antérieur au défini à la manière dont il entre dans la définition. Or Aristote refuse l'une et l'autre thèses pour ce qui est des parties matérielles ; il soutient en effet qu'elles n'entrent pas dans la définition du tout, mais que le tout entre plutôt dans la définition des parties matérielles, et que celles-ci ne précèdent pas leur tout, mais lui sont postérieures aussi bien selon l'intellection que selon le procédé

viam definiendi, dans exemplum de circulo et semicirculo
et de recto angulo et acuto qui est quaedam pars anguli recti,
et de digito et homine cuius est[1].

Vidi tamen quendam[2] qui dicebat Aristotelem hic satis
turpiter fuisse deceptum, in exemplis scilicet quae causa
probationis ponit. Semicirculus enim et angulus acutus, prout
in eorum definitionibus cadunt circulus et rectus angulus,
non erant, ut dicebat, partes eorum, sed potius sumuntur ut
quaedam tota ab eis et ab aliis partibus eorum divisa. Angulus
enim acutus, prout est pars recti anguli, non debet dici angulus
acutus nec etiam angulus. Et similiter semicirculus, prout est
actualis pars circuli, non debet dici figura semicircularis nec
etiam semicirculus; in quantum enim est pars eius, non est
figura sed pars figurae, nec debet aliquo modo intelligi ut
divisus, sed ut unitus. De digito vero et consimilibus partibus
dicebat quod duplex est modus partium. Quaedam enim sunt
ex quibus simpliciter constituitur ipsum totum, ita quod sine
338 eis nullo modo esse | potest, ut sunt in homine corpus et anima
et in corpore humano cor et caput; quaedam vero aliae sunt
quae non faciunt ad eius esse simpliciter, sed solum ad perfectum esse, substantiale tamen. Et primae quidem simpliciter
sunt priores toto, etiam quantum ad intellectum, aut saltem
simul et aliquo modo oportet quod in eorum definitionibus
cadant; secundae vero nec quantum ad suum materiale nec
quantum ad suum formale intrant definitionem totius, si per

1. Aristote, *Métaphysique*, VII, 10, 1035b2 *sq.*

2. La position attribuée à ce quelqu'un est très proche de celle d'Olivi : on
peut formuler l'hypothèse qu'Olivi se réfère à lui-même à la troisième
personne, selon la suggestion de S. Piron, « Les œuvres perdues d'Olivi »,
art. cit., p. 385.

de définition ; il donne les exemples du cercle et du demi-cercle, de l'angle droit et de l'angle aigu – qui est une partie de l'angle droit – ainsi que l'exemple du doigt et de l'homme à qui le doigt appartient.

J'ai pourtant vu quelqu'un qui disait qu'Aristote s'était assez honteusement trompé à cet endroit, c'est-à-dire dans les exemples qu'il avance en guise de preuve. En effet, dans la mesure où le cercle et l'angle droit tombent dans les définitions du demi-cercle et de l'angle aigu, ces derniers n'en sont pas pour autant des parties – comme il disait –, mais ils sont plutôt pris comme des touts séparés d'eux et de leurs parties. En effet, dans la mesure où il est une partie de l'angle droit, l'angle aigu ne doit pas être dit « angle aigu », ni même « angle ». Pareillement, dans la mesure où il est une partie actuelle d'un cercle, le demi-cercle ne doit pas être dit « figure semi-circulaire », ni même « demi-cercle », car du moment où il est une telle partie, il n'est pas une figure, mais une partie de figure, et il ne doit aucunement être conçu comme séparé, mais comme uni. Quant au doigt et aux parties similaires, il affirmait qu'il faut distinguer deux sortes de parties. Il y a en effet des parties qui constituent le tout absolument parlant de sorte que sans elles il ne peut être aucunement ; | par exemple, **338** tels sont, dans l'homme, le corps et l'âme, et dans le corps humain, le cœur et la tête. Il y a d'autres parties qui ne contribuent pas à l'être du tout pris absolument, mais qui contribuent seulement à son être parfait, substantiel cependant. Les premières de ces parties sont absolument antérieures au tout et elles le sont aussi selon l'intellection, ou du moins sont-elles simultanées au tout, et il est nécessaire qu'elles tombent d'une certaine manière dans les définitions de leur tout ; quant aux secondes, elles n'entrent dans la définition du tout ni par leur aspect matériel, ni par leur aspect formel si, au moyen

definitionem non indicetur eorum essentia completa et complete, sed solum eorum essentia simpliciter; quia illo modo non sunt partes illius totius. Et sic dicebat esse in digito et consimilibus.

Qui autem[1] nituntur Aristotelis exempla exponere dicunt quod quantitas est materia circuli et anguli et breviter omnium figurarum. Incisio autem non competit figuris nisi per quantitatem quae secundum eos est earum materia et pars materialis; et ideo dicunt quod incisiones semicirculorum non competunt circulo secundum suam speciem, sed solum huic vel illi circulo per materiam suam, quantitatem scilicet individuatam.

Praedictus tamen dicebat hic quinque inconvenientia implicari : Primo, quia ponit circulum per se non habere partes in quas possit dividi. – Secundo, quia ponit quantitatem esse materiam earum. – Tertio, quia ponit incisiones semicirculorum non convenire nisi circulis individualibus, cum semicirculus sit ita commune et ita universale sicut et circulus. – Quarto, quia per quantitatem abstractissime et communissime acceptam, sicut sumitur a mathematicis, etiam prout eam intelligunt ut subsistentem figuris, ponit hunc et illum circulum individuari; et quod circulo universali cum quantitate universali accepto ponit non posse competere incisiones, etiam per quantitatem illam; unde videtur velle ponere quod quantitas, in quantum quantitas, est individua et nullo modo universalis.

---

1. *Cf.* Thomas d'Aquin, *In duodecim libros Metaphysicorum Aristotelis expositio*, VII, leçon 9, M.R. Cathala, R.M. Spiazzi (ed.), p. 358-360; Siger de Brabant, *Quaestiones in Metaphysicam*, VII, comm. 8, *op. cit.*, A. Maurer (ed.), p. 369-370.

de la définition, on ne vise pas l'essence complète des touts de manière complète, mais seulement leur essence prise absolument ; en effet, de cette manière, elles ne sont pas des parties de ce tout. Et il affirmait qu'il en va ainsi du doigt et des parties semblables.

Mais ceux qui s'emploient à expliquer les exemples d'Aristote disent que la quantité est la matière du cercle, de l'angle et, pour faire bref, de toutes les figures. Or la section ne concerne les figures que par le biais de la quantité qui, selon eux, est leur matière et leur partie matérielle. Pour cette raison, ils affirment que les sections des demi-cercles ne concernent pas le cercle selon son espèce, mais seulement tel ou tel cercle par le biais de sa matière, c'est-à-dire de sa quantité individuée.

Toutefois, le [maître] mentionné auparavant disait qu'il y aurait dans ce cas cinq inconvénients : premièrement, car cette explication affirme que le cercle ne possède pas par soi des parties en lesquelles il puisse être divisé. – Deuxièmement, car elle soutient que la quantité est leur matière. – Troisièmement, car elle affirme que les sections des demi-cercles ne concernent que les cercles particuliers, étant donné que le demi-cercle est aussi commun et universel que le cercle. – Quatrièmement, car elle affirme que ce cercle-ci et celui-là sont individués par la quantité envisagée de la manière la plus abstraite et la plus générale, à la manière dont les mathématiciens la considèrent même lorsqu'ils la conçoivent comme coexistante aux figures ; et [un autre inconvénient résulte] du fait que cette explication considère que les sections ne peuvent concerner le cercle en tant qu'universel envisagé avec une quantité universelle, même pas par le biais de cette quantité-là ; dès lors elle semble vouloir affirmer que la quantité, en tant que quantité, est individuelle et d'aucune façon universelle.

– Quinto, quia istimet ponunt et ibidem exponendo dicunt quod materia in communi intrat definitionem non solum compositi, sed etiam ipsius formae, licet per modum correlativi; et ita secundum hoc quantitas et eius partes et materia semicirculorum in communi accepta intrabit definitionem circuli, et ad minus formae ipsorum intrare debebunt; et sic etiam **339** secundum hoc formae | digitorum et manuum definitionem hominis seu humani corporis debebunt intrare.

Quid autem de iis sit verum ad praesens non curo; ad propositum enim non multum refert.

Ad septimum dicendum quod posito quod compositio aliquid addat ad extrema aliquo modo essentialiter diversum, sicut quidam volunt, non tamen secundum eos addit accidens, sed quendam essentialem respectum. Et secundum hoc materia et forma dicent quidem totam essentiam absolutam ipsius compositi, non autem totum respectum et modum ipsius, nisi sumantur ut unitae et coordinatae, sicut suo modo sumuntur genus et differentia in definitionibus. Nec etiam omne quod potest ab alio separari est accidentale, quia tunc forma substantialis esset accidentalis materiae et manus homini et consimilia, sed solum illud quod potest separari absque omni variatione et diminutione substantiae et substantialis esse. – Secundum alios autem qui volunt quod nihil addat ad ipsa essentialiter diversum potest dici, sicut quidam dicunt, quod quando Deus separat hanc formam ab hac materia et ponit eam in altera materia et e contrario materiam sub altera forma, sicut utrumque miraculose potest facere:

– Cinquièmement, car ceux-là mêmes, en commentant le même endroit, soutiennent et affirment que la matière prise de manière générale entre non seulement dans la définition du composé, mais aussi dans celle de la forme même, bien que sur le mode d'un corrélatif; et, suivant ce qui vient d'être dit, la quantité et ses parties, ainsi que la matière des demi-cercles considérée en général entrera dans la définition du cercle, et au moins leurs formes devront y entrer; de la sorte, même les formes | des doigts et des mains devront entrer dans la **339** définition de l'homme ou du corps humain.

Mais à présent je ne me soucie pas de la vérité de ces considérations, car cela importe peu pour notre propos.

À la septième objection il faut répondre ainsi : à supposer que la composition ajoute à ses termes extrêmes quelque chose qui d'une certaine façon diffère d'eux par essence – comme certains le prétendent –, selon eux elle n'ajoute cependant pas un accident, mais un rapport essentiel. Et en vertu de cela la matière et la forme désigneront l'essence totale et absolue du composé, mais pas son rapport et son mode tout entier, à moins qu'on ne les envisage en tant qu'unies et coordonnées, comme le genre et la différence sont, à leur manière, pris dans les définitions. Or ce qui peut être séparé d'un autre n'est pas accidentel pour autant, car la forme substantielle serait alors accidentelle à la matière, la main à l'homme, et ainsi de suite; [n'est en réalité accidentel] que ce qui peut être séparé sans aucune variation ni diminution de la substance et de l'être substantiel.

– Or selon d'autres, qui soutiennent que la composition n'ajoute rien d'essentiellement différent à ses termes extrêmes, on peut dire, comme certains, que lorsque Dieu sépare cette forme-ci de cette matière-ci et la place dans une autre matière, et lorsqu'inversement il place la matière sous une autre forme – comme il peut le faire dans les deux cas par miracle –,

non fit hoc per aliquem motum vel inclinationem factam in essentia ipsius formae, sed solum per hoc quod datur sibi alius terminus extrinsecus, scilicet alia materia; sicut quando ante aspectum lucis et virtutis solaris transeunt varia corpora sive perspicua sive densa, etiam ipso corpore solari immobiliter stante, mutatur relatio illius aspectus, non quidem in se aut secundum se aliquo modo, sed solum quantum ad hoc quod aspicit aliud et aliud patiens qui est terminus vel medium sui aspectus. Et eodem modo erit de materia, nisi, sicut supra dictum est, quando per praecedentes formas et formales dispositiones et inclinationes ab aliquo agente inclinatur et ducitur ad aliquam aliam formam.

Si autem adhuc contra hoc dicatur quod ad minus oportet in altero extremorum mutationem fieri – nulla enim mutatione facta in aliquo extremorum, omnia sicut prius se habebunt et stabunt –: dici potest quod sicut materia, quamvis in sua 340 essentia sit immutabilis secundum Augustinum | dicentem, XII *Confessionum*[1], quod secundum suam essentiam caret temporibus ac per consequens motibus et secundum Aristotelem, I *Physicorum*[2], dicentem quod de se est ingenerabilis et incorruptibilis, mutari tamen dicitur per hoc solum quod suscipit varias formas, ita quod tam ipse motus quam termini motuum nihil dicunt materiale, sed solum formale : sic e contrario forma non dicetur mutari per hoc quod in se recipiat diversa formalia, sed solum per hoc quod ei substernuntur diversae materiae. Licet enim essentia materiae non sit essentia formae,

1. Augustin, *Confessions*, XII, 9, éd. et trad. fr. P. de Labriolle, revue par M. Testard, p. 336.

2. Aristote, *Physique*, I, 9, 192a27 *sq.*

cela ne se fait pas par quelque mouvement ou par une inclination produite dans l'essence de la forme, mais seulement du fait qu'on lui attribue un autre terme extrinsèque, à savoir une autre matière. Il en va de même lorsque différents corps, soit transparents soit denses, passent devant le faisceau de la lumière et du rayonnement solaire : dans ce cas, même lorsque l'astre solaire demeure immobile, la relation de ce faisceau lumineux change, non certes en elle-même ou de quelque manière selon elle-même, mais seulement du fait que ce faisceau porte sur tel objet puis sur tel autre qui constitue le terme ou le milieu de son rayonnement. Il en ira de même dans le cas de la matière, sauf lorsqu'au moyen de formes antérieures, de dispositions formelles et d'inclinations elle est orientée et conduite par un agent vers une autre forme, comme il a été dit ci-dessus.

Mais si contre cet argument on avance encore qu'un changement doit se produire au moins dans l'un des deux termes extrêmes – en effet dans le cas où aucun changement n'intervient dans l'un des extrêmes, tout sera et se maintiendra comme avant –, on peut répondre ceci : bien que la matière soit immuable dans son essence selon Augustin, | qui au douzième **340** livre des *Confessions* dit qu'elle est essentiellement privée de temps et par conséquent de mouvements, et selon Aristote, qui au premier livre de la *Physique* dit qu'elle est en soi inengendrable et incorruptible, on la dit cependant changer du seul fait qu'elle reçoit différentes formes, de sorte que ce mouvement aussi bien que les termes des mouvements ne désignent rien de matériel, mais seulement quelque chose de formel. Inversement, la forme ne sera pas dite changer du fait qu'elle reçoit en elle différentes entités formelles, mais seulement du fait que différentes matières lui sont sous-jacentes. En effet, bien que l'essence de la matière ne soit pas l'essence de la forme,

nihilominus tamen ipsa materia est vere aliquid eius, ita quod
auferre sibi materiam est vere aliquid sibi auferre et dare sibi
aliam est vere circa eam aliquid innovare et ita bene suo modo,
sicut si aliquid formale sibi auferretur et aliud formale seu alia
essentia formalis sibi adderetur. Et idem est de materia respectu diversarum formarum, quoniam ipsae formae vere sunt
aliquid ipsius materiae, ut merito earum ablatio vel donatio sit
materiae mutatio. Quando igitur fit a Deo miraculum per hoc
quod haec forma quae modo erat forma huius materiae effi-
citur forma alterius materiae et simul cum hoc sua prior
materia fit materia alterius formae : tunc fit mutatio in utroque
extremorum, sed non in eorum essentiis, ita scilicet quod
aliquid materiale ipsi materiae addatur vel aliquid formale
ipsi formae ; quamvis magis proprie possit dici quod solum in
ipsis materiis fit mutatio, eo modo quo dicitur quod mutatio
proprie non fit nisi in ipso per se mutabili. Quando autem
sic fit quod forma remanet absque omni materia, sicut fit in
sacramento altaris, tunc in forma remanente non fit mutatio
etiam modo praedicto, quod scilicet detur sibi alius terminus
vel aliud patiens; sed solum fit mutatio in eo quod sibi
subtrahitur, scilicet in substantia panis; nisi pro tanto et hic
mutari dicatur, quia suus terminus vel suum recipiens
sibi subtrahitur. Cui autem hoc non placet, sufficiat sibi
primum; videat tamen quomodo in conversione panis in

la matière n'en est pas moins véritablement quelque
chose d'elle, de sorte que lui enlever la matière c'est vraiment
lui enlever quelque chose, et lui en donner une autre c'est
vraiment innover à son égard; et cela se produit bien à sa
manière, comme si quelque chose de formel lui était ôté et
quelque chose de formel ou une autre essence formelle lui était
ajouté. Et il en va de même de la matière à l'égard de formes
différentes, car ces formes sont véritablement quelque chose
de la matière, de sorte que leur suppression ou leur donation
constitue effectivement un changement de la matière. Par
conséquent, lorsque cette forme, qui était naguère la forme de
cette matière-ci, devient par un miracle de Dieu la forme de
cette autre matière et que simultanément sa matière antérieure
devient matière d'une autre forme, alors un changement se
produit dans chacun des deux extrêmes, mais non dans leurs
essences, de sorte que quelque chose de matériel soit ajouté à
la matière ou quelque chose de formel à la forme. Cependant,
on pourrait dire de manière plus appropriée que le changement
n'advient que dans les matières, à la façon dont on dit qu'un
changement ne se produit à proprement parler que dans ce qui
est muable par soi. Lorsqu'il se produit de telle manière que la
forme demeure sans aucune matière, comme il arrive dans le
sacrement de l'autel, alors aucun changement ne se produit
dans la forme qui demeure, pas même selon le mode mentionné en vertu duquel un autre terme ou un autre réceptacle lui
serait donné; dans ce cas, le changement n'a lieu que dans ce
qui lui est soustrait, c'est-à-dire dans la substance du pain; à
moins qu'on ne dise ici aussi qu'elle change dans la mesure où
son terme ou son réceptacle lui est soustrait. Celui à qui cette
explication ne plaît pas, qu'il se contente de la première; qu'il
voie cependant de quelle manière, dans la conversion du pain

corpus Christi nulla fit alicuius essentiae annihilatio nec alicuius essentiae generatio, et tamen fit mutatio quae dicitur conversio.

341 | Ad octavum dicendum quod, sicut ex praecedentibus sufficienter patet, forma nullo modo per se potest esse subiectum receptionis vel motus, quoniam nullo modo potest habere rationem potentiae vel possibilis nisi per accidens omnino, sicut in argumento illo supponitur; unde non est simile de priori et posteriori et de actu et potentia, sicut in praecedentibus satis patuit. – Concedo autem rationes in praedicto argumento adductas quae probant quod formis non potest convenire potentia recipiendi per materiam, ita quod in se habeant aliquam potentiam passivam praeter illam quae est propria illius materiae; quia, ut credo, valde bene concludunt. – Ad id autem quod additur de individuatione dicendum sicut in quaestione de individuatione dictum est[1]. Non enim forma individuatur a materia, quasi recipiat essentiam suae individuationis a materia, ac si materia generaret illam individuationem in ea; nec consimiliter materia sic individuatur a forma; sed pro tanto una dicitur individuari per alteram, quia forma non potest esse aut fieri individua, nisi sit talis in sua essentia quod possit esse actus materiae individualis tanquam existens secundum suam essentiam participabilis et participata et non imparticipabilis, sicut est forma Dei. Et eodem modo nec materia potest esse aut fieri individua, nisi sit talis quod sit

---

1. Cf. *Quaest. in II Sent.*, q. XII-XIII.

en corps du Christ, il ne se produit aucune annihilation ni aucune génération de quelque essence, et qu'il s'y produit pourtant un changement nommé « conversion ».

| À la huitième objection il faut répondre ainsi : comme cela **341** apparaît suffisamment à partir des développements précédents, la forme ne peut en aucune manière être par soi sujet de réception ou de mouvement, puisqu'elle ne peut aucunement avoir la raison de puissance ou de possible, si ce n'est tout à fait par accident, comme il est supposé dans cette objection ; c'est pourquoi, il n'en va pas de l'antérieur et du postérieur comme de l'acte et de la puissance, ainsi qu'il a été suffisamment montré dans les propos précédents. – Je concède cependant les arguments avancés dans l'objection mentionnée et qui prouvent que la puissance de recevoir par le truchement de la matière ne peut convenir aux formes, comme si elles avaient, en elles-mêmes, une puissance passive en sus de celle qui est propre à la matière ; en effet, je crois que ces arguments sont fort concluants. – Concernant ce qui est ajouté à propos de l'individuation, il faut réaffirmer ce qui a été dit dans la question sur l'individuation. En effet, la forme n'est pas individuée par la matière, comme si elle recevait de la matière l'essence de son individuation et comme si la matière engendrait cette individuation en elle. Pareillement, la matière n'est pas non plus individuée par la forme de cette façon-là. On dit toutefois que l'une est individuée par l'autre dans la mesure où la forme ne peut être individuée ou le devenir que si elle est telle en son essence qu'elle puisse être l'acte d'une matière individuelle, en existant essentiellement comme quelque chose qui peut être participé et qui est participé, et non comme quelque chose qui ne peut être participé à l'instar de la forme de Dieu. De la même façon, la matière ne peut être individuée ou le devenir que si elle

capax formae individualis; quamvis pro tanto individuatio
possit magis attribui materiae quam formae, pro quanto nulla
potest intelligi materia, quantumcunque absolute et abstractissime intelligatur, quae unquam in sua abstractione et univer-
salitate possit actu esse aut intelligi ut sic actu existens vel ut
sic possibilis existere. Hoc autem potest fieri de forma, sicut
patet de formis et perfectionibus quae sunt in Deo. – Ad id
autem quod additur de substantificatione dicendum quod
materia non exigitur ad hoc tanquam tota causa substantificationis, sed tanquam concausa, et hoc ignobiliori modo quam
ipsa forma. Quare autem forma non possit esse in se fixa satis
supra patuit. Nec in hoc praevalet sibi materia, quia nec
materia potest esse fixa nisi per formam; sed tamen illa figitur
per hoc quod recipitur, haec vero per hoc quod substernitur seu
subicitur, unaquaeque scilicet secundum proprietatem suam.
Non est etiam intelligendum quod forma recipiat substantifi-
342 cationem a materia, quasi materia efficiat | in ea hanc substan-
tificationem; sed solum hoc habet a materia materialiter et
receptive et terminative, per hoc scilicet quod est terminus
receptivus et solidus suae impendentiae.

Ad nonum dicendum quod tam a Dionysio quam ab aliis
sanctis dicuntur angeli esse immateriales non per privationem omnis materiae simpliciter, sed solum per privationem
materiae corporalis. Quod patet per Damascenum, II libro,
capitulo 2[1], loquens de angelo : « Incorporeus autem et immaterialis dicitur quantum ad nos; omne enim comparatum ad

---

1. Jean Damascène, *De fide orthodoxa* II, 3, PG 94, col. 867 ; E.M. Buytaert
(ed.), p. 69.

est capable de recevoir la forme individuelle; cependant, l'attribution de l'individuation à la matière plutôt qu'à la forme est d'autant plus avérée que, aussi absolument et abstraitement qu'on la conçoive, aucune matière ne saurait être conçue comme pouvant, en son abstraction et en son universalité, être ou être pensée en acte en tant qu'elle existe en acte ou peut exister ainsi. Cela est pourtant possible pour la forme, comme il est manifeste dans le cas des formes et des perfections qui sont en Dieu. – Quant à ce qui est ajouté relativement à la substantification, il faut répondre que la substantification ne requiert pas la matière comme cause totale, mais comme cause concourante, et sur un mode moins noble que la forme. Il est suffisamment apparu auparavant pour quelle raison la forme ne peut être fixée en elle-même. Et, à cet égard, la matière ne la surpasse pas, car elle ne peut être stabilisée que par la forme; cependant, celle-ci est stabilisée du fait qu'elle est reçue, celle-là du fait qu'elle soutient et qu'elle est sous-jacente, chacune selon sa propriété. Il ne faut pas non plus penser que la forme reçoit sa substantification de la matière, comme si la matière produisait | en elle cette substan- **342** tification, car elle la tient de la matière seulement matérielle-ment, à la fois comme réceptacle et comme terme, c'est-à-dire dans la mesure où la matière est le terme qui reçoit et qui assoit l'immanence de la forme.

Au neuvième argument il faut répondre qu'aussi bien Denys que d'autres saints affirment que les anges sont imma-tériels non pas en vertu de la privation de toute matière absolu-ment parlant, mais seulement de la privation de matière corpo-relle. Cela apparaît clairement chez Damascène, dans le deuxième livre au chapitre 2, où il parle de l'ange : « On le dit incorporel et immatériel relativement à nous ; en effet, comparé

Deum qui est solus incorporalis et grossum et materiale invenitur; solus enim essentialiter immaterialis et incorporalis Deus est». Patet etiam hoc ipsum per Dionysium[1] qui crebro in suis libris dicit nostrum intellectum esse materialem et passibilem, pro eo quod per ista sensibilia et corporalia apprehendimus divina et quasi modo conformi ipsis sensibilibus et corporalibus; et idem dicit de nostro affectu. Alias non plus est materialis noster intellectus quam intellectus angelicus. – Ad illud autem Augustini dicendum quod non condividit materiam et angelum quasi duo simpliciter diversa, sed solum connumerat ea quantum ad unum in quo secundum se conveniunt, in carentia scilicet temporum; quod quidem convenit angelo non solum ratione suae materiae, sed etiam ratione totius suae substantiae et formalis perfectionis suae gloriae. Alias in eodem libro expressissime vult angelum habere materiam, sicut supra patuit.

Ad decimum dicendum quod christiano viro sola Scriptura sacra et fides catholica debet esse in robur et culmen auctoritatis; et ideo posito quod omnes pagani falso dicti philosophi contrarium senserint aut aliqui eorum, non est mihi cura. Licet diversis diversa super hoc videantur, omnibus tamen pensatis quae de eorum dictis legere potui, magis mihi videntur voluisse non esse materiam in eis, sumptam iuxta modum superius praedefinitum. Hoc autem magis tangetur in quibusdam argumentis pro parte vera factis.

1. Denys l'Aréopagite, *De coelesti hierarchia*, c. 1, 3 et c. 2, 1, PG 3, col. 122 et 138 *sq.*; G. Heil, A.M. Ritter (ed.), p. 8 *sq.*

à Dieu qui seul est incorporel, tout le reste paraît épais et matériel, car Dieu seul est essentiellement immatériel et incorporel». Cela apparaît aussi chez Denys, qui affirme fréquemment dans ses livres que notre intellect est matériel et passible du fait que nous appréhendons les réalités divines à travers les réalités sensibles et corporelles, de manière pour ainsi dire conforme à ces réalités sensibles et corporelles; et il dit la même chose de notre affect. Cela mis à part, notre intellect n'est pas plus matériel que celui de l'ange. – Concernant les propos d'Augustin, il faut répondre qu'il ne démarque pas la matière et l'ange comme s'il s'agissait de deux choses absolument différentes, mais il les fait figurer dans une même classe, dans laquelle ils se rencontrent par eux-mêmes, c'est-à-dire dans la classe des choses dépourvues de temps. Or, cela revient à l'ange non seulement en raison de sa matière, mais aussi en raison de sa substance tout entière et de la perfection formelle de sa gloire. Ailleurs, dans le même livre, Augustin affirme expressément que l'ange possède une matière, comme il a été montré auparavant.

À la dixième objection il faut répondre que seules l'Écriture sainte et la foi catholique doivent servir d'assise et d'autorité suprêmes pour l'homme chrétien. C'est pourquoi, à supposer que tous les païens, ou certains d'entre eux, aient soutenu quelque chose de contraire à l'opinion fausse dudit philosophe, je n'en ai cure. Bien qu'à ce sujet différentes opinions aient été défendues par différents auteurs, ayant réfléchi à tout ce que j'ai pu lire de leurs écrits, ils me semblent toutefois avoir plutôt soutenu que dans les anges il n'y a pas de matière comprise selon la modalité définie auparavant. Mais ceci sera davantage traité à l'occasion de certains arguments produits en faveur de la bonne solution.

Ad undecimum dicendum quod prima propositio duplici ratione est falsa, nisi sane et catholice accipiatur, quoniam **343** | causam possibilitatis essendi et non essendi videtur attribuere materiae proprie et universaliter, ita scilicet quod hoc conveniat omni materiae et soli; et tamen hoc non simpliciter convenit omni materiae nec in ipsa solummodo est causa huius. Quando enim materia ex sua essentia et specie est determinata ad aliquas formas, nullo modo potest tendere ad alias; ut verbi gratia, materia corporalis nullo modo potest recipere formas spirituales nec moveri ad eas hoc modo quod nullam habeat in se formam corporalem et quod per eas fiat spiritualis et simplex. Et consimiliter materia spiritualis sic est determinata ad formas spirituales quod nullo modo potest esse totaliter exuta ab eis et formis corporalibus indui. Materia igitur spiritualis non habet in se potentiam talem per quam spirituale possit corrumpi et mutari in corporale, sicut nec e contrario materia corporalis hoc habet. Non etiam convenit hoc soli materiae, immo partim huius rei causa est ex parte formae. Quando enim forma talis est quod perfecte tenet materiam sub se et in tanta sublimitate et stabilitate quod nullum agens creatum potest in eam facere aliquam impressionem aut impulsum seu inclinationem ducentem ad formam contrariam et elongantem eam a forma praedicta: quantumcunque materia, quantum est de se, sit possibilis ad recipiendum formas contrarias seu disparatas, nullo modo poterit duci ad eas nec recedere a forma priori. Et talis ad minus est

À la onzième objection il faut répondre que la première proposition est fausse pour deux raisons, à moins qu'on ne la prenne en son acception saine et catholique, car | elle semble **343** attribuer proprement et universellement la cause de la possibilité d'être et de ne pas être à la matière, de sorte que cela convienne à toute matière et à la matière seule ; et pourtant cela ne relève pas de toute matière absolument parlant, et la cause de cela ne se trouve pas seulement en elle. En effet, lorsque la matière est déterminée à l'égard de certaines formes par son essence et son espèce, elle ne peut en aucune façon tendre vers d'autres formes ; par exemple, la matière corporelle ne peut en aucune façon recevoir des formes spirituelles, ni être mue vers elles de manière à ne posséder aucune forme corporelle et à devenir spirituelle et simple grâce à elles. Pareillement, la matière spirituelle est déterminée à l'égard des formes spirituelles de sorte à ne pouvoir d'aucune façon en être totalement dénuée afin de se revêtir de formes corporelles. La matière spirituelle ne possède donc pas en elle-même la puissance qui rendrait possible en elle la corruption du spirituel et sa mutation en corporel, tout comme inversement la matière corporelle ne possède pas la puissance contraire. Par ailleurs, [la possibilité d'être et de ne pas être] ne relève pas de la matière seule : bien au contraire, la cause de ce fait résulte en partie de la forme. En effet, lorsque la forme est telle qu'elle domine parfaitement la matière et la maintient dans une telle élévation et stabilité qu'aucun agent créé ne peut produire en elle une impression, une impulsion ou une inclination la conduisant vers une forme contraire et l'éloignant de la forme mentionnée auparavant, alors, bien que la matière en elle-même soit susceptible d'accueillir des formes contraires ou disparates, d'aucune façon elle ne pourra être conduite vers elles ni abandonner la forme antérieure. Et telle est du moins la

forma liberi arbitrii; alias non posset esse forma libera et dominativa, sicut alibi est ostensum[1]. Quando etiam formae ad quas materia est possibilis, quantum est de se, sunt talis naturae et excellentiae quod per motum introduci non possunt : tunc impossibile erit quod materia ad illas formas duci possit per aliquod agens creatum, cum nullum agens creatum possit educere de materia formas stabiles nisi per motum, sicut alibi est ostensum[2]. Intellectus autem et voluntas dicunt tales formas quae per nullum motum fieri possunt, etiam a Deo, sed solum per absolutum exitum a virtute Dei creante, sicut in quaestione an sint formae generabiles et corruptibiles habet tangi[3]. Et loquor de eis, prout dicunt formas suas; dicunt enim praedictae potentiae non solum formam sed etiam materiam, **344** sicut alibi est tactum[4]. Quando etiam formae ad quas | materia est in potentia sunt tales quod sunt eiusdem speciei solo numero differentes vel non habent inter se intelligibilem distantiam seu contrarietatem vel oppositionem talem sine qua non est intelligere motum : tunc per nullum agens creatum nec per aliquem motum poterunt huiusmodi formae fieri in ea. Tales autem sunt formae substantiales angelorum, sicut in sequentibus ostendetur. Et ideo licet eorum materia posset suscipere a Deo formas substantiales cuiuscunque alterius angeli, non tamen per motum hoc posset nec ab aliquo agente creato. Talia autem entia, quae scilicet per motum corrumpi aut generari non possunt nec per aliquod agens creatum aliquo modo fieri vel destrui, non vocamus communiter

1. Cf. *Quaest. in II Sent.*, q. LVII, p. 305-394.

2. Cf. *Quaest. in II Sent.*, q. XXIV, p. 435.

3. Question perdue, *cf.* S. Piron, « Les œuvres perdues d'Olivi », art. cit., p. 369, n. 58.

4. Cf. *Quaest. in II Sent.*, q. LIV, p. 257.

forme du libre arbitre : autrement elle ne pourrait être une forme libre et capable de dominer, comme il est montré ailleurs. En outre, lorsque les formes que la matière est susceptible d'accueillir par elle-même sont d'une nature et d'une excellence telles qu'elles ne peuvent pas être introduites par voie de mouvement, la matière ne peut pas être conduite vers ces formes par un agent créé, puisqu'aucun agent créé ne peut extraire de la matière des formes stables sinon par voie de mouvement, comme il est montré ailleurs. Or l'intellect et la volonté désignent précisément des formes qui ne peuvent pas être produites par voie de mouvement, même pas par Dieu, mais qui peuvent seulement procéder de manière absolue de la force créatrice de Dieu, comme cela sera traité dans la question sur l'existence des formes engendrables et corruptibles. Et je parle de ces facultés en tant qu'elles signifient leurs formes propres : en effet, les puissances mentionnées ne signifient pas seulement une forme, mais aussi une matière, comme il a été traité ailleurs. De plus, lorsque les formes à l'égard desquelles | la matière est en puissance appartiennent à la même espèce et **344** diffèrent seulement numériquement, ou lorsqu'il n'y a pas cette distance intelligible entre elles, à savoir cette contrariété ou cette opposition sans laquelle le mouvement est incompréhensible, alors ces formes ne peuvent être introduites dans la matière par aucun agent créé ni par aucun mouvement. Or les formes substantielles des anges sont ainsi, comme il sera montré par la suite. Par conséquent, même si leur matière pouvait recevoir de la part de Dieu les formes substantielles de n'importe quel autre ange, cela ne serait cependant pas possible par voie de mouvement ni par un agent créé. Or ces étants, qui ne peuvent être corrompus ou engendrés par voie de mouvement ni être produits ou détruits de quelque manière par un agent créé, nous ne les disons pas, selon l'usage commun,

possibilia esse et non esse, immo vocamus ea incorruptibilia et ingenerabilia, quamvis respectu Dei sint mere possibilia. – Est igitur prima propositio neganda quantum ad hoc quod materiam dicit simpliciter et universaliter esse causam possendi esse et non esse et quantum ad hoc quod formis causalitatem huius totaliter tollit. Quod autem ibi pro huius probatione affertur quod hoc formae non potest convenire, cum sit actus et non potentia : dicendum quod hoc formae non convenit per hoc quod sit potentia nec simpliciter per hoc quod est actus, sed per hoc quod est actus defectivus, non sufficiens ad materiam plene et potenter sub se tenendam.

Ad duodecimum dicendum quod prima propositio est manifeste falsa, si intendit quod potentia secundum essentiam absolutam in qua fundatur debeat diversificari secundum diversitatem actuum et si velit quod extrema relationum in quibus respectus ipsi fundantur multiplicentur secundum multiplicationem alterius extremi. Tunc enim tot erunt patres, quot erunt filii, quamvis ab eodem homine geniti ; et tunc tot erunt potentiae intellectivae, quot possunt in ea esse actus et habitus. Nec formarum contrariarum aut diversarum sibi in eodem succedentium contrarie erit una materia, nec plures formae seu naturae formales possent simul recipi in eadem materia ; et saltem secundum hoc alia esset materia formarum substantialium et alia accidentalium, etiam in corporibus.

possibles à l'égard de l'être et du non-être, mais nous les disons plutôt incorruptibles et inengendrables, bien qu'ils soient de purs possibles à l'égard de Dieu. – Il faut donc nier la première proposition dans la mesure où elle affirme que la matière est universellement et absolument la cause de la possibilité d'être et de ne pas être des choses et dans la mesure où elle soustrait entièrement une telle causalité à la forme. À l'argument invoqué en faveur d'une telle démonstration – à savoir que cela ne peut convenir à la forme, car elle est acte et non puissance –, il faut répondre que cela ne convient à la forme ni du fait qu'elle est puissance, ni, absolument parlant, du fait qu'elle est acte, mais du fait qu'elle est un acte défectueux, insuffisant pour dominer pleinement et puissamment la matière.

À la douzième objection il faut répondre que la première proposition est manifestement fausse si elle prétend que la puissance, selon l'essence absolue dans laquelle elle est fondée, doit se diversifier en fonction de la diversité des actes, et si elle pose que les termes extrêmes des relations dans lesquels sont fondés les rapports eux-mêmes se multiplient selon la multiplication du terme corrélatif. Dans ce cas, il y aura en effet autant de pères que de fils, même si ceux-ci sont engendrés par le même homme ; de même, il y aura autant de puissances intellectives qu'il peut y avoir d'actes et de dispositions dans une puissance. Il n'y aura pas non plus une seule matière pour les formes contraires ou différentes qui se succèdent dans le même sujet selon la contrariété, tout comme plusieurs formes ou natures formelles ne pourront être reçues simultanément dans la même matière ; et, dans ces conditions du moins, la matière des formes substantielles serait différente de celle des formes accidentelles, même dans les corps.

Quae omnia sunt absurda. Est ergo hoc tantum intelligendum de ipsis respectibus. Secundum enim quod plurificantur filii, 345 secundum hoc est dare | in causa eorum plures respectus ad ipsos. Et sic etiam respectus materiae quos aliquando nomine potentiarum vocamus sunt plures, sicut et formae ad quas terminantur; quamvis non oporteat propter hoc quod sint plures per essentiarum diversitatem, sed solum per plurium rationum realem veritatem[1], sicut alibi est ostensum[2]. – Minor etiam et eius probatio sunt falsae. Est enim in angelis potentia ad formam substantialem, sicut supra satis est ostensum; sed non est ibi velut ad absentem aut velut ad talem ad quam per motum possit duci, sed solum velut ad praesentem et semper veraciter in se receptam, tanquam ab ea semper informata. Probatio etiam eius nihil valet nisi solum in potentia modis contrariis accepta, quae scilicet est in tendentia ad formam substantialem, ita quod ad eam potest moveri tanquam ad absentem.

Quod etiam dicitur, quod scilicet in angelis non est potentia ad formam accidentalem quae per motum possit educi et corrumpi : est contra Sanctorum doctrinam et contra rationem et experientiam et, ut credo, contra fidem catholicam. Augustinus enim, V *Supra Genesim* et XII *Confessionum* et XII *De Civitate* capitulo 15 et in pluribus aliis locis[3], vult

1. Bien que dans le codex (Vat. Lat. 1116) qui a servi à l'édition Jansen on lise le terme « veritatem » (fol. 54va), le sens de ce passage oblige à le considérer comme une erreur du copiste lors de la transcription du terme « varietatem ».

2. Cf. *Quaest. in II Sent.*, q. XX.

3. Augustin, *La Genèse au sens littéral*, IV, 29, 31, 32, trad. fr. J. Agaësse, A. Solignac, BA, t. 48, p. 350 *sq.* ; voir aussi *Confessions*, XII, 9, 12, 16, 18, éd. et trad. fr. P. de Labriolle, revue par M. Testard, p. 336 *sq.*

Mais toutes ces allégations sont absurdes. Cela n'est donc concevable qu'au sujet des relations. En effet, en fonction de la multiplication des fils, il faut poser | dans leur cause plusieurs 345 relations à leur égard. Et de la sorte les relations de la matière, que parfois nous nommons « puissances », sont aussi plusieurs, tout comme les formes dans lesquelles elles s'achèvent ; cela n'implique cependant pas qu'elles soient plusieurs en vertu de la diversité de leurs essences, mais seulement en vertu de la pluralité réelle de raisons, comme il a été montré ailleurs. – De plus, la mineure et sa démonstration sont fausses. Dans les anges il y a en effet une puissance à l'égard de la forme substantielle, comme cela a été suffisamment montré plus haut ; or cette puissance n'y est pas comme relative à une forme absente ou vers laquelle elle pourrait être conduite par voie de mouvement, mais elle y est seulement comme relative à quelque chose de présent et de toujours véritablement reçu en elle, puisque toujours informée par elle. Par ailleurs, sa démonstration ne vaut rien, si ce n'est dans une puissance considérée sous des modes contraires, c'est-à-dire une puissance qui est orientée vers la forme substantielle de manière à pouvoir être mue vers elle comme vers une forme absente.

Et lorsqu'on ajoute que dans les anges il n'y a pas de puissance à l'égard d'une forme accidentelle qui pourrait être produite et corrompue par le biais d'un mouvement, cela s'oppose à la doctrine des Saints, à la raison et à l'expérience et – je crois – à la foi catholique. En effet, dans le cinquième livre de son commentaire de la *Genèse*, au douzième livre des *Confessions*, au douzième livre, chapitre 15, de *La Cité de Dieu*, ainsi que dans de nombreux autres textes, Augustin

expresse quod in angelicis affectionibus sint motus et tales qui tempore mensurentur. Et, XV *De Trinitate*[1], vult quod conversio nostri intellectus et applicatio sit aciei intellectualis quaedam iactatio et motio qua huc illucque iactatur. Et Anselmus, libro *De concordia*, parum ante finem[2], vult quod voluntas est instrumentum se ipsum movens et omnes alias potentias animae et quod faciat omnes motus voluntarios. Damascenus[3] etiam et fere tota Scriptura sacra[4] vult angelos localiter seu per loca moveri, sicut suo loco plenius habet ostendi[5]. Sed impossibile est motum esse in aliquo, quin ibi sit terminus motus per motum eductus; et utique terminus motus formale quid est, magis etiam quam ipse motus. – Est etiam contra rationem

346 | rectam; ubicunque enim est dare contrarias formas et tales quae magis et minus recipiunt et quae post actionem agentium eas permanent: tales non est dubium per motum educi. Si enim per simplicem influentiam fierent, tunc statim cessante causa cessaret effectus nec esset in eis omnino plena contrarietas. Sed in habitibus consuetudinalibus seu in affectionibus habitualibus est vera contrarietas cum aliis conditionibus praedictis ; vere enim contrariatur humilitas superbiae, castitas luxuriae, largitas avaritiae et sic de aliis : et vere ista recipiunt magis et minus et permanent cessante actione suorum agentium.

1. Augustin, *La Trinité*, XV, 15, trad. fr. P. Agaësse, J. Moingt, BA, t. 16, p. 496.

2. Anselme de Cantorbéry, *De concordia praescientiae et praedestinationis et gratiae Dei cum libero arbitrio*, q. 3, c. 13, PL 158, col. 538; F.S. Schmitt (ed.), t. 2, p. 286-287.

3. Jean Damascène, *De fide orthodoxa* II, 3, PG 94, col. 866 *sq.*; E.M. Buytaert (ed.), p. 69 *sq.*

4. *Tobie*, 5, 5 *sq.*; *Isaïe*, 6, 6; *Daniel*, 3, 49 et 14, 35; *Évangile de Matthieu*, 28, 2; *Évangile de Luc*, 1, 26 et 10, 18; *Évangile de Jean*, 1, 51.

5. Cf. *Quaest. in II Sent.*, q. XXXII.

déclare que dans les affections angéliques il y a des mouvements tels qu'ils sont mesurés par le temps. De plus, au
quinzième livre de *La Trinité*, il soutient que la conversion et
l'attention de notre intellect est une certaine impulsion ou un
mouvement de la fine pointe de l'intellect qui le projette ici et
là. Et dans son livre *De la concorde*, un peu avant la fin,
Anselme soutient que la volonté est un instrument qui se meut
lui-même, qui meut toutes les autres facultés de l'âme et
qui produit tous les mouvements volontaires. Presque toute
l'Écriture sainte, ainsi que Damascène, affirme que les anges
se meuvent localement, ou à travers les lieux, comme il sera
davantage montré en lieu opportun. Or il est impossible qu'un
mouvement soit dans quelque chose sans qu'il y ait là le terme
atteint par ce mouvement ; en tous cas, le terme du mouvement
est quelque chose de formel, et même de plus formel que ce
mouvement. – Ce qui a été dit plus avant va aussi à l'encontre
de la droite raison ; | en effet, partout où il y a des formes **346**
contraires qui reçoivent le plus et le moins et qui demeurent
après l'action de leurs agents, de telles formes sont sans aucun
doute produites par le biais d'un mouvement. Car si elles adve-
naient par le biais d'un simple influx, dès que la cause aurait
cessé, l'effet cesserait aussitôt et il n'y aurait certainement pas
en elles une totale contrariété. Or dans les dispositions ordi-
naires ou les affections habituelles il y a une véritable contrariété accompagnée des conditions mentionnées auparavant ; en
effet, l'humilité est véritablement contraire à l'orgueil, la
chasteté à la luxure, la générosité à l'avarice, et ainsi de suite ;
et ces affects reçoivent véritablement le plus et le moins
et demeurent après que l'action de leurs agents ait cessé.

Constat igitur quod fiunt per motum aut saltem fieri possint, utpote quando paulative et successive ab affectu luxuriae elevat se quis magis ac magis ad affectum castitatis et sic de aliis. Praeterea, virtutes et habitus consuetudinales, sive boni sive mali, per frequentes actus et applicationes potentiarum magis ac magis educuntur in esse et crescunt. Cui etiam consentit Aristoteles, in *Ethicis*[1] suis. Sed hoc non videtur esse aliud quam fieri et crescere per motum intrinsecum in ipsis potentiis magis ac magis factum. – Est etiam contra experientiam; manifeste enim experimur voluntatem nostram per affectus successive magis ac magis elevari aut incurvari et dilatari aut ad se quodam modo coarctari et sic de aliis modis spiritualium motionum.

Ratio autem per quam Aristoteles paganus contrarium huius probare nititur, VII *Physicorum*[2], per hoc scilicet quod virtutes dicit esse quasdam relationes et in ad aliquid secundum eum non est motus, quam sit frivola de se patet; tum quia insanus esset qui diceret quod nullam aliam essentiam dicant praeter meram relationem, et ideo, licet ipsi respectus non sint per se termini motus aut actionis, sunt tamen essentiae in quibus fundantur; tum quia quomodocunque ponantur esse respectus, oportet eis dare aliquid absolutum in quo fundentur per quorum generationem et corruptionem generentur et corrumpantur. Quaero etiam ego ab Aristotele si illae relationes
347 virtutum fiant. | Et utique oportet quod sic, cum prius

---

1. Aristote, *Éthique à Nicomaque*, II, 1, 1103a17 *sq.*, b14 *sq.*; VI, 13, 1144b1 *sq.*

2. Aristote, *Physique*, V, 2, 225b10 *sq.*; 226b23 *sq.*

Il est donc clair qu'ils adviennent, ou du moins qu'ils peuvent advenir, par le biais d'un mouvement comme lorsque quelqu'un, petit à petit et successivement, de l'affect de la luxure s'élève de plus en plus vers l'affect de la chasteté, et il en va de même pour les autres. Par ailleurs, les vertus et les dispositions habituelles, qu'elles soient bonnes ou mauvaises, sont engendrées progressivement et s'accroissent grâce aux actes et aux exercices fréquents des facultés. Même Aristote en convient dans ses *Éthiques*. Or cela n'est rien d'autre que devenir et croître par un mouvement intrinsèque produit progressivement dans les facultés elles-mêmes. – Ce qui a été dit va aussi à l'encontre de l'expérience ; en effet, nous expérimentons manifestement que notre volonté s'élève successivement, se plie et se dilate progressivement ou, d'une certaine manière, se rétracte en elle-même au gré des affects ; et il en va de même pour les autres modalités des mouvements de l'esprit.

Or l'argumentation par laquelle ce païen d'Aristote s'efforce de prouver le contraire au septième livre de la *Physique* montre d'elle-même combien elle est légère : il dit que les vertus sont des relations et, selon lui, dans la relation il n'y a pas de mouvement. En effet, d'une part, serait insensé celui qui affirmerait que ces affects ne signifient aucune essence sauf une pure relation ; c'est pourquoi, bien que ces rapports ne soient pas par soi termes d'un mouvement ou d'une action, ils appartiennent cependant à l'essence dans laquelle ils sont fondés ; d'autre part, quelle que soit la manière dont on pose ces rapports, il faut leur conférer quelque chose d'absolu dans lequel ils sont fondés, par la génération et la corruption duquel ils sont engendrés et corrompus. Quant à moi, je demande encore à Aristote si ces relations des vertus ont bien lieu. | Et dans tous les cas il faut que oui, puisqu'elles 347

non essent et modo sint et cum secundum eum sequantur ad motus factos in passionibus sensualibus. Sed omne quod fit oportet quod habeat causam sui effectivam et non solum causam mediatam sed etiam immediatam, quia omnis causa media supponit immediatam. Quaero etiam an fiant aliquo modo per se aut solum per accidens : et quocunque horum dato semper oportet poni aliquem per se effectum in subiecto seu potentia in qua fiunt. Dicere autem quod motus factus in sensitiva parte et in organis eius sit causa effectiva et totalis ipsarum virtutum non solum est multipliciter absurdum, sed etiam simpliciter haereticum; destruit enim totaliter arbitrii libertatem et virtutum et meriti nobilitatem et multa alia quae suo loco habent magis tangi. – Alia etiam ratio eius quam in libro *De anima*[1] et I *De caelo et mundo* et alibi videtur innuere, quod scilicet si in parte intellectiva est motus, quod ibi erit vera alteratio ac per consequens corruptio et potentia ad non esse, frivola est et vana; tum quia petit principium supponens id quod probare debebat – supponit enim quod ubicunque est motus alterationis, quod ibi sit potentia ad non esse seu ad corruptionem formae substantialis –; tum quia apud omnes est per se notum quod subiectum motus, in quantum tale, per motum non destruitur, sed potius in toto motu semper salvatur et manet, potentiae autem substantiae intellectualis motibus suis subiciuntur, ita quod motiones illae non possunt in eis esse vel intelligi ipsis potentiis in sua specie non salvatis;

1. Aristote, *De l'âme*, I, 4, 408a34 *sq.*; II, 12, 424a17 *sq.*; III, 4, 429a10 *sq.*

n'étaient pas auparavant et qu'elles sont maintenant, et puisque, selon lui, elles sont consécutives à des mouvements produits dans les passions sensitives. Or tout ce qui se produit doit avoir une cause efficiente : non seulement une cause médiate, mais aussi une cause immédiate, car toute cause médiate suppose une cause immédiate. Je demande encore si elles se produisent de quelque manière par soi, ou seulement par accident ; et, quelle que soit la manière postulée, il faut toujours poser quelque effet par soi dans le sujet ou la puissance au sein de laquelle elles adviennent. Or il est non seulement absurde de bien des manières, mais aussi tout à fait hérétique d'affirmer que le mouvement produit dans la partie sensitive et dans ses organes est cause efficiente et totale de ces vertus; cela ruine en effet totalement le libre arbitre, la noblesse des vertus et du mérite, et bien d'autres choses qui doivent être davantage traitées en lieu opportun. – Elle est aussi légère et vaine cette autre argumentation qu'il semble esquisser dans le traité *De l'âme*, dans le premier livre *Du ciel et du monde*, et ailleurs encore, à savoir que s'il y a un mouvement dans la partie intellective, il y aura une véritable altération et par conséquent une corruption et une possibilité de ne pas être. En effet, cette argumentation commet une pétition de principe, supposant ce qu'elle devait prouver – elle suppose en effet que partout où il y a un mouvement d'altération, il y a une puissance par rapport au non-être ou à la corruption de la forme substantielle. – D'autre part, pour tout le monde, il est évident que le sujet du mouvement, en tant que tel, n'est pas détruit par le mouvement, mais qu'il est plutôt conservé et qu'il perdure tout au long du mouvement; or les puissances de la substance intellectuelle sont sous-jacentes à leurs mouvements, de sorte que ces mouvements ne peuvent être ou être conçus en elles si ces puissances ne sont pas maintenues en leur espèce.

tum quia tam ipsi Aristoteli [1] quam eius sequacibus est notum quod motus non corrumpit nisi solum formas incontingentes, quoniam nec per motum fiunt omnia ex omnibus, utpote non fit album ex nigro seu ex quocunque non albo, sed solum ex 348 non albo quod privat albedinem tanquam | ei incontingens seu incompossibile; sed motus qui sunt in substantiis intellectualibus seu qui ibi esse possunt et eorum termini nullam habent incontingentiam aut oppositionem cum formis substantialibus earum, quin semper potius eas praesupponunt et in sua ratione et existentia semper includuntur, quoniam materia seu potentia passiva substantiarum intellectualium nullum habet ordinem ad huiusmodi motus nec ad terminos eorum nisi mediantibus suis formis substantialibus; tum quia nulla causa effectiva ipsius motus est per se et immediate sui ipsius per motum illius destructiva, sed potentiae cum suis formis sunt causae effectivae omnium motuum fere qui in eis fiunt, ergo per tales motus impossibile est eas destrui per se et directe nec est dare qualiter per accidens hoc posset fieri. Praeterea, quomodo per hoc probatur quod saltem ibi esse non possit motus localis absque omni corruptibilitate suarum substantiarum, cum hoc ponant esse in caelis? Quod autem angeli [2] moveantur per loca et sic per consequens quod habeant in se aliquod mobile quod sit per se subiectum huius motus in quaestione de loco angeli ostendetur.

1. Aristote, *Métaphysique*, VII, 7, 1032a20; b17 *sq.*; *De la génération et la corruption*, II, 4, 331a7 *sq.*; I, 7, 323b1 *sq.*

2. Cf. *Quaest. in II Sent.*, q. XXXII.

Par ailleurs, aussi bien Aristote que ses sectateurs savent que le mouvement ne corrompt que les formes incompatibles, puisque, par voie de mouvement, toutes choses n'adviennent pas à partir de toutes choses, par exemple le blanc n'advient pas à partir du noir ou de n'importe quel non-blanc, mais seulement du non-blanc qui exclut la blancheur comme | incompatible ou incompossible avec lui; cependant, les **348** mouvements qui sont dans les substances intellectuelles ou qui peuvent y être, ainsi que leurs termes, n'entretiennent aucune incompatibilité ou aucune opposition avec leurs formes substantielles; au contraire, ils les présupposent plutôt toujours et ils les incluent toujours en leur raison et en leur existence, puisque la matière ou la puissance passive des substances intellectuelles n'est nullement ordonnée à ces mouvements et à leurs termes, sinon par la médiation de leurs formes substantielles. En outre, aucune cause efficiente de ce mouvement n'est par soi et immédiatement autodestructrice par le biais de ce même mouvement; or ces puissances [intellectuelles] et leurs formes sont causes efficientes de presque tous les mouvements qui se produisent en elles; il est donc impossible que par de tels mouvements elles soient détruites par soi et directement, et on ne voit pas comment cela pourrait se produire par accident. Par ailleurs, comment prouve-t-on que, dans ce cas au moins, il ne peut y avoir de mouvement local sans corruption de ces substances, alors qu'ils posent que cela se produit dans les cieux ? Dans la question sur le lieu de l'ange on montrera que les anges se meuvent à travers des lieux et qu'ils ont par conséquent en eux quelque chose de mobile qui est par soi le sujet de ce mouvement.

Huius etiam sententiae non videntur omnes philosophi fuisse. Unde Simplicius, *Super praedicamenta*[1], capitulo *De motu*, dicit quod tria sunt genera motuum, scilicet motus intellectualis, animalis, naturalis. In praedicamentis[2] autem Aristoteles non determinat nisi de motu corporali et naturali.

Quod etiam in praedicta ratione adiungitur quod illud possibile quod est in potentia ad formas accidentales quae de potentia subiecti non educuntur, sicut est lumen in aere, non est univocum cum illo possibili quod est in potentia ad formas substantiales : patet esse falsum ex iis quae in principali responsione sunt dicta.

Ad decimum tertium dicendum quod maior est simpliciter
349 falsa, quamvis credam quod sit Aristotelis[3], | quia nec etiam credo quod semper oporteat corruptibile et incorruptibile secundum speciem differre, immo nec semper numero. Credo enim quod corpora humana fient vere incorruptibilia post resurrectionem per suam formam substantialem quae est rationalis anima, sicut alibi habet ostendi[4]. Ratio autem praedictae positionis habet falsum fundamentum et satis superius improbatum, quod scilicet incorruptibilitas solummodo possit inesse propter privationem potentiae seu materiae per quam ipsum corruptibile potest non esse et quod corruptibilitas insit solum ipsis corruptibilibus propter talem potentiam vel materiam. Sicut enim supra satis est ostensum, non semper materia est

1. Simplicius, *In Aristotelis Categorias commentarium*, C. Kalbfleisch (ed.), p. 427.

2. Aristote, *Catégories*, 14, 15a13 *sq.*

3. Aristote, *Métaphysique*, X, 10, 1058b26 *sq.*

4. Olivi pourrait se référer ici à la question sur les corps glorieux qui ne nous est pas parvenue. *Cf.* S. Piron, « Les œuvres perdues d'Olivi », art. cit., p. 377.

De plus, tous les philosophes ne paraissent pas partager cette opinion. Ainsi, dans le chapitre sur le mouvement de son commentaire sur les *Catégories*, Simplicius dit qu'il y a trois genres de mouvements : le mouvement intellectuel, le mouvement du vivant et le mouvement naturel. Or, dans les *Catégories*, Aristote ne se prononce que sur le mouvement corporel et naturel.

Ce qui est joint à l'argumentation mentionnée ci-dessus se révèle également erroné à partir de ce qui a été dit dans la réponse principale : il pose en effet que le possible en puissance à l'égard des formes accidentelles qui ne sont pas tirées de la puissance du sujet, comme la lumière dans l'air, ne correspond pas de manière univoque au possible qui est en puissance à l'égard des formes substantielles.

Au treizième argument il faut répondre que la majeure est absolument fausse, bien que je croie qu'elle est d'Aristote, | car je ne crois pas qu'il faille toujours que le corruptible **349** et l'incorruptible diffèrent selon l'espèce, et pas même qu'ils diffèrent toujours selon le nombre. Je crois en effet que les corps humains deviendront vraiment incorruptibles après la résurrection en vertu de leur forme substantielle qui est l'âme rationnelle – comme on doit le montrer ailleurs. L'argument de la position mentionnée auparavant repose sur un fondement erroné, qui a déjà été suffisamment réfuté. Selon ce fondement, l'incorruptibilité ne peut appartenir à un être qu'en vertu de la privation de la puissance ou de la matière par laquelle ce qui est corruptible peut ne pas être, et la corruptibilité n'appartient qu'aux réalités corruptibles en vertu d'une telle puissance ou matière. Or comme on l'a suffisamment montré auparavant, la matière n'est pas toujours

tota causa corruptibilitatis aut incorruptibilitatis, immo semper maior et potior ratio est ex parte formae. Incorruptibilitas igitur potest tribus modis rebus inesse : aut ratione speciei ipsius materiae, quando scilicet secundum suam speciem est ita determinata ad aliquas species formarum quod nullo modo est in potentia ad alias. Et hoc modo non posse corrumpi aut verti in corpora competit intellectualibus, et e contrario non posse verti in intellectualia competit per hoc ipsum corporalibus. Alio modo potest rebus inesse ratione ipsius formae. Et hoc potest fieri duplici via : aut quia scilicet forma illa est talis naturae quod non potest per motum generari aut corrumpi seu per motum a sua materia separari nec habet aliquam formam oppositam ad quam materia eius per motum posset duci, quamvis alias posset a prima recedere et alteram recipere a causa quae potest hoc facere sine motu, scilicet a Deo. Et hoc modo competit incorruptibilitas solis substantiis intellectualibus, ut credo ; de omnibus enim corporalibus dicit Augustinus, *Super Genesim*, libro VII, quod « omne corpus potest in quodcunque corpus verti » [1]. Alio modo ex parte ipsius formae potest hoc fieri, quando in tanta sublimitate tamque potenter tenet materiam sub se quod nullum agens creatum potest in ea imprimere actionem seu impulsum et inclinationem per quam possit vel ad modicum ad formam oppositam inclinari et

---

1. Augustin, *La Genèse au sens littéral*, VII, 12, trad. fr. J. Agaësse, A. Solignac, BA, t. 48, p. 534.

la cause totale de la corruptibilité ou de l'incorruptibilité ; au contraire, la forme en est un fondement toujours plus grand et plus puissant. L'incorruptibilité peut donc appartenir aux choses de trois façons. Premièrement, en raison de l'espèce de la matière, lorsque celle-ci est déterminée par son espèce à l'égard de certains types de formes, de sorte à n'être aucunement en puissance à l'égard d'autres types de formes. De cette manière, ne pas pouvoir se corrompre ou être changé en corps appartient aux substances intellectuelles ; inversement, ne pas pouvoir être changé en substances intellectuelles revient pour la même raison aux substances corporelles. Deuxièmement, l'incorruptibilité peut appartenir aux choses en vertu de la forme elle-même. Cela peut se produire de deux manières : en effet, d'une première manière, lorsque la forme est de nature à ne pas pouvoir être engendrée ou corrompue par voie de mouvement, et à ne pas pouvoir être séparée de sa matière par le mouvement, elle ne possède pas non plus une forme opposée vers laquelle sa matière pût être amenée par un mouvement – bien que celle-ci puisse par ailleurs s'éloigner de sa forme première et en recevoir une autre par l'intervention d'une cause capable de faire cela sans mouvement, c'est-à-dire par Dieu. Or je crois que de cette manière l'incorruptibilité n'appartient qu'aux substances intellectuelles ; de toutes les substances corporelles Augustin dit en effet, dans le commentaire de la *Genèse*, au septième livre, que « tout corps peut être changé en n'importe quel autre corps ». D'une autre manière l'incorruptibilité peut résulter de la forme lorsque celle-ci domine la matière d'une telle hauteur et avec tellement de force qu'aucun agent créé ne peut y imprimer la moindre action, impulsion ou inclination, par laquelle il pourrait l'orienter aussi peu que ce soit vers une forme opposée

350 ab ipsa elongari. Et hoc modo fiet in resurrectione, sicut | suo loco magis ostendetur[1]. Ex nullo autem istorum trium modorum potest concludi materiam non esse in rebus incorruptibilibus aut non esse unam genere in omnibus, quamvis ex primo modo sequatur quod non sit eiusdem speciei in intellectualibus et corporalibus; quod in alia quaestione de materia est concessum[2].

Ad decimum quartum dicendum quod materia angelorum est ex sua specie et essentia determinata ad formas intellectuales, non tamen tali determinatione quae dicat aliquem actum formalem; sicut nec materia corporalis est determinata ad primas formas corporales per aliud quam per ipsam. Talis enim determinatio non dicit aliud quam quandam conditionem materialem ipsius possibilis; sicut in quaestione alia de materia est tactum[3]. Quamvis autem materia angelica, quantum est de se, sit indifferens ad formas intellectuales: non tamen propter hoc est mobilis ad illas, causis supra iam dictis.

Ad decimum quintum dicendum quod aliud est esse dissolubile simpliciter, aliud esse dissolubile tali vel tali modo, utpote per motum aut per actionem agentis creati aut aliquo consimili modo. Substantiae igitur intellectuales sunt dissolubiles per puram annihilationem principiorum, ita quod dissolutio nihil aliud significet quam annihilationem compositi vel compositionis earum. Sunt etiam dissolubiles, quia Deus posset absque motu eas in aliud quodcunque convertere, sicut convertit panem in corpus Christi, aut materiam earum sub alia

---

1. Question perdue, *cf.* S. Piron, « Les œuvres perdues d'Olivi », art. cit., p. 377.

2. Cf. *Quaest. in II Sent.*, q. XX, p. 376-377.

3. Cf. *Quaest. in II Sent.*, q. XVII, p. 357 et q. XX, p. 377.

et l'éloigner de la sienne. C'est bien ce qui arrivera lors de la résurrection, comme | il sera montré davantage en lieu 350 opportun. D'aucune de ces trois manières on ne peut conclure qu'il n'y a pas de matière dans les choses incorruptibles ou encore qu'elle n'est pas une par le genre dans toutes les choses, bien que de la première manière il découle qu'elle n'est pas de la même espèce dans les substances intellectuelles et dans les substances corporelles; ce qui a déjà été concédé dans une autre question sur la matière.

Au quatorzième argument il faut répondre que la matière des anges est déterminée à l'égard des formes intellectuelles par son espèce et son essence, mais non par une détermination signifiant un acte formel; de même, la matière corporelle n'est pas déterminée à l'égard des premières formes corporelles par autre chose qu'elle-même. En effet, une telle détermination ne signifie rien d'autre qu'une certaine condition matérielle de ce qui est possible – comme il a été traité dans une autre question sur la matière. Or, bien que la matière angélique considérée en elle-même soit indifférente vis-à-vis des formes intellectuelles, il ne s'ensuit pas pour autant qu'elle puisse être mue vers ces formes, en vertu des raisons déjà évoquées.

Au quinzième argument il faut répondre qu'il est différent de pouvoir être dissout absolument et de pouvoir l'être de telle ou telle façon, que ce soit notamment par voie de mouvement, par l'action d'un agent créé ou de quelque manière semblable. Les substances intellectuelles peuvent donc être dissoutes par la pure annihilation de leurs principes, de sorte que leur dissolution ne signifie rien d'autre que l'annihilation du composé ou de leur composition. Elles peuvent aussi être dissoutes du fait que Dieu pourrait les changer en quelque chose d'autre sans recours au mouvement – comme il change le pain en corps du Christ –, ou qu'il pourrait établir leur matière sous une autre

forma intellectuali constituere et formam earum in alia materia intellectuali ponere. Ista enim non repugnant incorruptibilitati quam ponimus in angelis.

Ad decimum sextum dicendum quod ista ratio arguit ex suppositione quod omnium angelorum creatorum et creabilium sit una materia numero, et non solum unitate privativa, sed etiam positiva et reali; quam etiam non ponunt illi qui ponunt unam materiam numero in omnibus. Dico igitur quod tota materia unius angeli vestitur sua forma, non autem propter hoc materia aliorum angelorum. – Quando autem dicitur quod materia angelorum non potest esse divisibilis : verum est de divisione quae in se includit corporalem | extensionem et situm seu positionem; nihilominus tamen materiae eorum sunt divisae seu potius diversae per suas proprias essentias, sicut et per suas essentias differunt a suis formis.

Ad decimum septimum dicendum quod posito quod materia angeli habeat intra se partes, sicut quidam volunt, non tamen tales quae sint aliquo modo receptibiles situs aut extensionis et ita non tales quarum una possit esse extra alteram tali modo exterioritatis qui in se aliquo modo implicet situm aut extensionem. – Quod autem dicitur quod omni forma abstracta essent actu divisae : idem posset dici de materia corporali; et tamen si divisio proprie sumatur, dicit aliquid formale. Unde proprie non essent divisae nec unitae; unde sicut alibi dictum est [1], materia non est bene intelligibilis nisi ut

---

1. *Cf.* dans un sens similaire *Quaest. in II Sent.*, q. XX, p. 378 et q. XXI, p. 386.

forme intellectuelle et introduire leur forme dans une autre matière intellectuelle. En effet, ces types de dissolutions ne s'opposent pas à l'incorruptibilité que nous admettons dans les anges.

Au seizième argument il faut répondre que ce raisonnement suppose qu'il y a une matière numériquement une pour tous les anges créés et susceptibles de l'être, et que cette unité n'est pas seulement privative, mais aussi positive et réelle – unité que n'admettent même pas ceux qui posent une seule matière numériquement une en toutes choses. J'affirme donc que toute la matière d'un ange est revêtue de sa forme, sans pour autant prétendre que la matière des autres anges le soit aussi. – Or, quand on dit que la matière des anges ne peut pas être divisible, c'est vrai de la division qui inclut en soi | l'extension corporelle et le lieu ou la position; leurs matières **351** sont néanmoins divisées, ou plutôt diversifiées, en raison de leurs essences propres, de même que c'est par leurs propres essences qu'elles diffèrent de leurs formes.

À la dix-septième objection il faut répondre ainsi : en admettant que la matière d'un ange possède en elle des parties, comme certains le prétendent, ces parties ne sont néanmoins pas susceptibles de recevoir un emplacement ou d'avoir une étendue; elles ne sont donc pas telles que l'une puisse être en dehors de l'autre sur un mode d'extériorité, qui impliquerait d'une certaine manière un lieu ou une étendue. – Et si l'on disait que ces parties sont divisées en acte, abstraction faite de toute forme, on pourrait dire la même chose de la matière corporelle; et cependant, si la division était prise au sens propre, elle signifierait quelque chose de formel. C'est pourquoi, à proprement parler, les parties ne seraient ni divisées ni unies; par conséquent, comme il a été dit ailleurs, la matière n'est vraiment intelligible que

sub forma. – Quod etiam adiungitur quod aut esset divisibilis in infinitum aut non : sequendo illos qui volunt eam habere partes, potest dici quod in infinitum, exclusa tamen semper divisione in se implicante situm.

Ad duodevicesimum dicendum quod formam esse totaliter inclusam intra suam materiam potest dupliciter intelligi : aut quantum ad suum esse solum, quia scilicet secundum totam suam essentiam est in ea recepta nec alibi existit praeterquam in ea ; et hic modus in nullo repugnat liberti creatae[1], immo sine eo esse non potest, sicut suo loco ostendetur[2]. Alio modo potest hoc intelligi quantum ad suum agere seu operari, quia scilicet nullo modo potest in suam materiam agere et dominative ei praesidere et imperiose eam movere ; et hoc modo forma angelica non est a sua materia quasi conclusa.

Ad undevicesimum dicendum quod conditiones materiales ex parte obiecti acceptae non impediunt actum intellectus et voluntatis ; alias, res materiales et conditiones earum non possent intelligi aut diligi ab aliquo intellectu, etiam ab intellectu divino. Si autem accipiantur ex parte ipsius potentiae, adhuc non est verum, nisi materiale accipiatur pro corporali. Conditiones enim materiae corporalis, si essent in potentia intellectiva, nullo modo posset aliquid intelligere ; sicut nec hoc posset, si sua forma esset forma corporalis. Si vero accipiantur ex parte speciei et actus intellectualis,

---

1. *Liberti creatae* : nous corrigeons « liberti » par « libertati ».
2. Cf. *Quaest. in II Sent.*, q. LVII, p. 305-394.

sous la forme. – Et si l'on ajoutait qu'elle est divisible à l'infini ou qu'elle ne l'est pas, on pourrait dire, en suivant ceux qui soutiennent qu'elle possède des parties, qu'elle est divisible à l'infini, en excluant cependant toujours la division qui implique un lieu.

À la dix-huitième objection il faut répondre qu'on peut concevoir de deux manières l'inclusion totale de la forme dans sa matière : [d'une manière] quant à son être seulement, dans la mesure où elle est reçue en elle selon toute son essence et n'existe pas ailleurs qu'en elle. Et cette manière ne contredit en aucune façon la liberté créée ; bien au contraire, celle-ci ne pourrait être sans elle, comme il sera montré en lieu opportun. D'une autre manière, cette inclusion peut être comprise relativement à son agir ou à son mode d'opérer, car [sans elle] la forme ne peut aucunement agir dans sa matière, ni la régir de façon à la dominer, ni la mouvoir souverainement ; et de cette manière la forme angélique n'est pas, pour ainsi, dire enfermée par sa matière.

À la dix-neuvième objection il faut répondre que les conditions matérielles, envisagées du côté de l'objet, n'empêchent pas l'acte de l'intellect et de la volonté ; autrement, les choses matérielles et leurs conditions ne pourraient être connues ou aimées par aucun intellect, même pas par l'intellect divin. Mais si elles sont envisagées du côté de leur puissance, cela n'est pas vrai non plus, sauf si l'on prend « matériel » comme équivalent de « corporel ». En effet, si les conditions de la matière corporelle étaient dans la puissance intellective, celle-ci ne pourrait en aucune manière connaître quelque chose ; et il en irait de même, si sa forme était une forme corporelle. Si derechef ces conditions étaient envisagées du côté de l'espèce et de l'acte intellectuel,

352 | adhuc non est omnino verum. Oportet enim eas habere
aliquam materiam seu aliquod recipiens quod informent; et si
sint species rerum materialium et corporalium, oportet eas
habero vim repraesentandi conditiones materiales et corporales. – Quod autem dicitur quod quando homo aliquid vult
pure intelligere, abstrahit se pro viribus a conditionibus materialibus : dico quod hoc non est verum nisi sub hoc intellectu
quod quando homo vult intelligere aliquid spirituale et insen-
sibile seu incorporeum, elevat aspectum suum ab obiectis
corporalibus seu a speciebus repraesentantibus corporalia,
quales sunt species imaginationis; et quando vult intelligere
aliquid universaliter et absolute, tunc per quandam intellec-
tualem discretionem seu distinctionem discernit et discer-
nendo separat rationem naturae absolutae et universalis a
ratione suae individuationis. Et quoniam quidam crediderunt
materiam esse totam causam individuationis et non posse
accipi nisi individualiter et sub conditionibus individualibus :
idcirco abstractionem naturae universalis a conditionibus individualibus vocant frequenter abstractionem a conditionibus
materialibus, quamquam quidam eorum adhuc magis erronee
hoc faciant, pro eo quod credunt species intellectuales esse
universales et in nulla materia existentes.

Ad vicesimum dicendum quod species intellectualis
quantum ad suam essentiam et esse est abstractissima a
conditionibus materiae corporalis, non autem a conditionibus
materiae intellectualis. Illae autem species per quas intelliguntur materiae corporales quantum ad vim et modum repraesentandi non sunt abstractae a conditionibus corporalibus,

| cela ne serait pas encore tout à fait vrai. Il faut en effet que ces 352
conditions comportent une matière ou quelque réceptacle
qu'elles informent; et si elles étaient les espèces des choses
matérielles et corporelles, il faudrait qu'elles aient la capacité
de représenter les conditions matérielles et corporelles. – Et si
l'on dit que, lorsqu'un homme veut connaître quelque chose
purement et simplement, il s'abstrait autant que faire se peut
des conditions matérielles, je réponds que ce n'est pas vrai, si
ce n'est en ce sens que, lorsqu'un homme veut connaître
quelque chose de spirituel et de non-sensible ou d'incorporel,
il détache son regard des objets corporels ou des espèces
représentant les objets corporels, telles les espèces de
l'imagination; et lorsqu'il veut connaître quelque chose de
manière universelle et absolue, il discerne au moyen d'une
division ou d'une distinction intellectuelle et, en discernant, il
sépare la raison de la nature absolue et universelle de la raison
de son individuation. Certains ont cru que la matière est cause
totale de l'individuation et qu'elle ne peut être envisagée
qu'individuellement et sous les conditions individuelles, c'est
pourquoi ils désignent souvent l'abstraction de la nature
universelle à partir des conditions individuelles comme
abstraction des conditions matérielles; cela dit, certains
d'entre eux commettent une erreur encore plus grande, dans la
mesure où ils croient que les espèces intellectuelles sont
universelles et n'existent dans aucune matière.

À la vingtième objection il faut répondre que l'espèce
intellectuelle est, quant à son essence et à son être, abstraite
au plus haut point des conditions de la matière corporelle,
mais non des conditions de la matière intellectuelle. Or,
dans la mesure où elles représentent vraiment les choses
corporelles, les espèces par lesquelles on connaît les matières
corporelles ne sont pas abstraites des conditions corporelles

cum vere repraesentent corporalia; quamvis sint abstractae seu remotae ab eis quantum ad essentiam et esse.

Ad vicesimum primum dicendum quod quamvis anima rationalis habeat materiam spiritualem, quia tamen praeter hoc habet essentialem respectum ad corpus humanum tanquam forma ad suam materiam : idcirco nunquam debet dici per se substantia completa, sed potius incompleta.

Ad vicesimum secundum dicendum quod una forma bene potest simul informare diversas materias ad ipsam ordinate se 353 habentes. Qualiter autem hoc possit fieri | et specialiter a forma rationalis animae in quaestione an sensitiva hominis in substantia animae rationalis radicetur sufficienter pro posse meo est tactum [1].

Ad argumenta autem in contrarium quae de dictis philosophorum sumuntur respondent illi qui credunt philosophis, saltem Aristotelis sequaces in intellectualibus materiam non posuisse; et quamvis mihi non sit curae quid ipsi inde senserint, magis tamen mihi videtur eos materiam iuxta modum praedefinitum acceptam in eis non posuisse.

Ad primum igitur dicendum quod Aristoteles non creditur voluisse substantias intellectuales esse in praedicamento substantiae, quoniam illas posuit tanquam quosdam deos et totam naturam suae speciei intra se habentes et magis extra genus quam in genere existentes; quamvis animam rationalem pro tanto forte ponat in praedicamento substantiae, pro quanto

1. Cf. *Quaest. in II Sent.*, q. LI, p. 121-126.

quant au pouvoir et au mode de représenter; elles en sont cependant abstraites ou éloignées quant à leur essence et à leur être.

À la vingt et unième objection il faut répondre que, même si l'âme rationnelle possède une matière spirituelle, elle ne doit cependant jamais être dite substance complète par soi, mais plutôt substance incomplète, car elle a de surcroît une relation essentielle au corps humain, comme une forme qui se rapporte à sa matière.

À la vingt-deuxième objection il faut répondre qu'une forme peut bien informer simultanément différentes matières qui s'y rapportent de façon ordonnée. Cependant, quant à la manière dont cela peut se réaliser, | en particulier par la forme 353 de l'âme rationnelle, j'en ai déjà suffisamment parlé, dans la mesure de mes capacités, dans la question qui demande si la faculté sensitive de l'homme s'enracine dans la substance de l'âme rationnelle.

Aux arguments opposés tirés des dires des philosophes, ceux qui se fient aux philosophes, du moins les sectateurs d'Aristote, répondent que ceux-ci n'ont pas posé de matière dans les substances intellectuelles; or, bien que je n'aie cure de ce qu'ils ont bien pu penser, il me semble plutôt qu'ils n'ont pas posé en elles de matière envisagée de la manière définie ci-dessus.

Au premier argument il faut donc répondre qu'on ne pense pas qu'Aristote ait voulu que les substances intellectuelles soient dans la catégorie de la substance, car il les a considérées comme des dieux, comprenant toute la nature de leur espèce et existant hors de tout genre, plutôt qu'à l'intérieur d'un genre; par contre, il place vraisemblablement l'âme rationnelle dans la catégorie de la substance, dans la mesure où il la comprend

ponit eam partem formalem hominis. Quod autem hoc senserit arguunt ex eo quod dicit X *Metaphysicae*[1], quod corruptibile et incorruptibile differunt plus quam secundum genus. Dicunt ergo quod in praedicamentis non agit nisi de substantiis sensibilibus et de earum accidentibus quae faciunt novem praedicamenta, quia nec habitus virtutum, prout secundum eum dicunt qualitates accidentales, creditur posuisse in substantiis omnino separatis, sed in anima hoc esse ex coniunctione ad corpus.

Et propter hoc patet ad secundum.

Ad tertium dicendum quod Aristoteles non creditur posuisse motum in substantiis separatis; unde et in VIII **354** | *Physicorum*[2] vocat eas motores omnino immobiles. Nec mirum, quia nec in anima rationali ponit motum; unde et virtutes ponit ibidem sequi ad motum factum in sensibilibus absque hoc quod motus fiat in ipsa anima; et idem vult de scientia. Et ideo licet ponat motum non posse esse sine materia, non propter hoc sequitur quod posuerit materiam in eis, quia non posuit motum in eis. Quod autem, I *De generatione*, vult quod passio sit ratione materiae : de passione alterante, per quam scilicet aliquid corrumpitur et aliquid generatur, sive simpliciter sive secundum quid, hoc intendit, quam communiter vocat passionem naturalem, sicut eius efficiens motorem naturalem. Unde, in libro II et III

1. Aristote, *Métaphysique*, X, 10, 1058b26 *sq.*
2. Aristote, *Physique*, VIII, 5, 256a13 *sq.*; 258b *sq.*

comme la partie formelle de l'homme. Qu'Aristote ait pensé cela, ils le justifient à partir de ce qu'il dit au dixième livre de la *Métaphysique*, à savoir que le corruptible et l'incorruptible diffèrent plus que selon le genre. Ils affirment donc que, dans la doctrine des catégories, Aristote ne traite que des substances sensibles et de leurs accidents – qui constituent les neuf catégories –, en pensant qu'Aristote n'a posé aucune disposition de vertus dans les substances absolument séparées, dans la mesure où, selon lui, ces dispositions signifient des qualités accidentelles ; en revanche, ces dispositions sont dans l'âme en vertu de la jonction avec le corps.

Et pour la même raison la réponse au deuxième argument est claire.

Au troisième argument il faut répondre qu'on ne croit pas qu'Aristote ait admis le mouvement dans les substances séparées. C'est pourquoi, au huitième livre | de la *Physique*, il **354** les nomme moteurs parfaitement immobiles. Cela n'est pas étonnant, car il ne pose pas non plus de mouvement dans l'âme rationnelle ; ainsi, au même endroit, il soutient que les vertus font suite au mouvement produit dans les choses sensibles, sans que pour autant un mouvement ne se produise dans l'âme ; et il affirme la même chose au sujet de la science. Pour cette raison, bien qu'il ne puisse y avoir de mouvement sans matière, selon Aristote, il ne s'ensuit pas pour autant qu'il ait posé de la matière dans les substances séparées, car il ne leur a pas attribué de mouvement. Dans le premier livre *De la génération*, Aristote soutient que la passion relève de la matière : il s'agit alors de l'altération, par laquelle quelque chose est corrompu et quelque chose est engendré, soit absolument soit relativement – altération qu'il nomme ordinairement « passion naturelle », à la manière dont il nomme « moteur naturel » sa cause efficiente. C'est pourquoi, dans les deuxième et troisième livres du traité

De anima, passiones quae fiunt in apprehensivis potentiis non vult esse univocas cum passionibus alterativis quas quidam sequaces eius passiones intentionales vocant; primas autem passiones non ponit in substantiis intellectivis nec forte secundas nisi in solo intellectu humano.

Ad quartum patet per praedicta : quia si ipse non ponit in eis individuationem contrahentem speciem ad determinatam materiam, non propter hoc oportebit quia de sola tali individuatione videtur velle quod exigat materiam.

Ad quintum dicendum quod absque dubio tam Aristoteles quam eius sequaces ponunt in intellectu humano aliquid potentiale quod et intellectum possibilem vocant, sed forte in aliis separatis substantiis hoc non ponunt, saltem ita plene. Non tamen volunt quod aliquam univocationem habeat cum materia, sed solum quantum ad aliqua habeat consimilem rationem, analogice tamen. Unde et Averroes manifeste posuit caelum non habere materiam nec habere potentiam nisi solum ad ubi; quia, si haberet materiam, vult quod haberet potentiam ad non esse et quod esset generabile et corruptibile, sicut patet 355 in commento | suo super primum *De caelo et mundo* et super VIII *Physicorum*[1].

Sextum autem argumentum credo quod bene concludat, quamvis aliquae evasiones sophisticae dari possent. Sed forte ex verbis Aristotelis[2] hoc non sequeretur, quia quod in

1. Averroès, *Aristotelis opera cum Averrois commentariis*, *De caelo I, summa 4*, Venetiis apud Junctas, 1562-1574, vol. V (réimp. Frankfurt a.M., Minerva, 1962), 4vb ; *De caelo I, summa 6*, 14rb *sq.* ; *Physicorum VIII, summa 3*, c. 2, 3, 5, 400ra *sq.* ; *Physicorum VIII, summa 4*, 423ra *sq.*

2. Aristote, *Catégories*, 5, 4a10 *sq.*

De l'âme, il n'admet pas l'univocité des passions qui se produisent dans les facultés appréhensives et des passions qui sont des altérations – et que certains de ses sectateurs appellent « passions intentionnelles » ; or il ne pose pas le premier type de passions dans les substances intellectives, ni peut-être le second, si ce n'est dans l'intellect humain.

La réponse au quatrième argument découle de ce qui a été dit. En effet, même si Aristote ne pose pas en elles d'individuation contractant l'espèce à une matière déterminée, cet argument ne sera pas nécessaire pour autant, car c'est seulement au sujet de cette individuation-là qu'il semble vouloir que la matière soit requise.

Au cinquième argument il faut répondre qu'Aristote, ainsi que ses sectateurs, admettent sans aucun doute dans l'intellect humain quelque chose de potentiel qu'ils appellent « intellect possible », mais ils ne le posent vraisemblablement pas dans les autres substances séparées, du moins pas aussi complètement. Ils n'affirment cependant pas qu'il y a un rapport d'univocité entre [l'intellect possible] et la matière, mais qu'ils ont seulement une raison de similitude relativement à certains aspects, toutefois sur le mode de l'analogie. C'est pourquoi, Averroès a manifestement posé que le ciel ne possède pas de matière ni de puissance, si ce n'est à l'égard du lieu ; car, s'il possédait une matière, Averroès prétendrait qu'il possède une puissance à l'égard du non-être et qu'il est engendrable et corruptible, comme cela apparaît clairement dans son commentaire | sur le premier livre du traité *Du ciel et du monde* **355** et sur le huitième livre de la *Physique*.

En revanche, je crois que le sixième argument est concluant, bien que certaines divagations sophistiques puissent s'y trouver. Mais cela ne découlerait probablement pas des propos d'Aristote : en effet, si dans la doctrine des catégories il

praedicamentis ponit proprie proprium substantiae esse susceptibile contrariorum, non creditur a multis hoc dixisse nisi de substantia sensibili de qua solum secundum eos praedicamentum contexit; nec secundum eos numerus qui est quantitas discreta est nisi in habentibus quantitatem continuam; et hoc credunt Aristotelem sensisse. Licet autem ista falsissima sint in se, ut tamen inanis et fallax philosophia Aristotelis et sequacium eius in iis et in aliis erroneis evitetur, scienter ista apposui.

pose que le propre proprement dit de la substance est d'être susceptible des contraires, de nombreux interprètes pensent qu'il ne l'a dit que de la substance sensible, et qu'il n'a établi cette catégorie qu'à son sujet. Par ailleurs, selon eux le nombre, qui est une quantité discontinue, ne se trouve que dans les choses possédant une quantité continue; et ils croient qu'Aristote a pensé cela. Or, bien que ces considérations soient en elles-mêmes totalement fausses, j'ai sciemment présenté ces arguments, afin d'éviter en ces erreurs et en d'autres la vaine et fallacieuse philosophie d'Aristote et de ses sectateurs.

QUAESTIO XVII

SECUNDO QUAERITUR AN POTENTIA MATERIAE
ADDAT ALIQUID REALITER DIVERSUM
AD ESSENTIAM EIUS

Et quod sic videtur.

1. Impossibile enim est diversas essentias esse penitus idem cum una simplici essentia; sed potentiae materiae sunt plures, sicut et actus formales; quot enim modis dicitur unum correlativorum, tot modis et reliquum; essentia autem materiae est una; ergo impossibile est quod sint penitus idem cum ipsa. – Huic autem rationi videtur consentire Commentator, super XI *Metaphysicae*[1], super illa parte : « Et dubitandum est in hoc et dicendum ex quo non ente fiat generatio » ; ait enim sic : « Non quodlibet ens fit ex qualibet potentia, sed unum-356 quodque entium fit ex eo quod | est in potentia id quod fit, id est, ex potentia propria, ita quod numerus potentiarum sit sicut numerus specierum entium generabilium » ; dixit hoc

___

1. Averroès, *Aristotelis opera cum Averrois commentariis, Metaphysicorum liber XII, comm. 11*, Venetiis apud Junctas, 1562-1574, vol. VIII (réimp. Frankfurt a.M., Minerva, 1962), 297rbE; *In I Physicorum Aristotelis*, vol. IV, 41rE-F; *De Substantia orbis*, c. 1, vol. IX, 3L-M.

QUESTION XVII

EN DEUXIÈME LIEU, ON DEMANDE SI LA PUISSANCE
DE LA MATIÈRE AJOUTE QUELQUE CHOSE
DE RÉELLEMENT DIFFÉRENT À SON ESSENCE

Et il semble qu'il en est ainsi.

1. En effet, il est impossible que des essences différentes soient tout à fait la même chose qu'une essence une et simple. Or les puissances de la matière sont nombreuses, de même que les actes formels ; en effet, l'un des deux corrélatifs se dit d'autant de manières que l'autre. Mais l'essence de la matière est une ; donc il est impossible que les puissances de la matière soient parfaitement identiques à elle. – Le Commentateur semble d'ailleurs souscrire à ce raisonnement, dans son commentaire du livre XI de la *Métaphysique*, à cet endroit : « Et il faut s'interroger à ce propos et dire à partir de quel non-étant se produit la génération » ; en effet, il s'exprime ainsi : « Un étant n'est pas produit à partir de n'importe quelle puissance, mais chaque étant est produit du fait qu'il | est déjà en puissance ce **356** qu'il devient, c'est-à-dire qu'il est produit à partir de sa puissance propre, de sorte que le nombre des puissances correspond au nombre des espèces des étants engendrables ». Et il a dit cela

secundum Aristotelem [1], quia opinatur quod sit una secundum subiectum et multa secundum habilitates.

2. Item, quaelibet forma, maxime substantialis, attingit totam essentiam suae materiae et tamen non attingit totam potentiam eius, quoniam si totam potentiam attingeret, illa existente in ea, non esset possibilis ad aliquam aliam formam; sed si potentia esset penitus eadem cum essentia materiae: quandocunque unum totaliter attingeretur, et reliquum; ergo et cetera.

3. Item, nos videmus quod materia acquirit novas potentias vel impotentias, secundum quod diversimode disponitur a diversis formis, ut materia corporis humani per formam organizationis fit capax animae; unde et ab Aristotele naturalis potentia vel impotentia ponuntur in secunda specie qualitatis [2]; sed hoc esset impossibile, si essent penitus eadem inter se; ergo et cetera.

4. Item, potentiae propinquae videntur esse diversae a potentiis remotis, unde et plures sunt illae quam istae; sed si omnino sunt idem cum essentia materiae, nulla in eis poterit esse diversitas; ergo et cetera.

[Respondeo]

Dicendum quod licet quidam [3] dixerint quod potentia sit accidens materiae et ita quod addat aliquid secundum rem diversum ad ipsam, moti ex rationibus praedictis et etiam quia

1. Aristote, *De la génération et la corruption*, I, 7, 324b6 *sq.*; II, 4, 331a7 *sq.*; *Physique*, I, 6-7, 189a1-191a24; *Métaphysique*, VII, 3, 1029a2 *sq.*; VII, 7, 1032a20 *sq.*; VIII, 1, 1042a24 *sq.*

2. Aristote, *Catégories*, 8, 9a14 *sq.*

3. *Cf.* Siger de Brabant, *Quaestiones in Metaphysicam, op. cit.*, V, q. 9, W. Dunphy (ed.), p. 332 et *Quaestiones in Metaphysicam, op. cit.*, V, q. 32, A. Maurer (ed.), p. 262.

conformément à Aristote, car il est d'avis que la matière est une selon le sujet et multiple selon les aptitudes.

2. De plus, chaque forme, et surtout la forme substantielle, atteint l'essence entière de sa matière sans toutefois épuiser toute sa puissance, car si elle épuisait sa puissance tout entière, une fois la forme présente dans la matière, celle-ci ne serait plus possible à l'égard d'une autre forme; mais si la puissance était parfaitement identique à l'essence de la matière, chaque fois que l'une d'elles serait atteinte entièrement, l'autre le serait aussi; donc, etc.

3. De plus, nous constatons que la matière acquiert de nouvelles puissances ou impuissances selon qu'elle est disposée différemment par des formes différentes : par exemple, la matière du corps humain devient apte à recevoir l'âme grâce à la forme de l'organisation corporelle. De ce fait, la puissance ou l'impuissance naturelle sont placées par Aristote dans la deuxième espèce de qualité. Or cela serait impossible, si elles étaient parfaitement identiques; donc, etc.

4. En outre, les puissances prochaines semblent être différentes des puissances lointaines, raison pour laquelle celles-là sont plus nombreuses que celles-ci; mais si elles sont absolument identiques à l'essence de la matière, il ne pourra y avoir en elles aucune diversité; donc, etc.

[Réponse]

Il faut répondre ainsi : certains ont affirmé que la puissance est un accident de la matière et que par conséquent elle lui ajoute quelque chose de réellement différent. Ils étaient motivés par les arguments énoncés auparavant, mais aussi par un

ubique sumpserunt pro primo principio quod ubicunque est diversitas rationum realium, semper est ibi diversitas essentialis, constat autem rationem potentiae et rationem essentiae **357** ipsius materiae esse rationes | diversas, et ita quod quaelibet earum est in materia secundum rem et non solum secundum modum intelligendi : credo tamen cum aliis [1] quod penitus sint eadem secundum rem.

Si enim essent diversae, tunc potentia esset recepta in essentia materiae ; recepta autem esse non posset, nisi materia haberet in se aliam potentiam per quam posset eam recipere, et sic iretur in infinitum. Oporteret etiam quod ipsa potentia esset quaedam forma, quia omne quod inhaeret materiae et quod determinat eam aliquo modo est forma materiae, unde et materia ordinatur ad omne quod in se recipit sicut ad suum actum, unde et prius erat possibilis ad recipiendum illud ; non dicitur autem possibilis nisi respectu actus, et etiam quia omne accidens ponitur in genere formarum. Nec mirum, quia cum ens sufficienter dividatur in materiam et formam et aggregatum ex eis seu compositum, certum est autem quod nullum accidens est materia nec aggregatum ex materia et forma : ergo necesse est quod omne accidens sit forma. Nemo autem rationabiliter dicere potest quod potentia materiae sit forma, cum per eam non significemus nisi solum ordinem materiae ad formam. Et praeterea constat quod non posset esse forma substantialis, quia talis dat materiae esse substantiale actu determinatum,

---

1. *Cf.* Boèce de Dacie, *Quaestiones super libros Physicorum*, I, q. 35, G. Sajó (ed.), p. 196 ; Thomas d'Aquin, *Quaestio disputata de spiritualibus creaturis*, q. unica, art. 11, P. Bazzi (ed.), t. II, p. 363 ainsi que *In I Physicorum*, lectio 14, éd. Léonine, t. II, p. 50.

principe premier adopté partout, à savoir que chaque fois qu'on est en présence d'une diversité de raisons réelles, il y a toujours aussi une diversité essentielle ; or c'est un fait que la raison de puissance et la raison d'essence de la matière sont des raisons | différentes, et que par conséquent chacune d'elles 357 est présente dans la matière réellement et non seulement selon le mode du connaître. Avec d'autres, je crois néanmoins que la puissance et l'essence de la matière sont parfaitement identiques dans la réalité.

En effet, si elles étaient différentes, la puissance serait reçue dans l'essence de la matière ; or elle ne pourrait y être reçue, à moins que la matière ait en elle une autre puissance par laquelle elle pourrait la recevoir – et on irait ainsi à l'infini. Il faudrait également qu'une telle puissance soit une certaine forme, car tout ce qui inhère à la matière et la détermine d'une façon ou d'une autre est une forme de la matière. C'est pourquoi la matière est ordonnée à tout ce qu'elle reçoit en elle comme à son propre acte, et c'est pourquoi elle était auparavant apte de le recevoir ; or on ne la dit possible que par rapport à un acte et du fait que tout accident appartient au genre des formes. Il n'y a là rien d'étonnant, car, puisqu'on subdivise de manière exhaustive l'étant en matière, forme et agrégat ou composé des deux, et que par ailleurs il est certain qu'aucun accident n'est matière ou agrégat de matière et de forme, il est donc nécessaire que tout accident soit une forme. Or personne ne peut raisonnablement soutenir que la puissance de la matière est une forme, puisque par la puissance nous ne signifions rien d'autre que l'ordre de la matière à la forme. Il apparaît aussi qu'elle ne saurait être une forme substantielle, car celle-ci octroie à la matière l'être substantiel et déterminé en acte,

quod nullo modo potest convenire ipsi potentiae; nec forma accidentalis esse potest nec etiam aliquo modo accidens, sicut in quaestione de materia substantiarum intellectualium[1] est ostensum ex parte rationis ipsius accidentis et rationis subiecti seu suppositi et rationis ipsius potentiae et corporalis materiae et potentiarum animae. – Ratio igitur receptionis et inhaerentiae clamat ipsam potentiam non esse aliquid diversum ab essentia materiae.

Ostendit etiam hoc ipsa essentia materiae et ratio eius. Omnibus enim aliis amotis ipsa per se est sufficienter possibilis ad omnia quae in ea possunt esse; unde nullo modo potest intelligi nisi ut possibilis. Si autem potentia diceret aliquid ab 358 ea diversum, potentiis amotis ipsa | non esset possibilis ad aliquid et ita de se nullum haberet ordinem aut respectum ad suas formas possetque intelligi ut non possibilis et sic per consequens ut a nullo determinabilis; et ita sequeretur quod cum omne ens sit determinabile ab alio aut terminus seu determinatio eius, quod ipsa posset intelligi vere ut quoddam ens de se sufficienter determinatum. – Praeterea, ita se habet materia ad suam possibilitatem sicut forma ad suam actualitatem et ita immediate materia refertur ad formam sicut forma ad ipsam; sed actualitas ipsius formae non dicit aliud ab essentia eius, cum forma et actus sint idem. Et etiamsi diceret aliud, tunc essentia formae nullam haberet de se actualitatem seu actum. Ipsa etiam forma per suam essentiam refertur ad materiam,

---

1. Cf. *Quaest. in II Sent.*, q. XVI, p. 297, 308 et 316-318.

ce qui ne peut relever en aucune façon de la puissance elle-même. Elle ne peut pas non plus être une forme accidentelle, ni même de quelque manière que ce soit un accident, comme il est montré dans la question sur la matière des substances intellectuelles à partir de la raison d'accident, de la raison de sujet ou de suppôt, ainsi qu'à partir de la raison de puissance, de celle de matière corporelle et de celle des puissances de l'âme. – Par conséquent, la raison de réceptivité et d'inhérence manifeste clairement que la puissance n'est pas quelque chose de différent de l'essence de la matière.

L'essence même de la matière et sa raison propre contribuent aussi à démontrer cette thèse. Toutes autres déterminations écartées, cette essence demeure par elle-même suffisamment possible à l'égard de tout ce qui peut être en elle ; c'est pourquoi elle ne peut être conçue que comme possible. Or, à supposer que la puissance signifie quelque chose qui diffère d'elle, une fois les potentialités écartées, elle | ne serait **358** plus possible à l'égard de rien ; de la sorte, elle n'aurait, de soi, aucun ordre ou rapport à ses formes ; elle pourrait alors être conçue comme non-possible et, par conséquent, comme non-déterminable par quelque chose d'autre ; ainsi, puisque tout étant est soit déterminable par un autre, soit terme ou détermination de cet autre, il s'ensuivrait que l'essence de la matière pourrait être véritablement conçue comme un étant suffisamment déterminé par soi. – En outre, la matière se rapporte à sa possibilité comme la forme à son actualité ; ainsi, la matière se rapporte immédiatement à sa forme, comme la forme se rapporte à elle. Or l'actualité de la forme ne signifie rien d'autre que son essence, puisque la forme et l'acte sont identiques. Et même si elle signifiait quelque chose d'autre, l'essence de la forme n'aurait, de soi, aucune actualité ou aucun acte. Par ailleurs, la forme se rapporte à la matière

unde et per solam suam essentiam informat eam; ergo materia et sua possibilitas erunt omnino idem et materia per solam suam essentiam referetur ad formam. – Praeterea, definitio materiae est ens in potentia seu ens possibile; ergo possibilitas seu potentia est pars suae definitionis et ita ad minus est pars suae essentiae; sed non potest esse pars, quin sit idem penitus cum tota eius essentia, cum materia sit unum de primis principiis et ita non possit esse composita ex diversis principiis quorum unum sit genus, alterum vero differentia eius.

Praeterea, si potentia est aliud ab essentia materiae: aut est aliquid ab ea resultans, sicut calor dicitur resultare a forma ignis, aut est aliquid in ea concreatum aut est aliquid per formas in ea genitum. Primum esse non potest, quia materia non potest esse per se causa efficiens alicuius; omne autem quod resultat ab altero efficitur ab illo. Et posito quod posset esse causa efficiens eius, ad minus secundum aliud esset eius efficiens seu originans et secundum aliud esset eius subiectum recipiens; sed materia non posset secundum aliud et aliud originare suam potentiam et ei subici. – Secundum etiam esse non potest. Naturaliter enim primo oportet quod materia habeat esse substantiale quam 359 | accidentale, et maxime cum accidens seu esse accidentale fundetur in ipso esse substantiali; sed materia habet esse substantiale per solam formam substantialem; ergo ordine naturali aliqua forma substantialis praecedit necessario omnia accidentalia ipsius materiae; sed si potentia diceret aliquid

par son essence et c'est pourquoi elle l'informe par sa seule essence; la matière et sa possibilité seront donc tout à fait la même chose, et la matière se rapportera à la forme par sa seule essence. – En outre, voici la définition de la matière : étant en puissance ou étant possible; la possibilité ou la puissance est donc une partie de la définition de la matière et, par conséquent, elle est pour le moins une partie de son essence; or elle ne saurait en être une partie sans être parfaitement identique à son essence tout entière, puisque la matière est l'un des principes premiers et qu'elle ne peut donc être composée de principes divers, dont l'un serait genre, l'autre différence du genre.

De plus, si la puissance est autre chose que l'essence de la matière, soit elle est quelque chose qui résulte d'elle, à la manière dont on dit que la chaleur résulte de la forme du feu, soit elle est quelque chose de créé en elle dès l'origine, soit elle est quelque chose d'engendré en elle par des formes. Le premier cas n'est pas possible, car la matière ne peut pas être par soi cause efficiente de quelque chose; or tout ce qui résulte d'un autre, est produit par lui. Et même si l'on admettait qu'elle peut être sa cause efficiente, c'est au moins selon des raisons différentes qu'elle serait son efficient ou son origine et son sujet récepteur; or la matière ne pourrait pas à la fois engendrer sa puissance et lui être soumise selon des raisons différentes. – Le deuxième cas est également impossible. En effet, conformément à l'ordre naturel, il faut d'abord que la matière possède l'être substantiel avant | de posséder l'être **359** accidentel, et ce d'autant plus que l'accident ou l'être accidentel est fondé dans l'être substantiel lui-même. Or la matière possède l'être substantiel grâce à la seule forme substantielle, par conséquent, selon l'ordre naturel, la forme substantielle précède nécessairement toutes les déterminations accidentelles de la matière. Mais si la puissance signifiait quelque

concreatum ipsi materiae diversum ab ipsa, illud esset aut forma substantialis aut accidentalis. Nemo autem unquam posuit quod esset forma substantialis; si autem est accidentalis, praecessit forma substantiali, et ita praecessit potentia ad formam substantialem. Et hoc ipsum sequitur, posito quod illud concreatum esset forma substantialis. Ergo ad positionem dicentium eam concreatam esse materiae semper sequitur potentiam praecessisse potentiam et etiam quod forma substantialis prius sit in materia quam ipsa potentia materiae, quod nullus sanae mentis dicet. – Tertium autem multo minus stare potest, tum quia materia non recipit suam potentialitatem a formis, tum quia ad hoc omnia praedicta inconvenientia sequuntur et etiam ampliora, sicut satis de se patet. – Praeterea, si potentia ista non dicit essentiam materiae nec essentiam formae: quaero cuiusmodi essentiam dicit; et specialiter quaero quomodo dicit talem essentiam quod per eam materia sit potens recipere et sustinere formas et sine ea nullo modo sit potens; et credo quod non poterit dari. Unde ipsa ratio potentiae, si bene pensetur, satis hoc ipsum clamat; non enim videtur quod possit dicere per se aliquam naturam aliam ab illa in qua fundatur.

Si autem aliquis dicat quod partim est eadem cum essentia materiae, partim diversa: contra hoc est, quia aut ideo dicitur

chose de créé avec la matière et néanmoins différent d'elle, ce quelque chose serait soit une forme substantielle, soit une forme accidentelle. Or personne n'a jamais soutenu qu'il s'agit d'une forme substantielle; mais si c'était une forme accidentelle, la forme substantielle l'aurait précédée et ainsi la puissance à l'égard de la forme substantielle l'aurait également précédée. Il en va de même si l'on pose que ce quelque chose de créé en elle dès l'origine est une forme substantielle. Par conséquent, la position de ceux qui affirment que la puissance est créée avec la matière [et différente d'elle] implique toujours que la puissance a précédé la puissance et que la forme substantielle précède dans la matière la puissance même de la matière, ce qu'aucune personne saine d'esprit n'oserait affirmer. – Le troisième cas est bien moins plausible encore du fait que la matière ne reçoit pas sa potentialité de la part des formes, comme du fait qu'il en résulterait tous les inconvénients déjà relevés ainsi que d'autres plus importants encore, comme il apparaît suffisamment de soi. – De plus, si une telle puissance ne signifie ni l'essence de la matière ni l'essence de la forme, alors je demande quelle essence elle signifie; et je demande en particulier comment elle signifie l'essence grâce à laquelle la matière est capable de recevoir et de soutenir les formes, alors que sans elle, elle en serait totalement incapable; et je pense que [dans cette hypothèse] elle ne peut aucunement la signifier. C'est pourquoi, la raison même de puissance, si on la conçoit correctement, le manifeste suffisamment; en effet, il ne semble pas qu'elle puisse signifier par elle-même une nature autre que celle dans laquelle elle est fondée.

Mais si quelqu'un disait que la puissance est en partie identique à l'essence de la matière et en partie différente d'elle, contre cette position, il faut affirmer ceci : soit elle est dite être

partim diversa, quia aliquid addit diversum, aut quia licet nihil
addat diversum, non tamen dicit totam essentiam materiae, sed
solum aliquam partem eius. Primum autem stare non potest,
quia ad additionem illius diversi sequuntur inconvenientia
prius tacta et praeter hoc sequitur quod potentia materiae esset
composita ex essentiis diversorum generum, scilicet ex essen-
360 tia materiae | et ex illo diverso quod addit ad eam; quod quan-
tas absurditates continet satis patet. – Secundum etiam stare
non potest, tum quia in essentia materiae non est dare talem
compositionem, tum quia illa alia pars quae cum ipsa potentia
constitueret materiam non esset potentia et ita, ut videtur, esset
actus et sic materia esset composita ex potentia et actu.

[Solutio Obiectorum]

Ad primum igitur in contrarium dicendum quod materia
non habet plures potentias passivas essentialiter inter se
differentes, sed in essentia sua includuntur rationes plurium
potentiarum absque omni diversitate reali; alias sequeretur
quod potentiae actu infinitae essent in ea, quoniam tot essent in
ea potentiae actu ad quot formas et figuras est possibilis; est
autem possibilis ad infinitas formas et figuras tam secundum
speciem quam secundum numerum. Et posset ex hoc trahi
bona ratio ad principalem responsionem. Quamvis autem tot
modis dicatur unum correlativorum quot modis et reliquum,
non tamen propter hoc oportet quod secundum quod diversificatur unum, diversificetur reliquum. Alias quot possunt
esse mihi similia realiter in se diversa, tot habebo in me

en partie différente parce qu'elle ajoute quelque chose de différent, soit parce que, bien qu'elle n'ajoute rien de différent, elle ne signifie pas toute l'essence de la matière, mais seulement une partie. Or le premier cas est impossible, car l'addition de ce quelque chose de différent entraîne les inconvénients relevés auparavant ; il s'ensuivrait par ailleurs que la puissance de la matière serait composée d'essences de genres différents, à savoir de l'essence de la matière | et de **360** ce quelque chose de différent qui lui est ajouté : il apparaît suffisamment combien d'absurdités cela comporte. – Le second cas est également impossible, d'une part car il ne peut y avoir une telle composition dans l'essence de la matière et d'autre part car cette autre partie, qui constituerait la matière avec la puissance, ne serait pas une puissance, mais il semble bien qu'elle serait un acte, de sorte que la matière serait composée de puissance et d'acte.

[Solution des objections]

À la première objection il faut répondre ainsi : la matière ne possède pas plusieurs puissances passives essentiellement différentes les unes des autres, mais son essence inclut les raisons de plusieurs puissances, sans aucune diversité réelle ; si tel n'était pas le cas, il s'ensuivrait que les puissances seraient actuellement infinies dans la matière, car les puissances y seraient aussi nombreuses en acte que les formes et les figures à l'égard desquelles elle est possible ; or elle est possible à l'égard d'une infinité de formes et de figures, aussi bien selon l'espèce que selon le nombre. Cela pourrait d'ailleurs fournir un bon argument pour répondre à la question principale : bien que l'un des deux corrélatifs soit dit d'autant de manières que l'autre, il n'est pourtant pas nécessaire que l'un se diversifie de la même manière que l'autre. Dans le cas contraire, j'aurai en

relationes similitudinum realiter diversas; et cum infinita possent mihi assimilari, tunc habebo infinitas. Secundum etiam numerum filiorum eiusdem hominis plurificabuntur et patres et secundum numerum linearum eiusdem circuli plurificabuntur centra; quod est manifeste falsum et impossibile. Et tamen verum est quod secundum plurificationem linearum plurificantur rationes respectuum ipsius circuli, absque omni tamen diversitate reali; alias haberet intra se infinita actu diversa. – Si autem aliud sensit Averroes, non curo, quamvis verba eius satis possint ad hoc trahi. Sicut enim in Deo dicuntur esse plures rationes et tamen per hoc non intendimus significare aliquam pluralitatem essentialem, sic et in materia dicuntur esse plures potentiae propter hoc solum quia ipsa est per suam essentiam possibilis ad plures formas absque omni diversitate reali, non intendentes per hoc significare 361 | nisi solam pluralitatem rationum realium. Et hoc forte voluit dicere, quando dixit quod est una secundum subiectum et plures secundum habilitates[1], hoc est, secundum modos se habendi quibus se habet per modum possibilis ad plures formas recipiendas. Et sic etiam potest exponi quod Aristoteles videtur dicere in III *Physicorum*[2], quod scilicet alia est potentia ad sanitatem vel dealbationem, alia ad aegritudinem vel denigrationem; alias contradiceret sibi ipsi in alio loco[3] ubi ait quod una est potentia contrariorum; quamvis

1. Dans le même sens, Averroès, *De Substantia orbis*, c. 1, Venetiis apud Junctas, 1562-1574, vol. IX (réimp. Frankfurt a.M., Minerva, 1962), 3vb.

2. Aristote, *Physique*, III, 1, 201a35 *sq.*; III, 5, 229a11 *sq.*

3. Aristote, *Physique*, IV, 9, 217a21 *sq.*; *De la génération et la corruption*, I, 7, 324b6 *sq.*; *Éthique à Nicomaque*, V, 1, 1129a13 *sq.*

moi autant de relations de ressemblance réellement différentes qu'il peut y avoir de choses réellement différentes qui me ressemblent; et puisqu'une infinité de choses [différentes] peuvent me ressembler, alors je posséderai une infinité de relations [actuelles et réellement différentes]. De plus, il y aurait autant de pères dans un même homme qu'il a de fils et, dans le même cercle, il y aurait autant de centres que de rayons : ce qui est manifestement faux et impossible. Il est cependant vrai que, dans un cercle, il y a autant de raisons qui signifient des rapports que de rayons, mais sans diversité réelle; si tel n'était pas le cas, le cercle posséderait en lui une infinité de réalités différentes en acte. – Qu'Averroès ait pensé différemment, je ne m'en soucie guère, bien que ses propos puissent être aisément reconduits à notre thèse. En effet, plusieurs raisons sont dites être en Dieu sans que par là nous n'ayons l'intention de signifier une pluralité essentielle; de même, plusieurs puissances sont dites être dans la matière pour la seule raison que par son essence la matière est possible à l'égard de nombreuses formes, sans aucune diversité réelle – de fait, notre unique intention est de signifier | une pluralité 361 de raisons réelles. Voilà ce qu'Averroès a probablement voulu dire lorsqu'il a affirmé que la matière est une selon le sujet et multiple selon les aptitudes, c'est-à-dire selon les types de comportement qu'elle adopte en tant que possible à l'égard de la réception de plusieurs formes. On peut aussi interpréter de la même manière ce que semble dire Aristote au livre III de la *Physique* : il y affirme que la puissance à l'égard de la santé ou la puissance de blanchir est différente de la puissance à l'égard de la maladie ou de la puissance de noircir; si on l'interprétait différemment, il se contredirait à cet autre endroit, où il dit que la puissance à l'égard des contraires est une. Pourtant,

possit dici quod Commentator[1] non loquitur de potentia remota, sed de potentia propinqua quae alio nomine dicitur potentia disposita; unde et praemisit quod quodlibet fit ex potentia propria; quid autem de ista sit sentiendum in tertio argumento tangetur.

Ad secundum dicendum quod licet tota essentia materiae attingatur aliquo modo a qualibet forma, non tamen attingitur secundum omnes rationes suas nec secundum omnes suos respectus attingitur; ergo tota secundum aliquam unam rationem et respectum; et tunc secundum illum modum attingitur totum illud reale quod ponunt ipsae potentiae. Simpliciter tamen non dicuntur attingi omnes potentiae eius, quia potentiae nominant rationes et respectus ipsius materiae secundum quas ipsa potest diversimode attingi et non attingi; et est simile huius, quando dicimus quod intellectus attingit totam essentiam Dei seu alicuius alterius simplicis obiecti et tamen non omnes rationes eius.

Ad tertium dicendum quod materia non acquirit novas potentias passivas simpliciter, sed ex hoc solum dicitur eas acquirere, quia potentia quam per essentiam suam habet non est ordinata ad omnes formas, nisi prius alias formas in se habeat.

Sicut enim soli non acquiritur aliqua potentia activa et tamen non potest agere per suam potentiam in remotiora, nisi prius agat in propinquiora: sic suo modo est de recipiendo in proposito, sicut si dicerem quod non possint recipi centum, nisi prius secundum naturam recipiantur triginta.

---

1. Averroès, *Aristotelis opera cum Averrois commentariis, Metaphysicorum liber XII, comm. 11*, Venetiis apud Junctas, 1562-1574, vol. VIII (réimp. Frankfurt a.M., Minerva, 1962), 297rbD-E.

il serait encore possible de dire que le Commentateur ne parle pas de la puissance lointaine, mais de la puissance prochaine, qu'on appelle, d'un autre nom, « puissance disposée » ; c'est pourquoi il a posé comme prémisse que toute chose est produite à partir de sa puissance propre. Mais nous dirons un mot de ce qu'il faut penser sur ce point dans la troisième réponse aux objections.

À la deuxième objection il faut répondre que, bien que l'essence tout entière de la matière soit atteinte d'une certaine manière par chaque forme, elle ne l'est cependant pas selon toutes ses raisons, ni selon tous ses rapports ; elle est donc atteinte tout entière selon une seule raison et un seul rapport ; et alors, de cette manière, est atteint aussi le tout réel établi par ces puissances. Cependant, absolument parlant, on ne dit pas que toutes ses puissances sont épuisées, car les puissances désignent les raisons et les rapports de la matière selon lesquelles cette dernière peut, de diverses manières, être atteinte ou ne pas être atteinte. Et il en va de même lorsque nous disons que l'intellect atteint l'essence tout entière de Dieu ou de n'importe quel autre objet simple, mais qu'il n'en atteint pas pour autant toutes les raisons.

À la troisième objection il faut répondre que la matière n'acquiert pas de nouvelles puissances passives absolument parlant, mais seulement du fait que la puissance qu'elle possède par son essence n'est ordonnée à toutes les formes que si auparavant elle possède en elle d'autres formes. En effet, de même qu'aucune puissance active n'est acquise par le soleil et que cependant il ne peut agir par sa puissance sur les choses plus éloignées sans agir d'abord sur les plus proches, d'une certaine manière il en va à présent ainsi quant à ce qui doit être reçu, comme si je disais que cent ne peuvent être reçus sans que, conformément à la nature, trente ne soient reçus auparavant.

Dicitur ergo potentia acquiri, non quia aliqua essentia
362 potentiae passivae acquiratur, sed solum quia | ipsi potentiae
prius in materia existenti novus ordo et nova formalis habitudo
ad aliquam formam recipiendam datur; quantum autem ad
hanc formalem habitudinem vel formalem inaptitudinem
potest verificari illud de naturali potentia et impotentia, quod
scilicet sint in praedicamento qualitatis. Hoc tamen dico,
quando forma seu dispositio habilitans est accidentalis, sicut
est durities vel mollities et quando est ad actum accidentalem,
sicut est divisio partium cerae vel coniunctio vel sicut est
infirmari vel sanari et consimilia. Quando autem forma habilitans est substantialis, sicut est organizatio, tunc talis potentia
et quantum ad id quod dicit materiale et quantum ad id quod
dicit formale est in genere substantiae, et maxime quando
forma ad quam habilitatur est substantialis, sicut est anima ad
quam materia corporalis per formam organizationis ordinatur.
Sic autem sumendo potentiam, ut scilicet non solum significet
ipsam essentiam potentiae passivae, sed etiam ipsum ordinem
seu dispositionem formalem, verum est quod plurificantur
potentiae propinquae et quod species entium generantur ex
potentia propria et non ex qualibet; sic etiam aliquando potentiae contrariorum sunt contrariae; quae quidem sunt vera non
ratione essentiae materialis quam potentia dicit, sed solum
ratione illius formalis per quod potentia potest fieri propinqua

Par conséquent, on dit qu'une puissance est acquise, non pas parce que l'essence d'une puissance passive est acquise, mais seulement parce que | cette même puissance présente antérieu- 362 rement dans la matière est dotée d'un ordonnancement nouveau et d'une nouvelle aptitude formelle à recevoir une certaine forme; or, quant à cette aptitude formelle ou inaptitude formelle, on peut vérifier ce qu'il en est dans le cas de la capacité ou de l'incapacité naturelle, à savoir qu'elles appartiennent à la catégorie de la qualité. J'affirme néanmoins cela lorsque la forme ou la disposition qui confère cette capacité est accidentelle, comme l'est la dureté ou la mollesse, et lorsqu'elle est ordonnée à un acte accidentel, comme par exemple la division ou l'assemblage des parties de la cire, ou le fait de tomber malade ou de guérir, et dans d'autres cas semblables. Mais lorsque la forme qui confère cette capacité est substantielle, comme l'est l'organisation corporelle, alors cette puissance appartient au genre de la substance aussi bien quant à son aspect matériel que quant à son aspect formel, et ceci est d'autant plus vrai lorsque la forme à l'égard de laquelle la puissance est habilitée est substantielle, comme c'est le cas de l'âme à laquelle la matière corporelle est ordonnée par la forme de l'organisation corporelle. Si l'on comprend la puissance de cette manière, c'est-à-dire en tant qu'elle signifie non seulement l'essence même de la puissance passive, mais aussi son ordonnancement ou sa disposition formelle, alors il est vrai que les puissances prochaines sont diversifiées et que les espèces des étants sont engendrées par leur puissance propre et non par une puissance quelconque; et, de cette manière, les puissances des contraires sont parfois contraires. Ce qui est certes vrai, non pas en raison de l'essence matérielle signifiée par la puissance, mais seulement en raison de l'aspect formel grâce auquel la puissance peut devenir prochaine,

et propria et disposita et per quam potest contrariae dispositioni esse contraria.

Et per hoc patet ad quartum. Si autem ultra hoc aliquis obiciat quod adveniente forma ad quam prius materia erat in potentia destruitur ipsa potentia, essentia materiae remanente, quia modo non est in potentia ad formam, sed potius habet eam actu, quod fieri non posset, si potentia esset penitus eadem cum essentia materiae : dicendum quod essentia potentiae quam ante adventum formae habebat tota remanet post adventum formae, sed solum ordo et habitudo eius variatur, quia prius ordinabatur ad formam ut ad absentem, modo vero ut ad praesentem, unde et materia habet adhuc in se potentiam in qua ipsa forma est recepta et fundata. Quando vero dicimus quod materia est potentia ad talem formam, intendimus significare ordinem distantiae quo se habet ad formam ut absentem. Qui ordo si dicit tale quid quod realiter tolli possit : constat quod est aliquid formale; si vero supra ordinem quem potentia materiae

363 habet | ad formam iam praesentem non dicit nisi solam negationem ipsius formae et praesentiae eius : tum per adventum formae huius potentiae sola negatio tollitur; et quidem praeter dispositiones contrarias quae ante adventum formae corrumpuntur reliquae dispositiones formales quae ad formae ipsius receptionem disponebant non videntur tolli per adventum formae, sed potius conservari et compleri.

propre et disposée, et par laquelle la puissance peut être contraire à une disposition contraire.

Et, de ce fait, la réponse à la quatrième objection devient claire. Mais si quelqu'un objectait encore ceci : une fois la forme survenue, à l'égard de laquelle la matière était auparavant en puissance, cette même puissance est détruite, malgré le fait que l'essence de la matière subsiste, car elle n'est plus en puissance à l'égard de cette forme, mais la possède désormais en acte – ce qui ne pourrait pas se produire si la puissance était parfaitement identique à l'essence de la matière. Il faut répondre que l'essence de la puissance, possédée avant l'arrivée de la forme, demeure tout entière après l'arrivée de la forme et que c'est seulement son ordonnancement et son rapport qui varient, car auparavant l'essence de la matière était ordonnée à la forme en tant qu'absente, alors que maintenant elle l'est en tant que présente. C'est pourquoi la matière possède encore en elle la puissance dans laquelle cette même forme est reçue et fondée. En vérité, quand nous disons que la matière est une puissance à l'égard de telle forme, nous voulons signifier le rapport d'éloignement qu'elle entretient avec la forme en tant qu'absente. Si ce rapport signifie quelque chose de tel qu'il peut réellement être supprimé, il s'agira alors de quelque chose de formel ; si en revanche, au-delà de l'ordre que la puissance de la matière possède | à l'égard de la forme déjà présente, il ne signifie rien d'autre 363 que la négation de cette forme et de sa présence, alors, par l'arrivée de cette forme, seule cette négation est enlevée à la puissance. Et qui plus est, outre les dispositions contraires qui disparaissent avant l'arrivée de la forme, les dispositions formelles restantes, qui disposaient à la réception de cette forme, ne semblent pas être supprimées par l'arrivée de la forme, mais plutôt conservées et accomplies.

QUAESTIO XVIII

Tertio quaeritur an materia possit esse per se principium efficiens alicuius

Quod quidem utile est indagare, quia in multis praedictarum quaestionum et etiam aliarum frequenter supponitur quod non possit esse.

Et hoc quidem credo esse verum.

Et primo quidem hoc patet ex indeterminatione materiae. Cum enim causa efficiens debeat magis esse determinata magisque actualis quam suus effectus immediatus, qualis est prima influentia seu impressio, qui omnis efficientis est semper primus, ita quod sine eo nihil aliud potest effici, nullus autem effectus nec aliqua impressio potest esse aut cogitari ita indeterminatus quantum ad actum essendi nec etiam quantum ad actualitatem essentiae sicut est materia secundum se et de se : patet quod impossibile est aliquam impressionem fieri ab ea per se et sic per consequens nec aliquem alium effectum. – Praeterea, omne agens creatum habet determinatum aspectum ad suum patiens, sicut in quaestionibus de creatione habet

QUESTION XVIII

EN TROISIÈME LIEU, ON DEMANDE SI LA MATIÈRE
PEUT ÊTRE PAR ELLE-MÊME LE PRINCIPE
EFFICIENT DE QUELQUE CHOSE

Cela vaut la peine d'être examiné, car souvent, dans plusieurs questions mentionnées précédemment et dans d'autres aussi, on suppose qu'il ne peut pas en être ainsi.

Et je crois que cela est vrai.

Premièrement, cela résulte avec évidence de l'indétermination de la matière. En effet, la cause efficiente doit être plus déterminée et plus actuelle que son effet immédiat, à savoir la première influence ou impression qui est toujours le premier [effet] de tout efficient, si bien que rien d'autre ne peut être produit sans lui ; or aucun effet ni aucune impression ne peut exister ou être pensé aussi indéterminé par rapport à l'acte d'être et par rapport à l'actualité de l'essence que ne l'est la matière en elle-même et par elle-même ; il s'avère donc impossible qu'une impression, ni par conséquent qu'un autre effet ne soit produit par elle et en vertu d'elle-même. – De plus, tout agent créé possède un rapport déterminé à l'égard de son patient, comme il sera montré dans les questions sur la création ;

ostendi[1]; sed materia de se nullum habet determinatum aspectum, cum sit de se omnino indeterminata; ergo in nullum patiens poterit agere. – Praeterea, posito quod haberet aliquem effectum: ille saltem esset ita indeterminatus sicut et ipsa et tunc a tot et tantis formis esset determinabilis sicut ipsa; **364** determinari | autem ab eis non posset, nisi ab eis informaretur; informari autem non potest, nisi quod habet in se veram rationem materiae; ergo et cetera.

Secundo patet hoc ex sua informitate. Cum enim omnis prima impressio sit similitudo suae causae, materiae autem nulla forma nec aliquid formale potest esse propria similitudo, et maxime talis qualis est similitudo influxa quae semper est forma vel aliquid formale: patet quod nulla impressio seu similitudo poterit a materia gigni; nec materiam quidem posset gignere, quia hoc esset vere creare, sicut in quaestionibus de creatione habet tangi[2]. Huius autem experimentum in omnibus agentibus est evidens: videmus enim quod illuminabile nunquam potest illuminare, nisi prius in se habeat actum seu formam lucis nec calefactibile calefacere, nisi prius sit calidum et sic de omnibus aliis. Unde breviter, nullum possibile videmus posse exire in aliquam actionem, nisi prius habeat illam formam a qua nomen et speciem trahit illa actio.

Tertio patet hoc ex sua receptione seu receptibilitate. Certum est enim quod recipiens, in quantum recipiens,

---

1. Cf. *Quaest. in II Sent.*, q. I-II.
2. Cf. *Quaest. in II Sent.*, q. I-II.

or la matière n'a, d'elle-même, aucun rapport déterminé, puisqu'elle est en elle-même totalement indéterminée; elle ne pourra donc agir sur aucun patient. – De plus, même en admettant qu'elle produise un certain effet, celui-ci serait pour le moins aussi indéterminé que sa cause et il serait alors déterminable par autant de formes, et des formes aussi diverses, qu'elle l'est. | Or il ne pourrait être déterminé par toutes ces **364** formes sans être informé par elles; mais ne peut être informé que ce qui possède en soi-même la véritable raison de matière; donc, etc.

Deuxièmement, cela découle avec évidence de son absence de forme. En effet, toute première impression est une similitude de sa cause; or aucune forme ni rien de formel ne peut être la similitude propre de la matière, et surtout lorsque la similitude est telle qu'elle est conférée par voie d'influx : elle est toujours une forme ou quelque chose de formel; il est donc manifeste qu'aucune impression ni aucune ressemblance ne pourra être engendrée par la matière. Et en vérité elle ne pourrait même pas engendrer quelque autre matière, car cela serait créer à proprement parler, comme il sera dit dans les questions sur la création. On en fait clairement l'expérience à propos de tous les agents : nous voyons en effet que ce qui peut être illuminé ne peut jamais illuminer s'il ne possède pas d'abord l'acte ou la forme de la lumière, ni ce qui peut être chauffé ne peut chauffer s'il n'est pas chaud auparavant, et il en va ainsi de tous les autres. C'est pourquoi, en bref, nous constatons qu'aucun possible ne peut passer à l'action s'il ne possède auparavant la forme d'où cette action tient son nom et son espèce.

Troisièmement, cette thèse découle clairement de la réceptivité ou de la capacité de recevoir propre à la matière. En effet, il est certain que le récepteur, en tant qu'il reçoit,

nunquam potest esse agens; nec posse recipere, in quantum tale, est posse agere, cum pati et agere sint opposita et etiam quod ad pati seu receptionem praeexigitur in patiente quaedam informitas et indeterminatio et determinabilitas. Omne enim quod patitur determinatur ab agente et informatur ab eo quod recipit; agens vero, in quantum agens, semper est actuale et alterius, scilicet patientis, determinativum; et etiam quia patiens, in quantum tale, non habet aspectum ad aliquod aliud patiens, sed solum ad suum agens; e contra autem agens, in quantum agens, non habet aspectum nisi ad suum patiens vel ad suum obiectum.

Ex quibus omnibus satis patet quod alia est essentia et natura potentiae passivae et ipsius possibilis, in quantum talis, et alia potentiae activae et ipsius agentis, in quantum talis; et inde est quod omne illud quod potest agere et pati habet in se duas essentias et naturas per quarum unam potest agere et per aliam pati.

ne peut jamais être agent ; et la capacité de recevoir, en tant que telle, n'est pas la capacité d'agir, puisque le pâtir et l'agir sont des opposés et puisqu'une absence de forme, une certaine indétermination et déterminabilité sont requises dans le patient en vue du pâtir ou du recevoir. En effet, tout ce qui pâtit est déterminé par un agent et informé par ce qu'il reçoit ; en revanche l'agent, en tant qu'agent, est toujours actuel et capable de déterminer un autre que soi, à savoir le patient ; de plus, le patient, en tant que tel, n'a pas d'orientation à l'égard d'un autre patient, mais seulement à l'égard de son agent ; par contre l'agent, en tant qu'agent, n'a d'orientation qu'à l'égard de son patient ou de son objet.

À partir de tous ces arguments, il est suffisamment clair qu'autre est l'essence et la nature de la puissance passive et du possible en tant que tel, autre celle de la puissance active et de l'agent en tant que tel ; c'est pourquoi tout ce qui peut agir et pâtir a en soi deux essences ou natures : par l'une d'elles il peut agir, par l'autre pâtir.

| **QUAESTIO XIX**

QUARTO QUAERITUR AN DEUS POSSIT FACERE
ESSE MATERIAM SINE OMNI FORMA

Quibusdam [1] enim videtur quod sic, pro eo quod supponunt quod esse formale sit aliud ab essentia formae et ita quod sit quidam effectus ab ipsa manans in materiam, cum autem Deus possit facere effectus causarum secundarum sine ipsis – unde posset illuminare aerem absque luce solis vel cuiuscunque alterius luminosi –: poterit ipsum esse formale facere in materia sine ipsa forma quae post Deum erat eius causa efficiens. Volunt ergo isti quod Deus possit eam facere esse sine forma, sed non sine esse formali; quia si sine esse formali eam faceret esse, tunc simul faceret eam esse et non esse.

1. La grande majorité des théologiens, en particulier franciscains. La thèse est ainsi résumée dans le *Correctoire de Frère Thomas* de Guillaume de la Mare, *In Quaestiones de Quolibet*, art. VIII, P. Glorieux (ed.), *Les premières polémiques thomistes* I, n. 108, p. 409-410. *Cf.* aussi, par exemple, Henri de Gand, *Quodlibet* I, q. 10, R. Macken (ed.), *Opera Omnia*, t. 5, p. 62-74.

EN QUATRIÈME LIEU, ON DEMANDE SI DIEU PEUT
FAIRE QUE LA MATIÈRE SOIT SANS AUCUNE FORME

Pour certains en effet tel semble être le cas, car ils
supposent que l'être formel est autre que l'essence de la forme
de sorte à être un certain effet émanant de la forme dans la
matière. Or, puisque Dieu peut produire les effets des causes
secondes sans elles – raison pour laquelle il pourrait illuminer
l'air sans la lumière du soleil ou de n'importe quelle autre
source lumineuse –, il pourra produire cet être formel dans la
matière sans la forme qui, après Dieu, était sa cause efficiente.
Ceux-ci soutiennent donc que Dieu peut produire la matière
sans la forme mais non sans l'être formel, car s'il la produisait
sans l'être formel, il la ferait être et ne pas être à la fois.

Quibusdam[1] autem aliis videtur quod ponere materiam in esse absque forma implicet in se contradictionem, et sic quod Deus hoc non possit, quia hoc posse non esset posse. Hoc autem probant tam in materia corporali quam in materia spirituali quam in materia simpliciter et generaliter accepta.

In materia quidem[2] corporali hoc probant: quia impossibile est esse aut cogitare molem cerae aut cuiuscunque corporalis materiae, nisi intelligantur aliquae partes eius sibi invicem unitae; si enim nulla est alteri unita, tunc tota moles est divisa in partes infinitas et in partes indivisibiles; quod est impossibile; sed unio partium eius dicit aliquid formale et tale quod ab istis vel illis partibus potest tolli; quando enim haec dividitur ab illa, tunc unio qua sibi invicem erant unitae ab eis tollitur. – Nec potest dici quod dicat solum esse formale et non aliquam essentiam formalem, quia hanc unionem concomitatur certus modus positionis et situs et certus modus continuationis et extensionis et certus modus determinatae figurae. – Quodsi aliquis diceret quod immo poterunt sibi uniri cum 366 omnimoda | simplicitate, ita quod non habeant extensionem vel positionem aut figuram, licet forte hoc sit impossibile, quia talis modus essendi potius est spiritualis quam corporalis, unde non videtur posse competere nisi solis spiritibus et

1. Cette position est celle de Thomas d'Aquin, *Quodlibet* III, q. 1, éd. Léonine, t. XXV, p. 241-242; voir aussi *Summa theologiae*, I, q. 15, art. 3, ad 3, éd. Léonine, t. IV, p. 204; *De potentia Dei*, q. 4, art. 1, éd. Marietti, t. I, p. 124. Elle a aussi été défendue par Gilles de Rome, *Apologia*, art. 47, R. Wielockx (ed.), *Aegidii Romani Opera omnia*, t. III. 1, p. 59.

2. Des arguments du même ordre, mais non consonants, sont développés dans les *Théorèmes sur le corps du Christ* de Gilles de Rome. *Cf.* Gilles de Rome, *Theoremata de corpore Christi*, prop. I, XXVIII, XXX-XXXI, dans *Opera exegetica. Opuscula* I, Romae 1554-1555 (réimp. Frankfurt a.M., Minerva, 1968), 1va-b, 17vb, 18v-20v.

D'autres estiment que poser la matière dans l'être sans la forme implique une contradiction, si bien que Dieu ne pourrait pas le faire, car pouvoir cela, ce ne serait point pouvoir. Or ils démontrent cette thèse aussi bien pour la matière corporelle que pour la matière spirituelle et pour la matière considérée d'une manière générale et absolue.

Ils le démontrent pour la matière corporelle : en effet, il est impossible qu'un morceau de cire ou de n'importe quelle matière corporelle existe ou soit conçu sans que certaines de ses parties ne soient comprises comme unies les unes aux autres. Car, si aucune n'est unie à une autre, le morceau entier est alors divisé en un nombre infini de parties et en parties indivisibles, ce qui est impossible. Mais l'union de ses parties signifie quelque chose de formel et de tel qu'il peut être enlevé de ces parties-ci ou de celles-là. En effet, quand une partie est séparée d'une autre, l'union par laquelle elles étaient réciproquement unies leur est ôtée. – On ne peut pas prétendre que cette union signifie seulement l'être formel et non une essence formelle, car elle est accompagnée d'un certain mode de position et de lieu, d'un certain mode de continuité et d'étendue, ainsi que d'un certain mode de configuration déterminée. – Et si quelqu'un affirmait qu'au contraire les parties pourront s'unir les unes aux autres en une parfaite | simplicité, de 366 manière à ne posséder ni étendue, ni position, ni configuration, [ils répondraient que] bien que cela soit probablement impossible, car un tel mode d'être est spirituel plutôt que corporel et semble donc ne pouvoir appartenir qu'aux seuls esprits et

rebus incorporeis : nihilominus tamen huiusmodi simplicitas magis esset formalis quam sint extensio, positio et figura.

Si etiam dicatur quod haec unio non dicit nisi solam relationem : contra, quia sola relatio non potest per motum generari et destrui absque alio formali in quo fundetur; sed unio illarum partium potest per motum generari et destrui; ergo praeter relationem dicit aliquam aliam formam. – Praeterea, per solas relationes non potest fieri de duobus entibus unum nec de uno duo; sed per huiusmodi unionem et per divisionem ei contrariam hoc fit; nam partes antequam essent unitae, erant plura entia, post unionem vero faciunt unum ens, quae si iterum dividantur, de uno ente fiunt plura entia. – Praeterea, positio quantitatis et augmentum et figura quae hanc unionem concomitantur non dicunt solas relationes. – Praeterea, unio continuationis multo est maior quam unio contiguationis; si autem utraque dicit solam relationem, non apparet in quo possit esse maior et stabilior et naturalior.

Praeterea, haec unio est aliquo modo substantialis ipsis partibus; alias per eam non fiet unum secundum substantiam; ipsa etiam unitas totius constituti ex praedictis partibus sic unitis non dicit solam relationem. Licet enim aliquis modus determinatus unionis partium aquae vel cerae et consimilium sit accidentalis – unde et possunt transmutari secundum

réalités incorporelles, il n'en demeure pas moins qu'une simplicité de cette sorte serait encore plus formelle que ne le sont l'étendue, la position et la configuration.

Si l'on disait encore que cette union ne signifie rien d'autre qu'une relation, [ils se prononceraient] contre cette thèse, car une relation à elle seule ne peut être ni produite ni détruite par le biais d'un changement sans qu'il n'y ait quelque chose de formel dans lequel elle soit fondée ; or l'union de ces parties peut être produite et détruite par le biais d'un changement ; c'est pourquoi, en plus de la relation, elle signifie quelque autre forme. – En outre, par les seules relations il n'est pas possible qu'un étant soit produit à partir de deux étants, ni deux étants à partir d'un seul ; mais c'est par une telle union et par la division qui lui est contraire que cela se produit : en effet, avant d'être unies, les parties étaient plusieurs étants, mais après leur union elles constituent un seul étant ; et si on les divise à nouveau, plusieurs étants sont produits à partir d'un seul. – En outre, la position de la quantité, son accroissement et la configuration qui accompagnent cette union ne signifient pas seulement des relations. – De plus, l'union selon la continuité est beaucoup plus forte que l'union selon la contiguïté ; or, si l'une et l'autre ne signifient rien d'autre qu'une relation, on ne voit pas en quoi l'une pourrait être plus forte, plus stable et plus naturelle que l'autre.

En outre, cette union est d'une certaine manière substantielle pour les parties elles-mêmes ; dans le cas contraire il ne résulterait pas, grâce à elle, une réalité une selon la substance. Par ailleurs, l'unité du tout constitué par ces parties ainsi unies ne signifie pas seulement une relation. En effet, bien qu'un mode déterminé d'union entre les parties de l'eau ou de la cire ou d'autres choses semblables soit accidentel – raison pour laquelle elles peuvent aussi changer de

positionem et propinquitatem absque destructione sui totius,
ita quod una pars recedet a parte cui erat propinquius unita et
unietur alteri magis propinquae – : tamen unio huius partis
absolute et simpliciter considerata respectu omnium partium
et sui totius oportet quod sit aliquo modo substantialis ipsi
parti et suo toti. Unde si simpliciter divideretur a suo toto et ab
omnibus aliis partibus, ipsa fieret de novo ens per se nec suum
totum in quo prius erat esset omnino idem quod prius. In
corporibus etiam organizatis, ut est corpus hominis, non solum
ipsa unio sed etiam aliquis determinatus modus unionis est
367 substantialis, utpote | quod caput sit supra collum et manus
iuxta brachium et cor intra pectus et sic de aliis.

Hoc ipsum etiam probant in materia spirituali. Cum enim
non possit esse sine modo existendi simplici et determinato,
et hoc simplici simplicitate intellectuali, quae non videtur
posse intelligi sine forma vitae et intellectus aut sine forma
simplicitatis intellectualis : videtur quod ponere eam in esse
sine forma sit ponere eam simul esse et non esse [1].

Tertio probant hoc de materia in generali : quia illud esse
formale et determinatum sine quo saltem esse non poterit aut
dicit aliquam essentiam aut nullam. Si nullam, ergo nihil est
penitus. Si aliquam – et utique non dicit aliquam essentiam
materialem – : ergo dicit essentiam formalem. – Praeterea,
cum omne quod inhaeret materiae et est receptum in ipsa et est
ipsam perficiens, ita quod per ipsum existit et est ens actu,

---

1. On trouve des propos analogues chez Henri de Gand, *Quodlibet* II, q. 8,
R. Wielockx (ed.), *Opera Omnia*, t. 6, p. 51-53.

position et de proximité sans que le tout ne soit détruit, de telle sorte qu'une partie s'éloignera de la partie à laquelle elle était plus étroitement unie et s'unira à une autre [dès lors] plus proche –, il faut toutefois que l'union de cette partie, considérée simplement et absolument par rapport à toutes les autres parties et à son tout, soit d'une certaine manière substantielle pour la partie elle-même et pour son tout. Pour cette raison, si elle était simplement séparée de son tout et de toutes les autres parties, elle deviendrait un nouvel étant par soi et le tout dans lequel elle était auparavant ne serait plus tout à fait identique à ce qu'il était. Par ailleurs, dans les corps organisés, comme l'est le corps de l'homme, c'est non seulement l'union elle-même, mais aussi un mode déterminé d'union qui est substantiel, comme | le fait que la tête soit au-dessus du cou, la **367** main après le bras, le cœur dans la poitrine, et ainsi de suite.

Ils prouvent encore cela par rapport à la matière spirituelle. En effet, elle ne peut pas être sans un mode d'exister simple et déterminé – le mode d'exister simple propre à la simplicité intellectuelle qui ne semble pas pouvoir être conçue sans la forme de la vie et de l'intellect ou sans la forme de la simplicité intellectuelle ; il apparaît donc que poser la matière spirituelle dans l'être sans forme reviendrait à poser qu'elle est et qu'elle n'est pas à la fois.

Troisièmement, ils prouvent cela à propos de la matière en général. En effet cet être formel et déterminé, sans lequel elle ne pourra même pas exister, signifie soit une certaine essence, soit aucune. S'il n'en signifie aucune, alors elle n'est absolument rien. S'il signifie une certaine essence – et qu'il ne signifie en aucun cas une essence matérielle –, alors il signifie une essence formelle. – En outre, puisque tout ce qui inhère à la matière, et tout ce qui est reçu en elle et la parfait de sorte à la faire exister et être un étant en acte,

videatur dicere aliquam essentiam formalem, cum omnes praedictae conditiones sint conditiones formae, illud autem esse formale, omnia ista in se habebit; ergo et cetera. – Praeterea, iste actus essendi aut erit actus primus aut actus secundus. Si est actus primus : ergo erit forma, quia actus primus et forma idem sunt secundum Aristotelem[1]. Si autem est actus secundus, esset operatio, quod nullus concedit; et posito quod esset, adhuc oporteret materiam habere aliud esse ab ipso –. Praeterea, posito quod esse differat ab essentia, non tamen sic videtur posse differre quod sit effectus formae et talis qui ab ipsa possit separari, quia tunc forma causaret suum esse et ita, ut videtur, causaret se ipsam; quod est haereticum. Et non solum esset causa formalis, sed etiam efficiens suae materiae et sui suppositi, quoniam vere efficeret esse suae materiae et esse sui suppositi. Quicquid autem efficit esse alicuius facit ipsum esse de non ente ens, quoniam sine illo esse erat non ens et adhuc esset. – Praeterea, secundum hoc Deus poterit facere formam absque omni esse formali, quia Deus potest omni causae efficienti tollere suum effectum ipsa causa non ablata, cum existentia causae efficientis non **368** dependeat a suo effectu, sed potius e | contrario, et saltem non sic dependet quin possit intelligi esse sine ipso. Si igitur forma sic differt a suo esse sicut causa efficiens a suo effectu : ergo ipsa remanente Deus potest eam impedire ne producat suum esse et ita poterit eam facere esse absque omni esse.

Adducunt autem isti pro se auctoritatem Augustini, II *De libero arbitrio*, aliquantulum ante finem, ubi per formas rerum

---

1. Aristote, *De l'âme*, II, 1, 412a27 *sq.*; *Physique*, I, 7, 191a7 *sq.*; II, 1, 193a28 *sq.*; *Métaphysique*, VII, 3, 1029a20 *sq.*

paraît signifier une certaine essence formelle, et puisque toutes les conditions énumérées sont des conditions de la forme, cet être formel possédera en lui toutes ces conditions; donc, etc. – De plus, cet acte d'être sera soit l'acte premier, soit un acte second. S'il est l'acte premier, alors il sera la forme, car l'acte premier et la forme sont identiques selon Aristote. Mais s'il est un acte second, il sera une opération, ce que personne n'admet; et si on concédait qu'il en est ainsi, il faudrait encore que la matière possède un autre être que celui-ci. – En outre, si on pose que l'être diffère de l'essence, il ne semble pas qu'il puisse différer de manière à être l'effet de la forme et à pouvoir être séparé d'elle, car alors la forme causerait son propre être et serait donc – semble-t-il – cause d'elle-même, ce qui relève de l'hérésie. De surcroît, elle ne serait pas seulement cause formelle, mais encore cause efficiente de sa matière et de son suppôt, puisqu'elle produirait vraiment l'être de sa matière et de son suppôt. Or, tout ce qui produit l'être de quelque chose le fait passer du non-être à l'être car, sans cet être, ce quelque chose était un non-étant et le serait encore. – De plus, de ce point de vue, Dieu pourra produire une forme sans aucun être formel, car Dieu peut enlever à toute cause efficiente son effet sans supprimer la cause elle-même, puisque l'existence de la cause efficiente ne dépend pas de son effet, mais que c'est plutôt | l'inverse, et que, du moins, elle n'en dépend pas au **368** point que son être ne puisse être pensé sans lui. Si donc la forme diffère de son être comme la cause efficiente de son effet, alors, malgré sa permanence, Dieu peut l'empêcher de produire son être, si bien qu'il pourra la faire être sans aucun être.

Ces maîtres invoquent en leur faveur l'autorité d'Augustin, au livre II *Du libre arbitre*, quelque peu avant la fin, où il veut prouver par le biais des formes des choses

mutabilium vult probare esse aliquam formam aeternam et incommutabilem, dicens sic : « Si quicquid mutabile aspexeris vel sensu corporis vel animi consideratione capere non potes, nisi aliqua numerorum forma teneatur qua detracta in nihilum recidat : noli dubitare, ut ista mutabilia non intercipiantur, sed diversis motibus et distincta varietate formarum quasi quosdam versus temporum peragant, esse aliquam formam aeternam et incommutabilem per quam cuncta ista formari valeant »[1]. Ecce quod Augustinus hic vult quod nihil mutabile potest homo etiam mentis consideratione capere, nisi aliqua forma numerorum teneatur, et vult quod illa detracta statim in nihil recidat. Et paulo post dicit quod « omnia quae sunt, forma penitus subtracta, nulla erunt »[2]. Et iterum infra : « Istae igitur duae creaturae, corpus et vita, quoniam formabilia sunt, sicut superius dicta docuerunt, amissaque omni forma in nihilum recidunt, satis ostendunt se ex illa forma subsistere quae semper eiusmodi est »[3]. Intelligit autem nomine vitae spiritus incorporeos. Et iterum infra : « Quid enim maius in creaturis quam vita intelligens aut quid minus potest esse quam corpus ? Quae quantumlibet deficiant et eo tendant ut non sint, tamen aliquid formae eis remanet, ut quoquomodo sint »[4]. Sed si per miraculum potest materia esse sine forma, poterit intellectu capi et etiam cogitari esse sine forma, pro eo quod omne illud in quo non cadit contradictio potest

1. Augustin, *Le libre arbitre*, II, c. 16, trad. fr. J. Thonnard, BA, t. 6, p. 300.
2. Augustin, *Le libre arbitre*, II, c. 17, trad. fr. J. Thonnard, BA, t. 6, p. 302.
3. Augustin, *Le libre arbitre*, II, c. 17, trad. fr. J. Thonnard, BA, t. 6, p. 304.
4. Augustin, *Le libre arbitre*, II, c. 17, trad. fr. J. Thonnard, BA, t. 6, p. 304.

muables qu'il existe une forme éternelle et inchangeable, lorsqu'il dit ceci : « Quoi que tu envisages de muable, que ce soit par un sens corporel ou par une considération de l'esprit, tu ne peux pas le saisir sans concevoir quelque forme des nombres, dont la suppression le ferait tomber dans le néant : ne doute pas que, pour que ces choses muables ne s'arrêtent pas, mais traversent pour ainsi dire le cours du temps par différents mouvements et en une variété différenciée de formes, il existe une certaine forme éternelle et inchangeable par laquelle toutes ces choses sont formées ». Voici ce qu'Augustin veut dire ici : l'homme ne peut rien saisir de variable, pas même par une considération de l'esprit, à moins de disposer d'une forme des nombres ; et il veut dire qu'une fois celle-ci supprimée, toute chose muable retomberait aussitôt dans le néant. Et peu après il dit qu'« une fois la forme entièrement supprimée, toutes les choses qui sont ne seront plus rien ». Et à nouveau plus bas : « par conséquent, puisque ces deux créatures, le corps et la vie, peuvent être formées – comme nous l'a appris ce qui a été dit auparavant – et que par la perte de toute forme elles retombent dans le néant, elles montrent suffisamment qu'elles tiennent leur existence de la forme qui est toujours de cette manière » ; or sous le nom de « vie » il comprend les esprits incorporels. Et à nouveau plus bas : « Qu'y a-t-il en effet de plus grand dans les créatures que la vie intelligente ? Et que peut-il y avoir de moindre que le corps ? Mais aussi défaillantes soient-elles et malgré le fait qu'elles tendent à ne pas être, ces réalités possèdent néanmoins quelque chose de la forme afin d'exister de quelque manière ». Mais si par miracle la matière peut être sans forme, elle pourra être saisie par l'intellect et même être pensée comme étant sans forme, du fait que tout ce en quoi il n'y a pas de contradiction peut être

intellectu capi et cogitari. Non etiam erit verum simpliciter quod subtracta omni forma vertantur in nihil. Simpliciter enim videtur hoc Augustinus dixisse quoniam ex necessitate formae seu formationis rerum mutabilium probat esse formam aeter-
369 nam per quam semper | formari possint ad hoc ut habeant esse, acsi sine huiusmodi formatione non possint ab ipso recipere esse. XII etiam *Confessionum*[1], in fine, supponit tanquam certum quod materia prima in ipsa creatione non praecessit omnes formas suas tempore, sed solum origine. De hoc autem non posset multum esse certus, si aliquo modo esse potuit absque forma, quia non multum clare posset hoc ex textu sacro elici nec per rationem necessariam probari. Quamvis enim dicat Ecclesiasticus: *Qui vivit in aeternum creavit omnia simul*[2], illud potest satis exponi quod aliquo modo creata fuerunt omnia, quando creata fuit eorum materia de qua etiam seu in qua fieri possent; alias enim certum est quod omnes animae hominum non fuerunt simul creatae. Potest et aliter exponi, sicut in quaestione de hoc propria habet tangi[3].

Quando autem ab istis quaeritur quare per miraculum potest Deus facere formam sine materia, sicut facit in sacramento Eucharistiae, potius quam materiam sine forma, cum non minus videatur forma dependere a materia quantum ad subsistentiam sui esse quam materia a forma: respondent quod nulla res potest aliquo modo esse sine aliquo modo essendi determinato; esse enim actuale eo ipso quo est actuale

1. Augustin, *Confessions*, XII, 29, trad. fr. P. de Labriolle, revue par M. Testard, p. 359-361.

2. *Ecclésiaste*, 18, 1.

3. Cf. *Quaest. in II Sent.*, q. XXXI.

saisi et pensé par l'intellect. Il ne sera pas non plus absolument vrai, qu'une fois toute forme supprimée, toute chose retournerait au néant. Augustin semble en effet avoir dit cela simplement parce qu'il prouve, à partir de la nécessité de la forme ou de la formation des choses muables, l'existence d'une forme éternelle par laquelle elles peuvent toujours | être formées afin **369** de posséder l'être, comme si sans cette formation elles ne pouvaient pas recevoir l'être de Dieu. Par ailleurs, à la fin du livre XII des *Confessions*, il admet comme certain que dans la création elle-même la matière première n'a pas précédé toutes ses formes selon le temps, mais selon l'origine seulement. Pourtant, il ne saurait être aussi certain quant à la question de savoir si d'une manière ou d'une autre la matière première a pu exister sans forme, car cela ne peut être tiré avec suffisamment de clarté du texte sacré, ni être démontré par un raisonnement nécessaire. En effet, bien que l'Ecclésiaste dise : « Celui qui vit dans l'éternité a créé toutes choses en même temps », on peut interpréter ce texte de manière satisfaisante ainsi : d'une certaine manière, toutes les choses ont été créées quand a été créée la matière à partir de laquelle ou dans laquelle elles ont pu devenir ; d'autre part, il est certain que les âmes humaines n'ont pas toutes été créées en même temps. Et il est encore possible de donner une autre interprétation, comme il faut le faire dans la question consacrée proprement à ce sujet.

Or, lorsqu'on demande à ceux-ci pourquoi Dieu peut produire par miracle une forme sans matière, comme il le fait dans le sacrement de l'Eucharistie, plutôt qu'une matière sans forme, alors qu'il semble que la forme ne dépend pas moins de la matière quant à la subsistance de son être que la matière ne dépend de la forme, ils répondent qu'aucune chose ne peut être de quelque manière que ce soit sans un mode d'être déterminé. En effet, l'être actuel, du fait même qu'il est actuel,

est aliquod esse speciale; unde videmus quod moles cerae non potest esse sine determinata unione partium et sine determinata figura nec quantitas potest a Deo fieri sine determinato modo extensionis seu mensurae. Materia autem est de se omnino indeterminata, forma autem est de se terminus, unde in se includit modum essendi specialem et determinatum; et ideo non est ita contra rationem ipsius esse actualis formam fieri sine materia sicut materiam sine forma. Negant etiam isti quod forma tantum dependeat a materia quoad suum esse sicut materia dependet a sua forma, addentes quod hoc dicere est in fide periculosum; quia cum philosophantes et paganizantes viderint quod materia non potest aliquo modo intelligi esse sine forma, iudicabunt secundum hoc quod miraculum de sacramento Eucharistiae non sit verum, quod scilicet ibi sit aut esse possit forma sine materia.

370 | Quae igitur istarum opinionum sit verior aliorum iudicio derelinquo; mihi enim sufficit hoc tenere quod si in hoc contradictio non implicatur, Deus hoc potest, si autem implicatur, Deus hoc non potest.

est un être déterminé ; c'est pourquoi nous constatons qu'un morceau de cire ne peut exister sans l'union déterminée des parties ni sans une configuration déterminée, de même que Dieu ne peut produire une quantité sans un mode déterminé d'étendue ou de mesure. Or la matière est d'elle-même totalement indéterminée, alors que la forme constitue par elle-même un terme, raison pour laquelle elle inclut un mode d'être particulier et déterminé ; par conséquent, il est moins contraire à la raison de l'être actuel que la forme soit produite sans la matière plutôt que la matière sans la forme. Ceux-ci nient également que la forme dépende de la matière quant à son être autant que la matière dépend de sa forme – ajoutant que cette allégation est dangereuse du point de vue de la foi ; en effet, du moment où ceux qui se mêlent de philosophie et qui sympathisent avec les païens auront constaté que la matière ne peut pas, d'une manière ou d'une autre, être conçue exister sans forme, ils concluront que le miracle du sacrement de l'Eucharistie n'est pas véridique, c'est-à-dire qu'il y ait là ou qu'il puisse y avoir une forme sans matière.

| Je laisse aux autres le soin de décider laquelle de ces **370** opinions est plus vraie. Quant à moi, il me suffit de penser que si cela n'implique pas de contradiction, Dieu le peut, alors que s'il en implique une, Dieu ne le peut pas.

QUAESTIO XX

QUINTO QUAERITUR AN MATERIA HABEAT DIVERSAS
DIFFERENTIAS MATERIALES PER QUAS SPECIFICETUR,
SICUT IN FORMIS VIDEMUS

Et quod sic videtur.

1. Secundum Aristotelem, pluribus locis[1], propria forma non potest esse nisi in propria materia; sed materia appropriata esse non potest, nisi habeat differentias appropriantes; ergo et cetera. – Si dicatur quod per formam vel formales dispositiones appropriatur: contra, aut illae formae seu formales dispositiones sunt communes aut propriae. Si communes: non per eas appropriabitur, sed erit adhuc communis. Si propriae: ergo et ipsae praeexigunt appropriationem materiae.

2. Item, materia corporalis differt essentialiter a spirituali per simplex et compositum et per habens partes et non habens partes et per corporale et spirituale; ergo ista dicunt differentias essentiales additas materiae. Non enim has conditiones habet materia a forma sed potius a se, in tantum quod forma

---

1. Aristote, *Physique*, III, 1, 201a35 *sq.*; *De la génération et la corruption*, I, 7, 324b6 *sq.*; II, 4, 331a2 *sq.*; *Métaphysique*, VII, 7, 1032a20 *sq.*; VII, 8, 1033b2 *sq.*; VII, 9, 1034a9 *sq.*; VIII, 4, 1044b15 *sq.*

QUESTION XX

Et il semble qu'il en est ainsi.

1. Selon Aristote, en plusieurs passages, une forme propre ne peut exister que dans sa matière propre ; mais la matière ne peut être appropriée que si elle possède des différences qui l'approprient ; donc, etc. – Si l'on soutient qu'elle est appropriée par une forme ou des dispositions formelles, il faut répondre que ces formes ou ces dispositions formelles sont soit communes soit propres. Si elles sont communes, la matière ne sera pas appropriée grâce à elles, mais restera commune. Si elles sont propres, elles requièrent alors au préalable l'appropriation de la matière.

2. De même, la matière corporelle diffère essentiellement de la matière spirituelle par le simple et le composé, par le fait d'avoir des parties ou de ne pas en avoir, ainsi que par le corporel et le spirituel ; ces conditions signifient donc des différences essentielles ajoutées à la matière. En effet, la matière ne tient pas ces conditions de la forme, mais plutôt d'elle-même,

spiritualis non potest esse nisi in spirituali materia nec corporalis nisi in corporali ; ergo eodem modo erit in aliis.

3. Item, multiplicato uno correlativorum multiplicatur et reliquum ; sed materia et forma sunt correlativa secundum Aristotelem, II *Physicorum*[1] ; ergo et cetera.

371 | 4. Item, materiae est essentiale ordinari ad formam sicut potentia vel possibile ad actum ; sed non omnis materia est ordinabilis ad omnem formam nec ut talis existens est possibilis ad eam, ut materia lapidis ad animam rationalem vel materia simplicis elementi, ut ignis, ad formam auri ; ergo et cetera.

5. Item, materia, quanto est sub puriori forma, tanto est purior et tanto magis dilatata, ut sub forma ignis quam sub forma terrae. Et eodem modo forma purior materiam puriorem requirit ; nam videmus quod agentia purificando et sublimando materiam introducunt formas nobiles et ingrossando et inferiorando introducunt ignobiles.

6. Item, forma non educitur de materia, nisi materia moveatur ; sed si nullo modo in essentia sua transmutatur, non nisi per accidens quodam modo movetur nec se habet ad motum nisi quasi sicut deferens ; ergo oportet quod in essentia sua fiat aliqua transmutatio ; sed hoc non potest fieri, nisi amittat aliquid materiale quod esset sibi essentiale et aliud acquirat oppositum ; ergo et cetera.

---

1. Aristote, *Physique*, II, 1, 193a28 *sq.* ; II, 2, 194a12 *sq.*

du fait qu'une forme spirituelle ne peut se trouver que dans une matière spirituelle et une forme corporelle que dans une matière corporelle ; il en ira donc de même pour les autres conditions.

3. De même, lorsque l'un des corrélatifs est multiplié, l'autre l'est aussi ; or la matière et la forme sont des corrélatifs, selon Aristote au deuxième livre de la *Physique* ; donc, etc.

| 4. De même, pour la matière il est essentiel d'être **371** ordonnée à la forme comme la puissance ou le possible est ordonné à l'acte ; or toute matière ne peut être ordonnée à toute forme et, existant comme telle, toute matière n'est pas possible à l'égard de toute forme : par exemple la matière de la pierre [n'est pas possible] à l'égard de l'âme rationnelle ou encore la matière d'un élément simple, comme le feu, à l'égard de la forme de l'or ; donc, etc.

5. De même, la matière est d'autant plus pure et plus dilatée qu'elle se trouve sous une forme plus pure, comme lorsqu'elle est sous la forme du feu plutôt que sous la forme de la terre. Et, de la même façon, une forme plus pure requiert une matière plus pure ; en effet, nous constatons que lorsqu'ils purifient et élèvent la matière, les agents y introduisent des formes nobles, et lorsqu'ils l'épaississent et l'abaissent, ils y introduisent des formes moins nobles.

6. De même, la forme n'est pas tirée de la matière, si la matière ne se meut pas ; mais si la matière ne change d'aucune façon dans son essence, elle ne se meut d'une certaine manière que par accident et ne se rapporte au mouvement que comme une sorte de support. Il faut donc qu'un certain changement advienne dans son essence ; mais cela ne peut pas se produire, si elle ne perd pas quelque chose de matériel qui lui est essentiel et n'acquiert pas quelque chose d'opposé ; donc, etc.

7. Et ultimo, si materia nullam habet differentiam materialem, tunc omnis materia de se et sua essentia est aeque propinqua et aeque remota, aeque communis et aeque propria, aeque simplex, aeque composita, aeque nobilis, aeque ignobilis, aeque tendens et aeque inclinata et ordinata, quantum est de se, in omnes formas. Et aeque statim poterit introduci una sicut et alia, ut statim in materia ignis introduci forma auri vel forma animae et statim in semine forma corporis humani vel animae pecoralis. Et tunc ab omni forma forma poterit transmutari et immediate in aliam, ut a corporali forma in spiritualem, ab elementari in caelestem. Et ita parum erit inclinata de se et sua essentia in formam quam actu habet sicut in eam quam non habet actu et sic ita parum mutata. – Si tamen ponas quod de se plus est in istam inclinata et adhaerens : ergo cum haec unio et inclinatio sit ei substantialis, aliquid essentiale habet respectu huius et quando est sub ea et aliud respectu alterius et quando non est sub ea.

Contra : 1. Materia de se cogitata sine omni forma nullam 372 habet determinationem, nullam unitatem, nullam | multitudinem vel divisibilitatem, nullam compositionem nec simplicitatem determinatam; abstrahit enim eius essentia a forma corporali et spirituali et etiam a forma generalissime

7. Et enfin, si la matière ne possède aucune différence matérielle, il s'ensuit que chaque matière, par elle-même et par son essence, est également proche et également éloignée, également commune et également propre, également simple, également composée, également noble, également vile, également orientée et également inclinée et ordonnée, pour ce qui est d'elle-même, à l'égard de toutes les formes. Et l'une comme l'autre forme pourra être introduite de manière tout aussi instantanée, comme par exemple dans la matière du feu pourra être introduite instantanément la forme de l'or ou la forme de l'âme, de même que dans la semence la forme du corps humain ou de l'âme d'une brebis. Alors, à partir de toute forme, une forme pourra être changée immédiatement en une autre, comme la forme corporelle en forme spirituelle, la forme des éléments en forme céleste. Et ainsi, la matière sera d'elle-même et par son essence aussi peu orientée vers la forme qu'elle possède en acte que vers celle qu'elle ne possède pas en acte, et par conséquent elle en sera aussi peu changée. – Si toutefois tu affirmes qu'elle est, d'elle-même, plus inclinée et plus liée à cette forme [qu'elle possède en acte], alors, puisque cette union et cette inclination lui sont substantielles, elle possède quelque chose d'essentiel par rapport à cette forme lorsqu'elle lui est sous-jacente, comme elle possède quelque chose d'essentiel par rapport à une autre lorsqu'elle ne lui est pas sous-jacente.

Objections : 1. La matière conçue en elle-même, sans aucune forme, ne possède aucune détermination, aucune unité, aucune | pluralité ou divisibilité, aucune composition ni sim- **372** plicité déterminée ; en effet, son essence fait abstraction de la forme corporelle et de la forme spirituelle, ainsi que de la forme considérée de la manière la plus générale, étant

accepta, utpote ab omni forma substantiali; sed si habet varias differentias, opposita consequuntur; ergo et cetera.

2. Item, Aristoteles, II *Metaphysicae*[1], dicit quod in fundamento naturae nihil est distinctum; ergo et cetera.

3. Item, VII *Metaphysicae*[2], dicit quod solus actus dividit; ergo materia non poterit dividi a materia vel distingui nisi per formam.

4. Item, si de se habet varias differentias: ergo materiae per essentias suas erunt ad se invicem distinctae et plurificatae et sufficientes; ergo necessario habebunt diversas unitates et essentias diversas et sic diverso modo determinatas.

5. Item, tunc erit dare in materia genus et species et tunc esset recte in linea praedicabili, quia genus et species sunt recte in linea praedicabili, et sic faceret per se unum praedicamentum.

6. Item, secundum Aristotelem[3], materia non praedicatur, quia omnis praedicatio fit ratione formae et semper praedicatio se habet in ratione formae; sed tunc materia vere praedicaretur de hac materia et de illa et differentiae de suis speciebus quas constituunt; ergo et cetera.

7. Item, si esset dare in ea genus et species et differentias: ergo et individuationem seu aliquid per quod individuaretur; non enim tunc individuaretur per suam essentiam, ex quo esset vere communis.

---

1. Aristote, *Métaphysique*, I, 8, 989b6, tel que ce passage apparaît dans la version arabo-latine d'Averroès, *Aristotelis opera cum Averrois commentariis*, *Metaphysicorum liber I, textus 17, op. cit.*, 14rbF: «Quoniam autem in fundamento naturae non est aliquid distinctum, manifestum est quod […]. »

2. Aristote, *Métaphysique*, VII, 13, 1039a7.

3. Aristote, *Métaphysique*, VII, 3, 1028b36 *sq.*

donné qu'elle fait abstraction de toute forme substantielle. Mais si elle possède plusieurs différences, l'opposé s'ensuit; donc, etc.

2. De même, au deuxième livre de la *Métaphysique*, Aristote dit que dans le fondement de la nature rien n'est distinct; donc, etc.

3. De plus, au septième livre de la *Métaphysique*, il dit que seul l'acte divise; donc la matière ne pourra être divisée ou distinguée d'une autre matière que par la forme.

4. En outre, si la matière possède d'elle-même plusieurs différences, alors les matières seront distinctes les unes des autres, multipliées et suffisantes par leur essence respective; par conséquent elles posséderont nécessairement des unités distinctes ainsi que des essences différentes, et de la sorte déterminées de manière différente.

5. De plus, il faudra alors poser dans la matière un genre et une espèce, si bien qu'elle entrerait directement dans la série des prédicables, car le genre et l'espèce relèvent directement de l'ordre des prédicables, et ainsi elle constituerait par elle-même une catégorie.

6. De même, selon Aristote, la matière ne se prédique pas, car toute prédication se fait en raison d'une forme et la prédication se prend toujours du point de vue formel; mais [si l'on répondait par l'affirmative], la matière serait véritablement prédiquée de cette matière-ci et de cette matière-là, et les différences seraient prédiquées des espèces qu'elles constituent; donc, etc.

7. En outre, s'il fallait poser dans la matière un genre, des espèces et des différences, il faudrait aussi poser une individuation ou quelque chose par quoi elle serait individuée; en effet, elle ne le serait pas par son essence, en vertu de quoi elle serait véritablement commune.

8. Item, universalia se habent in ratione formae ad sua inferiora et sunt formae ipsorum; ergo et materia in generali accepta esset forma suorum inferiorum.

[Respondeo]

Ad quaestionem istam dicendum quod quidam aliquando voluerunt dicere, etiam moderni, | quod in materia est dare differentias materiales realiter differentes a natura communi materiae cum qua componuntur et quam specificant et inter se invicem oppositas, eo modo oppositionis quo saltem differentiae genus dividentes opponuntur, et quod introducuntur aliquae earum per motum et aliquae destruuntur. Moti autem fuerunt ad hoc ponendum rationibus praedictis ad hoc superius adductis.

Istud autem non credo quod stare possit. Quod patet primo ex ratione unionis qua unitur differentia cum natura materiae generali; secundo, ex ratione specificationis et determinationis; tertio, ex ratione motus et transmutationis; quarto, ex ratione mutuae oppositionis.

Primo quidem ex ratione unionis: quia impossibile est aliqua uniri, quin alterum sit in potentia respectu alterius et alterum eius actus vel quin ambo uniantur in tertio actu, ut duae partes materiae in tertia forma vel in tertia potentia, ut duae formae vel duae partes formales in una materia; ergo differentia unietur cum natura generis sui aliquo istorum

8. De plus, c'est du point de vue formel que les universaux se rapportent à leurs subordonnés et en sont les formes ; donc la matière aussi, considérée en général, serait la forme de ses subordonnés.

[Réponse]

À cette question, il faut répondre que certains, même parmi les modernes, ont par endroit soutenu | que dans la matière il y 373 a des différences matérielles qui diffèrent réellement de la nature commune de la matière avec laquelle elles composent et qu'elles spécifient, qu'elles sont opposées les unes aux autres – au moins selon le mode d'opposition par lequel s'opposent les différences qui divisent le genre –, et que certaines d'entre elles sont introduites et certaines détruites par voie de mouvement. Or ils ont été amenés à défendre cette thèse par les arguments énoncés auparavant et déjà avancés en ce sens.

Mais je ne crois pas que l'on puisse soutenir pareille thèse. Cela apparaît premièrement du point de vue de l'union par laquelle la différence est unie à la nature générique de la matière. Deuxièmement, du point de vue de la spécification et de la détermination. Troisièmement, du point de vue du mouvement et du changement. Quatrièmement, du point de vue de l'opposition mutuelle.

Premièrement, du point de vue de l'union : en effet, il est impossible que des choses soient unies sans que l'une soit en puissance à l'égard de l'autre et que l'autre soit son acte, ou sans que les deux s'unissent dans une troisième qui est en acte, comme deux parties de matière dans une forme tierce ou une puissance tierce, ou encore comme deux formes ou deux parties formelles dans une même matière ; par conséquent, la différence sera unie à la nature de son genre selon l'un de ces

modorum. Et non est dare duo ultima, quia tunc tu poneres tertiam naturam, sive formalem sive materialem, in essentia materiae, et poneres quod ipsa sint sicut duae materiae vel ut duae formae unitae; ergo vere quod additur erit actus alterius. Et hoc manifeste patet quod sequitur, quia utique primum erat in potentia ad id quod differentia dicitur. – Praeterea, ista differentia est in eo cui additur; ergo est ibi aliquo modo essendi in. Et utique iste vel erit inhaerentia accidentalis, et tunc erit forma accidentalis, vel substantialis, et tunc erit vere forma. – Item, ratio materiae est quod sit primum subiectum et quod non sit in alio; ergo ista differentia habet oppositas rationes ad rationem substantiae materiae. Nec sufficit dicere quod habet in hoc modum formae, sed non est forma; quia quicquid habet realiter modum formae essentialem realiter est forma necessario et formale; impossibile enim est quod id quod ex opposito dividitur contra formam et contra rationem formalem habeat essentialiter et realiter modum formalem; et tamen ex praedicto probatur quod non solum habeat modum, immo vere quod sit actus et forma.

374 | Secundo patet hoc ex ratione specificationis: tum quia haec non poterit intelligi sine aliqua specificatione et determinatione quae materiae respectu generis sui non competit; tum quia specificatio et determinatio seu specificans et determinans sunt vere actus specificabilis et

modes. Mais les deux derniers [modes] ne peuvent pas être admis, car alors tu poserais une nature tierce, soit formelle soit matérielle, dans l'essence de la matière, et tu poserais que la différence et la nature de son genre sont comme deux matières ou comme deux formes unies ; par conséquent, ce qui est ajouté sera véritablement l'acte d'un autre. Et il apparaît clairement qu'il en est ainsi, car le premier était certainement en puissance à l'égard de ce qui est désigné comme différence. – En outre, cette différence est dans celui auquel elle est ajoutée ; donc elle y est selon un certain mode d'inhérence. Et dans tous les cas ce mode sera soit une inhérence accidentelle – il s'agira alors d'une forme accidentelle –, soit une inhérence substantielle – il s'agira alors véritablement d'une forme. – De plus, la raison de la matière consiste à être le premier sujet et à ne pas être dans un autre ; par conséquent cette différence possède des raisons opposées à la raison de la substance de la matière. Et il ne suffit pas de dire qu'en cela cette différence possède un mode formel sans être pour autant une forme, car tout ce qui possède réellement un mode formel essentiel est réellement et nécessairement une forme et quelque chose de formel ; en effet, il est impossible que ce qui est démarqué de la forme et de la raison formelle comme son opposé possède essentiellement et réellement un mode formel ; et pourtant, selon les propos précédents, il est prouvé que cette différence possède non seulement un mode formel, mais bien plus qu'elle est véritablement un acte et une forme.

⏐ Deuxièmement, cela apparaît clairement du point de vue 374 de la spécification : d'une part, en effet, la matière ne pourra être conçue sans une spécification ou une détermination, qui ne lui appartient pas par rapport à son genre ; d'autre part, car la spécification et la détermination, ou le spécifiant et le déterminant, sont véritablement les actes de ce qui peut être spécifié et

determinabilis et ita vere sunt eius forma et specificabile vere erit eius materia; tum quia sicut generalis natura formae et specialis dicuntur duae formae, ita et ista dicentur duae naturae materiales vel duae materiae. – Nec valet, si dicatur quod eodem modo sequetur de formis quod natura generis sit vere materia, quia differentia non poterit ei uniri nisi ut actus, et cum sit eius specificatio, ipsum erit specificabile; quia differentia non unitur ei nisi eo modo quo duo uniuntur in tertio, nec specificat eius naturam, ut est partialis, sed solum prout sumitur ut totum comprehendens potentialiter naturam differentiae intra se, sed potius specificat unaquaeque materiam et totum suum.

Tertio patet hoc ex ratione transmutationis seu motus: omnis enim materia terminatur ad aliquid formaliter, quia terminus motus magis habet rationem actus et formae quam motus; omnis autem motus est actus mobilis; ergo istae differentiae, cum sint termini motuum per quos introducuntur, magis erunt formales quam ipsi motus. – Item, motus diversificantur secundum diversitatem terminorum; ergo erit alius motus genere qui terminatur ad differentias materiales ab illis qui terminantur ad formas, sive accidentales sive substantiales. Et ita non poterit fieri mutatio formarum in materia,

déterminé, et ainsi ils en sont véritablement la forme, alors que ce qui peut être spécifié sera véritablement matière de cette forme ; d'autre part encore, car, de même que la nature générique de la forme et sa nature spécifique sont dites être deux formes, ainsi la nature générique de la matière et sa nature spécifique seront dites être deux natures matérielles ou deux matières. – Et il n'est pas valable d'objecter qu'il en irait de même à propos des formes, à savoir que la nature du genre serait véritablement matière en vertu du fait que la différence ne pourrait lui être unie qu'en tant qu'elle est acte, et que, celle-ci étant la spécification du genre, ce dernier serait ce qui peut être spécifié. En effet, la différence ne s'unit au genre qu'à la manière dont deux choses s'unissent en une troisième ; et elle ne spécifie pas la nature du genre en tant que cette nature est partielle, mais seulement dans la mesure où elle est envisagée comme un tout qui inclut potentiellement la nature de la différence, ou plutôt dans la mesure où chaque différence spécifie la matière et son tout.

Troisièmement, cela apparaît clairement du point de vue du changement ou du mouvement : en effet, toute matière est déterminée formellement par rapport à quelque chose, car le terme du mouvement possède davantage la nature d'acte et de forme que le mouvement lui-même ; or tout mouvement est l'acte d'un mobile ; par conséquent, puisque ces différences sont les termes des mouvements par lesquels elles sont intro-duites, elles seront plus formelles que les mouvements eux-mêmes. – De même, les mouvements se diversifient selon la diversité des termes ; par conséquent, le mouvement qui est terminé par des différences matérielles différera par le genre des mouvements qui sont terminés par des formes, qu'elles soient accidentelles ou substantielles. Et ainsi il ne pourra pas se produire un changement de formes dans la matière

quin ibi simul sint semper duo genera motuum quorum unus erit motus materialis, alter ipsius motus formalis, quia ipsa movetur a forma ad formam, non ipsae formae; et iste utique est ab altero agente, quia omne agens agit movendo ad suam speciem et per impressionem suae similitudinis. Et ideo apparebit quod ille motus materialis sit a consimili in specie differentiae materialis introducendae et quod fiat per immissionem similitudinis illius differentiae materialis agentis. Quae omnia manifeste sunt absurda. – Praeterea, eodem modo oportebit quod adhuc sit alia differentia approprians materiam ad hanc differentiam quae introducitur; sequitur enim hoc manifeste ex rationibus superius factis in quibus ipsi innituntur.

375 | Quarto patet hoc ex ratione oppositionis : quae non potest esse nisi in essentiis determinatis, etiam ad alteram partem extremitatis, et hoc complete. Et cum istae mutuo se expellant in eodem subiecto, manifeste patet quod respiciunt eam, saltem sicut suum materiale subiectum; respicere autem aliquid ut subiectum vere et realiter non est nisi formae.

Alii autem[1] dicunt quod materia, prout cogitatur ut denudata omni forma, est simpliciter una secundum essentiam et potentiam in omnibus. Et non loquor hic de unitate numerali, quia de hoc in sequenti agetur[2], sed prout aliquod commune dicitur unum in pluribus; unde et dicunt quod materia

---

1. *Cf.* Bonaventure de Bagnoregio, *In II librum Sententiarum*, dist. 3, p. 1, art. 1, q. 2, dans *Opera Omnia S. Bonaventurae*, vol. 2, p. 94, 96-97 et 100-101.

2. Cf. *Quaest. in II Sent.*, q. XXI.

sans qu'il n'y ait là, toujours et simultanément, deux genres de mouvement, dont l'un sera un mouvement matériel, l'autre son mouvement formel, car c'est la matière qui se meut d'une forme à une autre, et non pas les formes elles-mêmes. Et ce mouvement est assurément produit par un agent autre, car chaque agent agit en suscitant un mouvement vers sa propre espèce et par l'impression de sa ressemblance. Pour cette raison, il apparaîtra que ce mouvement matériel se fait à partir de quelque chose qui lui est semblable dans l'espèce de la différence matérielle à introduire, et qu'il est produit par l'introduction de la ressemblance propre à la différence matérielle de l'agent. Or tout ceci est manifestement absurde. – Par ailleurs, de la même manière il faudra qu'il y ait encore une autre différence appropriant la matière à la différence qui est introduite ; en effet, ceci découle manifestement des raisons produites plus haut et sur lesquelles ils s'appuient.

| Quatrièmement, cela apparaît du point de vue de 375 l'opposition : en effet celle-ci ne peut exister que dans des essences déterminées, en particulier par rapport à l'autre extrême, et cela de manière complète. Et puisque ces essences opposées s'excluent mutuellement dans le même sujet, il s'ensuit manifestement qu'elles se rapportent à la matière au moins comme à leur sujet matériel ; or, se rapporter à quelque chose comme à son sujet ne revient véritablement et réellement qu'à la forme.

Cependant d'autres disent que, dans la mesure où la matière est envisagée comme dépouillée de toute forme, elle est simplement une selon l'essence et la puissance dans toutes choses. Et je ne parle pas ici de l'unité numérique, car on en traitera dans la question suivante, mais du fait que quelque chose de commun est dit un dans plusieurs choses. C'est pourquoi ils disent aussi que la matière

denudata omni forma essentialiter se habet ad omnem formam, nec est tunc intelligere differentiam inter materiam corporalem et spiritualem.

Sed hoc non videtur posse stare, quia tunc in spirituali materia posset poni, quantum est ex ipsa, forma corporalis et possemus ibi dare partes, et in corporali posset forma spiritualis poni et in ea partes non esset dare ex ipsa et per se. Et ideo necesse est ponere eam habere partes secundum se, in tantum quod nunquam cogitari potest materia corporalis sine partibus. Non enim potest materia cogitari materia sic sine forma quod cogitetur existere sine ipsa, quia hoc est impossibile; sed ut sub ipsa existens cogitatur eius essentia, ita quod videatur quid est de eius essentia; et tunc invenietur quod multitudo partium est de essentia materiae; sed unitas earum vel divisio non inest eis nisi per formam. Et quamvis non possint cogitari multae partes nisi sub unitate formae vel divisione : tamen intellectus pro tanto intelligit eas multas sub unitate et divisione, quia videt quod essentia unius est alia ab essentia alterius. Si enim non est alia : ergo verissime etiam sub forma non sunt ibi aliae et aliae partes essentiales et integrales materiae, sed esset verissime una et simplex.

Differunt igitur veraciter materia corporalis et spiritualis secundum definitiones et rationes sibi essentiales, quia haec habet vere multitudinem partium, sed non talem 376 quae possit existere nisi sub forma et per | formam,

dépouillée de toute forme se rapporte essentiellement à toute forme. Mais il n'est alors pas possible de comprendre la différence entre la matière corporelle et la matière spirituelle.

Or cette position ne paraît pas pouvoir être tenue, car alors dans la matière spirituelle, prise en elle-même, il pourrait y avoir une forme corporelle et nous pourrions y admettre des parties ; de même, dans la matière corporelle il pourrait y avoir une forme spirituelle et il serait impossible d'y admettre des parties venant d'elle-même et par elle-même. Pour cette raison, il est nécessaire d'affirmer que la matière corporelle possède par soi des parties du fait qu'elle ne peut jamais être conçue sans parties. En effet, la matière ne peut être conçue comme matière sans forme au point de pouvoir être pensée exister sans elle, car cela est impossible. Mais c'est en tant qu'existant sous la forme que son essence est pensée, de sorte qu'apparaisse ce qui est propre à son essence. Et on découvrira ainsi que la multitude des parties relève de l'essence de la matière, alors que leur unité ou leur division ne relève que de la forme. Et bien que de multiples parties ne puissent être conçues que sous l'unité ou la division de la forme, l'intellect les comprend toutefois comme multiples sous l'unité et la division, car il voit que l'essence de l'une est différente de l'essence de l'autre. En effet, si l'essence de l'une n'était pas différente [de l'essence de l'autre], alors il serait aussi vrai qu'il n'y aurait pas sous la forme différentes parties essentielles et intégrales de la matière, mais que celle-ci serait véritablement une et simple.

La matière corporelle et la matière spirituelle diffèrent donc véritablement, selon leur définition et leur raison essentielle. En effet, la matière [corporelle] possède vraiment une multitude de parties, mais cette multitude n'est pas telle qu'elle puisse exister autrement que sous la forme et par | la forme, **376**

quia nec essentia materiae est alterius modi. Unde quod quidam dicunt quod habet multitudinem partium in potentia solum, si intelligas « in potentia » ita quod ad hoc quod habeat eas vere oportet quod multitudo earum reducatur ad actum, sicut esse formarum dicitur esse in potentia, et loquor de multitudine earum secundum suas essentias, non secundum actualem unitatem et divisionem formalem : non potest stare, quia tunc ipsa cogitaretur vere simplex actu et carere partibus actu et ita habere unitatem essentiae et indivisionem actu ; quod ita parum potest fieri sine forma sicut nec multitudo, et minus, pro quanto illud est esse nobilius. Tunc etiam quaero de quo extrahuntur et quomodo de illo potentiali non habenti partes fit quod habeat vere postea materiales quae vere sustinent partes varias formae : non erit dare. Hoc autem in sequenti quaestione[1] plenius patebit. Et tamen adhuc in hoc differentes rationes haberent, quia una haberet multitudinem in potentia et non simplicitatem, alia simplicitatem in potentia et non multitudinem partium.

Media igitur via videtur hic esse incedendum, ut videlicet dicamus quod materia non habet differentias formales realiter ab ea differentes et realiter cum materia compositas, sicut forma cum forma altera componitur in tertia materia ; et tamen materia corporalis sic convenit cum materia spirituali in ratione

---

1. Cf. *Quaest. in II Sent.*, q. XXI.

car même l'essence de la matière ne peut pas être d'une autre façon. C'est pourquoi, lorsque certains disent qu'elle possède une multitude de parties seulement en puissance, cela n'est pas tenable si tu comprends « en puissance » en ce sens que, pour que la matière possède vraiment ces parties, il faut que leur multiplicité soit réduite à l'acte, à la manière dont l'être des formes est dit en puissance – et je parle de leur multiplicité compte tenu de leurs essences, non de leur unité en acte et de leur division formelle. Dans ce cas, en effet, la matière serait pensée comme véritablement simple en acte et actuellement dépourvue de parties, jouissant ainsi en acte d'une unité essentielle et de l'indivision; une telle unité est aussi peu susceptible d'être produite sans forme qu'une pluralité ne peut l'être, et moins encore dans la mesure où cela constitue un être plus noble. Dans ce cas, je demande encore d'où sont tirées [les parties matérielles] et comment il se fait qu'à partir de cet être potentiel, qui n'a pas de parties, il y ait ensuite de véritables parties matérielles soutenant véritablement les différentes parties de la forme : il sera impossible de l'établir. Cela apparaîtra d'ailleurs de manière plus complète dans la question suivante. Pourtant, même dans ce cas, [la matière corporelle et la matière spirituelle] posséderaient encore des raisons différentes, car l'une posséderait une pluralité en puissance et non la simplicité, alors que dans l'autre il y aurait la simplicité en puissance et non une pluralité de parties.

Il semble donc qu'il faille suivre ici une voie moyenne et dire que la matière ne porte pas en elle des différences formelles réellement distinctes d'elle et réellement composées avec elle, à la façon dont une forme compose avec une autre forme dans une matière tierce. Et cependant la matière corporelle et la matière spirituelle convergent en la raison

materiae quod differentem definitionem habet ab ea per hoc quod isti additur altera ratio, scilicet habere partes potentiales vel in potentia, et isti non habere sed potius simplicitatem potentialem vel in potentia; quia istae rationes nihil addunt reale ad essentiam materiae uniuscuiusque istorum, sed in materia spirituali implicatur utraque ratio sine reali differentia et in corporali eodem modo. – Dicendum igitur quod in materia non sunt aliquae differentiae materiales quae aliquid addant realiter ad essentiam eius, ita quod sit ibi realis unio et compositio; bene tamen est ibi dare differentes rationes quarum una secundum intellectum communior est et quasi universalis respectu alterius, sicut materiae corporali et spirituali ratio materiae et possibilis est communis. Ratio autem corporeitatis et spiritualitatis indeterminatae a qua magis debet dici possibilis quam actualis sunt earum rationes 377 | speciales, non quod ratio materiae dicat in eis aliquam naturam realem eis communem cui istae rationes speciales sint unitae.

Ad evidentiam autem huiusmodi argumentorum quatuor sunt notanda. Quorum unum est quod non omnis diversitas rationis realis ponit semper diversitatem realem in essentia super quam vel in qua fundatur. Sicut enim omnes formae conveniunt in ratione formae et habent rationes per quas differunt in ratione formae, videtur, si ratio formae aliquid adderet aliud realiter omnibus in quibus est, tunc

[commune] de matière ainsi : la matière corporelle est définie de façon différente de la matière spirituelle – car à la première s'ajoute une autre raison [propre], à savoir le fait de posséder des parties potentielles ou en puissance, alors que le propre de la seconde est de ne pas posséder de telles parties, mais de posséder plutôt une simplicité potentielle ou en puissance ; ces raisons n'ajoutent toutefois rien de réel à l'essence de la matière de chacune d'elles, car dans la matière spirituelle les deux raisons sont impliquées sans qu'il n'y ait de différence réelle, et il en va de même pour la matière corporelle. – Il faut donc dire que dans la matière il n'y a pas de différences matérielles qui ajouteraient réellement quelque chose à son essence, de manière à y introduire une union et une composition réelle. Toutefois, il faut bel et bien poser là des raisons différentes, dont l'une est plus commune et presque universelle par rapport à l'autre dans l'ordre de l'intellection, à la façon dont la raison de matière et de possible est commune aussi bien à la matière corporelle qu'à la matière spirituelle. Or les raisons de corporéité et de spiritualité indéterminée, à partir desquelles la matière doit être considérée plutôt comme possible que comme actuelle, sont leurs raisons | spécifiques, 377 mais non dans le sens que la raison de matière signifie en elles une certaine nature réelle qui leur serait commune et à laquelle ces raisons spécifiques seraient unies.

Pour clarifier ces arguments, il faut relever quatre points. Le premier est qu'une diversité de raisons réelles n'implique pas toujours une diversité réelle dans l'essence sur laquelle ou dans laquelle elle est fondée. En effet, de même que toutes les formes partagent la raison de forme et possèdent des aspects par lesquels elles diffèrent dans la raison de forme, il semble que, si la raison de forme ajoutait réellement quelque chose d'autre à toutes les réalités dans lesquelles elle se trouve, alors

omnis forma, quantuncunque simplex, esset composita ex
ratione formae in qua convenit cum aliis formis et ex eo in quo
differt ab eis. Et tamen adhuc, si ratio illa formae diceret
quandam essentiam aliam ab illa ratione speciali per quam
differret forma composita ab ipsa, esset necessario dare in ea
rationem formae per quam conveniret cum omni forma et
rationem per quam differret, et differentia addita adhuc esset
forma. Hoc autem ad praesens non notificabimus, quia in
quaestione de formis tangetur[1].

Secundum est quod materia non oportet quod semper
approprietur formae per aliquid sibi essentiale quod sit
materiale, sed per priores formas appropriatur subsequentibus.
Et haec est causa quare quaedam formae sunt semper priores
aliis in materia et quaedam necessario posteriores. Materia
autem corporalis est propria materia corporalium et spiritualis
spiritualium per essentiam suam, sed non per aliquid reale
additum alicui naturae materiali quae sine differentia illa esset
communis formae spirituali et corporali; quia tunc veraciter in
eadem natura materiae, numero inquam eadem, posset esse
successive forma spiritualis et corporalis, quantum esset ex
parte materiae. Et utique ipsi naturae communi per se respon-
deret aliqua forma seu natura formalis; quod est impossibile,
quia tunc illa forma esset communis spirituali et corporali et
nec esset simplex nec extensa nec corporalis nec spiritualis.

---

1. Ce renvoi fait vraisemblablement référence à une *Quaestio de formis*,
qui a été perdue. *Cf.* S. Piron, « Les œuvres perdues d'Olivi », art. cit., p. 369.

toute forme, aussi simple fût-elle, serait composée de la raison de forme – qu'elle partage avec les autres formes – et de ce en quoi elle diffère d'elles. Et cependant, si cette raison de forme signifiait une autre essence que la raison spécifique par laquelle la forme composée différerait de celle-ci, il serait nécessaire de poser en elle une raison de forme qu'elle partagerait avec toute forme ainsi qu'une raison par laquelle elle en différerait, et la différence ajoutée serait encore une forme. Mais nous ne discuterons pas ce point maintenant, car il sera abordé dans la question sur les formes.

Le deuxième point est qu'il n'est pas nécessaire que la matière soit toujours appropriée à la forme par quelque chose qui lui soit essentiel et qui serait matériel, car elle est appropriée aux formes suivantes par les formes précédentes. Telle est la raison pour laquelle certaines formes sont toujours antérieures aux autres dans la matière et d'autres nécessairement postérieures. Mais c'est par son essence que la matière corporelle est la matière propre des réalités corporelles et la matière spirituelle celle des réalités spirituelles, et non par quelque chose de réel ajouté à quelque nature matérielle qui, sans cette différence, serait commune à la forme spirituelle et à la forme corporelle ; si tel était le cas, dans la même nature matérielle – je dis la même numériquement – il pourrait y avoir véritablement et successivement une forme spirituelle puis une forme corporelle, pour ce qui relèverait de la matière. Et dans tous les cas, une forme ou une nature formelle correspondrait par soi à cette nature commune – ce qui est impossible, car alors cette forme serait commune à la matière spirituelle et à la matière corporelle et par conséquent elle ne serait ni simple ni étendue, ni corporelle ni spirituelle.

Tertium est quod inclinatio qua materia dicitur inclinari ad formam suam, si est inclinatio vere actualis, est per formam
378 aliquam vel impulsum formalem; inclinatio enim | actus est inclinabilis, sicut motus mobilis. Unde materia de se non refertur ad formam nisi ut possibile et inclinabile ad suum actum et ad suam inclinationem, licet per intermediam aliquam formam vel aliquid formale hoc fiat. Et ideo motus quo materia dicitur substantialiter mutari est actus eius et terminus eius actus. Ipsa enim mutatio et eius variatio est actus eius ut inclinabilis et variabilis. Unde bene concedo quod variatur, sed tamen variationes sunt formales, ipsa vero subiectum et mobile.

Quartum est quod universalitas bene potest attribui principiis componentibus, licet non in illo complemento quo ipsi composito; sicut enim compositum est cogitare universaliter et particulariter, sic et principia ipsa. Unde et materiam est cogitare universaliter ad hanc materiam et ad illam, quia materia, in quantum materia, non est haec vel illa materia, sicut nec homo, in quantum homo, est hic vel ille. Quid tamen individuatio addat ad rationem materiae ad hoc ut per illud possit dici haec vel illa : eadem difficultas est, quid addat ad rationem formae eius individuatio per quod possit dici haec forma vel illa. Materia igitur, secundum quod habet rationem

Le troisième point consiste en ceci : si l'inclination, par laquelle la matière est dite inclinée vers sa propre forme, est une inclination vraiment actuelle, elle résulte d'une certaine forme ou d'une impulsion formelle ; en effet, l'inclination | est l'acte de ce qui peut être incliné, comme le mouve- **378** ment est l'acte du mobile. C'est pourquoi la matière ne se rapporte pas d'elle-même à la forme sinon comme ce qui est possible et qui peut être incliné vers son acte et vers son inclination, bien que cela se produise par une forme intermédiaire ou par quelque chose de formel. Ainsi, le mouvement par lequel la matière est dite changer de façon substantielle est son acte et le terme de son acte, car le changement même et sa variation sont son acte en tant qu'elle est susceptible d'être inclinée et en tant qu'elle est variable. Pour cette raison, je veux bien concéder qu'elle varie, mais ses variations sont formelles, alors qu'elle est le sujet et le mobile.

Le quatrième point est que l'universalité peut bien être attribuée aux principes qui composent [la substance], bien qu'elle ne le puisse pas dans l'état achevé qui est le leur dans le composé ; en effet, comme le composé peut être pensé universellement et en particulier, ces principes le peuvent aussi. C'est pourquoi la matière peut également être pensée universellement à l'égard de cette matière-ci et à l'égard de cette matière-là, car la matière en tant que matière n'est ni cette matière-ci ni cette matière-là ; de même, l'homme en tant qu'homme n'est ni cet homme-ci ni cet homme-là. De fait, il y a une même difficulté à déterminer ce que l'individuation ajoute à la raison de matière pour que, par cet [ajout], elle puisse être dite cette matière-ci ou cette matière-là, et à savoir ce que l'individuation de la forme ajoute à la raison de forme pour qu'elle puisse être dite cette forme-ci ou cette forme-là. En tant qu'elle possède la raison de ce qui est

communis, de inferioribus suis potest praedicari, sed non de suo composito quod constituit et cuius est pars materialis. Et de hoc solo negat eam praedicari Aristoteles[1]. Quamvis autem habeat rationem communis, non propter hoc erit forma sui inferioris; tum quia haec communitas vel universalitas est in intellectu, in quantum talis, materia vero prout est in re, semper est individua; tum quia nomen formae et materiae hic aequivocatur. Proprie enim forma dicitur quod est actus alicuius possibilis informabilis; individuum autem non sic dicitur materia superioris sui, sed transsumptive. Quia enim materia subiacet formae, ideo, quia istud intelligimus ut subiacens et illud ut in hoc existens, ideo attribuimus nomen formae communi, ipsi autem individuo nomen materiae, sicut et toti essentiae compositi nomen formae, cum tamen compositum

379 praetendat in se essentiam materiae et | formae nec suppositum sit materia suae essentiae nisi metaphorice loquendo et aequivoce.

Ex iis patet ad omnia quae ad utramque partem obiecta sunt.

---

1. Aristote, *Métaphysique*, VII, 3, 1028b36 *sq.*

commun, la matière peut donc être prédiquée de ses inférieurs, mais elle ne le peut pas du composé qu'elle constitue et dont elle est la partie matérielle; de lui seul, Aristote refuse qu'elle soit prédiquée. Or, bien qu'elle possède la raison de ce qui est commun, elle ne sera pas pour autant la forme de ce qui lui est inférieur : d'une part, car cette communauté ou universalité se trouve comme telle dans l'intellect, alors que la matière, en tant qu'elle est dans la réalité, est toujours individuelle; d'autre part, car les noms de « forme » et de « matière » sont pris ici en un sens équivoque. En effet, à proprement parler, la forme est dite acte d'un possible qui peut être informé; or l'individu n'est pas dit matière de ce qui lui est supérieur de cette même façon, mais [seulement] par transfert. En effet, puisque la matière est sous-jacente à la forme, si nous comprenons celle-là comme sous-jacente et celle-ci comme existant dans celle-là, nous attribuons le nom de « forme » à ce qui est commun et le nom de « matière » à l'individu, de même que le nom de « forme » est attribué à toute l'essence du composé, alors qu'en réalité le composé renferme l'essence de la matière et | de la forme et que le suppôt n'est la matière de l'essence **379** du composé que selon une façon métaphorique et équivoque de parler.

À partir de ces considérations, les réponses à tout ce qui a été objecté dans un sens et dans l'autre apparaissent clairement.

QUAESTIO XXI

SEXTO QUAERITUR AN MATERIA PER ESSENTIAM
SUAM SIT UNA NUMERO IN OMNIBUS,
CORPORALIBUS SALTEM

Et quod sic videtur.

4.[1] Aristoteles, II *Metaphysicae*[2], dicit quod in fundamento naturae nihil est distinctum.

1. Item, VII *Metaphysicae*[3], dicit quod solus actus dividit.

2. Item, si de sua essentia, abstracta omni forma, non est una numero : ergo secundum suam essentiam sic in abstracto cogitata erit vere plures numero, ergo de se habet plures unitates numerales et essentias; sed unitas numeralis et distinctio numeralis est perfectissima unitas et perfectissima distinctio et cui non potest addi distinctio; ergo et cetera.

---

1. L'éditeur B. Jansen propose cette numérotation, car il n'est pas répondu à cet argument par la suite.

2. Aristote, *Métaphysique*, I, 8, 989b6 tel que ce passage apparaît dans la version arabo-latine d'Averroès, *Aristotelis opera cum Averrois commentariis*, *Metaphysicorum liber I, textus 17, op. cit.*, 14rbF : « Quoniam autem in fundamento naturae non est aliquid distinctum, manifestum est quod [...] ».

3. Aristote, *Métaphysique*, VII, 13, 1039a7.

QUESTION XXI

Et il semble qu'il en est ainsi.

[4.] Au deuxième livre de la *Métaphysique* Aristote dit que dans le fondement de la nature rien n'est distinct.

1. En outre, au septième livre de la *Métaphysique*, il dit que seul l'acte divise.

2. De plus, si par son essence, abstraction faite de toute forme, la matière n'est pas une numériquement, envisagée de cette manière abstraite elle sera alors vraiment multiple numériquement selon son essence ; elle possédera donc d'elle-même plusieurs unités numériques et plusieurs essences. Mais l'unité numérique et la distinction numérique sont l'unité la plus parfaite et la distinction la plus parfaite, à laquelle aucune distinction ne peut être ajoutée ; donc, etc.

3. Item, divisio et distinctio sunt actus divisibilis et distinguibilis; ergo si sunt numero distinctae et in partes numerales divisae, habent de se actum divisionis et ita formam de se.

5. Item, amota forma quantitatis et corporeitatis non est cogitare partes in materia corporali; sed impossibile est cogitare totam materiam corporalem abstractam ab omni forma corporali cum quantitate et corporeitate; ergo tunc cogitabitur sine partibus et ita sine distinctione aliqua, quia distinctio non potest cogitari sine partibus.

380 | 6. Item, tunc ipsa haberet ad minus rationem speciei ad sua individua et sic haberet vere rationem universalis et, si universale, est forma inferiorum et inferiora sunt materialia respectu ipsius; ergo ipsa esset forma respectu suorum individuorum.

7. Item, tunc individuatio esset aliud ab essentia materiae, in quantum est materia, quia ratio materiae esset communis pluribus materiis individuis, et tamen individuatio unicuique esset propria; ergo non esset per se individuata et ita nec individuationis principium. Ista etiam individuatio dicet aliquid aliud ab essentia materiae et tunc necessario aliquid accidentale ei et sic formam.

8. Item, secundum Aristotelem[1], materia non praedicatur, quia omne praedicatum se habet in ratione formae; sed

---

1. Aristote, *Métaphysique*, VII, 3, 1028b36 *sq.*

3. Par ailleurs, la division et la distinction sont l'acte du divisible et l'acte de ce qui peut être distingué; ainsi, si [les essences] sont distinctes selon le nombre et divisées en parties numériques, elles possèdent d'elles-mêmes l'acte de la division et par conséquent une forme.

5. De même, une fois la forme de la quantité et de la corporéité ôtée, on ne peut concevoir des parties dans la matière corporelle. Mais il est impossible d'imaginer que toute la matière corporelle abstraite de toute forme corporelle soit dotée de quantité et de corporéité. Par conséquent, elle sera conçue sans parties et de fait sans aucune distinction, car la distinction ne peut être pensée sans parties.

| [Dans le sens contraire]   **380**

6. Par ailleurs, la matière aurait au moins la raison d'espèce par rapport à ses individus et elle aurait donc véritablement la raison d'universel; et si elle était un universel, elle serait la forme de ses inférieurs et ses inférieurs seraient matériels par rapport à elle. Dans ce cas, la matière serait forme à l'égard de ses individus.

7. De même, l'individuation serait alors différente de l'essence de la matière en tant qu'elle est matière, car la raison de matière serait commune à plusieurs matières individuelles et l'individuation serait néanmoins propre à chacune d'elles. Par conséquent, la matière ne serait pas individuée par elle-même et ne serait pas le principe d'individuation. De surcroît, cette individuation signifierait quelque chose d'autre que l'essence de la matière et par conséquent nécessairement quelque chose qui lui serait accidentel, à savoir une forme.

8. De plus, selon Aristote la matière ne se prédique pas, car tout prédicat se comporte à la manière d'une forme; or dans

tunc materia praedicaretur formaliter de hac materia et de illa;
ergo et cetera.

[Respondeo]

Circa quaestionem istam sunt duae solemnes opiniones.

Quidam[1] enim dicunt quod materia per essentiam suam
non diversificatur numero in rebus, sed solum secundum esse
formalia diversa. Et ideo, quia naturalis non considerat
materiam, nisi prout habet esse naturale, nec mathematicus,
nisi prout habet esse extensum et corporale seu quantitati
subiectum : secundum considerationem istorum dicunt quod
debet dici alia et alia materia. Quia vero metaphysicus
considerat principia entis et substantiae communissime et
secundum suas essentias : ideo loquendo secundum considerationem metaphysici dicunt quod debet dici una numero; quia
secundum suam essentiam non habet unde sit alia et alia
materia, quia de se non habet unde distinguatur, sed solum
unde sit distinguibilis. Et ideo dicunt quod est una numero de
se in omnibus, non unitate numerali quae competit composito
ex materia et forma, sed quae potest competere tali possibili;
381 | quae est magis unitas privativa diversitatis et distinctionis
actualis quam positiva. Dicuntque quod maioris est ambitus quam genus generalissimum, quia illud includit aliquid
formale, hoc nihil; et ideo dicunt quod potest esse sub
oppositis formis ens et non ens, creata et creabilis, multo magis
quam universale, quod tamen sic est creatum vel factum in uno

1. *Cf.* Bonaventure de Bagnoregio, *In II librum Sententiarum*, dist. 3, p. 1,
art. 1, q. 2, dans *Opera Omnia S. Bonaventurae*, vol. 2, p. 94, 96-97 et 100-101.

ce cas, la matière serait prédiquée formellement de cette matière-ci et de celle-là ; donc, etc.

[Réponse]

À propos de cette question il y a deux doctrines.

Certains affirment en effet que par son essence la matière ne se diversifie pas dans les choses selon le nombre, mais seulement selon différents êtres formels. Ainsi, puisque le philosophe de la nature ne s'occupe de la matière qu'en tant qu'elle possède un être naturel et le mathématicien qu'en tant qu'elle possède un être étendu et corporel ou sujet à la quantité, ils affirment que la matière doit être envisagée comme différente selon ces deux points de vue. Mais puisque le métaphysicien considère les principes de l'étant et de la substance de la manière la plus générale et selon leurs essences, ces maîtres affirment du point de vue du métaphysicien la matière doit être dite une numériquement ; en effet, selon son essence, la matière n'a pas de quoi se différencier, car elle n'a pas d'elle-même un principe de distinction, mais a seulement de quoi pouvoir être distinguée. C'est pourquoi ils affirment qu'elle est par soi numériquement une en toutes choses : non pas en vertu de l'unité numérique qui revient au composé de matière et de forme, mais en vertu de l'unité qui peut revenir à un tel possible ; | celle-ci est une unité par privation de diversité et de **381** distinction actuelle, plutôt qu'une unité positive. Ils disent aussi qu'elle a une extension plus vaste que celle du genre le plus général, car celui-ci inclut quelque chose de formel, alors que la matière n'inclut rien de tel. Pour cette raison, ils ajoutent qu'elle peut être, sous des formes opposées, étant ou non-étant, créée ou susceptible de l'être, beaucoup plus que ne le pourrait un universel, lequel est cependant créé ou produit dans un

individuo quod potest fieri in alio vel per alterius individui generationem.

Haec autem opinio multis sapientibus non placet nec video quomodo possit stare aliquo modo. Quod patet, si attendamus ad huius unitatis quae in ea ponitur quidditatem seu realitatem, ad formarum quae in materia sunt contrarietatem et diversitatem, ad entium quorum ipsa pars est numeralem et essentialem inter se distinctionem et ad creationis veritatem.

Si enim aspiciamus ad huius unitatis quidditatem : aut ipsi intendunt ponere hanc unitatem solum in intellectu et nullo modo in re, qualis est unitas universalis; universale enim secundum rem nullo modo est unum in pluribus, quia infinita impossibilia sequerentur, sicut alibi habet ostendi[1], et omnia illa inconvenientia quae ostendit Aristoteles[2] sequi ad positionem Platonis de ideis. Et tunc, si solum essentia materiae haberet unitatem secundum intellectum, haberet tamen secundum rem veram diversitatem, sicut humanitas in me et in te habet unitatem solum secundum intellectum, sed et veram diversitatem in re. Tunc etiam aeque bene potest dici hoc de materia secundum acceptionem naturalium et mathematicorum, quia unitatem materiae secundum intellectum potero accipere in omnibus habentibus materiam naturalem vel mobilem et in omnibus corporalibus seu habentibus quantitatem secundum mathematicorum viam. – Praeterea, licet humanitas possit secundum intellectum dici una in me et in te, 382 non | tamen haec et illa humanitas, immo necessario secundum hunc modum intellectus accipiet eas semper ut diversas. Sic

---

1. Cf. *Quaest. in II Sent.*, q. XIII, p. 235.
2. Aristote, *Métaphysique*, I, 9, 990a33 *sq.* ; XIII, 4, 1078b9 *sq.*

individu, tout en pouvant être produit dans un autre ou à travers la génération d'un autre individu.

Mais cette opinion ne plaît pas à beaucoup de savants et je ne vois pas comment elle pourrait être soutenue de quelque manière. Ce qui devient clair si nous nous intéressons à la quiddité ou à la réalité de l'unité qui est posée dans la matière, à la contrariété et à la diversité des formes qui sont en elle, à la distinction numérique et essentielle des étants dont elle est une partie, ainsi qu'à la vérité de la création.

En effet, considérons la quiddité de son unité. [Il se pourrait que] ces maîtres veuillent dire que cette unité est dans l'intellect seulement et nullement dans la chose, à la manière de l'unité de l'universel. L'universel en effet n'est pas réellement un en plusieurs, car il s'en suivrait une infinité d'impossibilités – comme cela doit être montré ailleurs –, ainsi que tous les inconvénients qu'Aristote a montré résulter de la théorie de Platon relative aux idées. Dans ce cas, si l'essence de la matière ne possédait l'unité que selon l'intellect, elle posséderait néanmoins une vraie diversité dans la réalité, à la manière dont l'humanité en moi et en toi possède l'unité dans l'intellect seulement et une vraie diversité dans la réalité. Mais on peut dire la même chose de la matière envisagée du point de vue des philosophes de la nature et des mathématiciens, car je pourrai saisir intellectuellement l'unité de la matière dans toutes les choses qui possèdent une matière naturelle, ou sujettes au mouvement, et dans toutes les choses corporelles ou qui possèdent une quantité selon le point de vue des mathématiciens. – De plus, même si l'humanité peut être considérée intellectuellement comme une en moi et en toi, cela ne vaut pourtant pas | pour cette humanité-ci et cette **382** humanité-là : bien au contraire, selon ce mode l'intellect les saisira nécessairement et toujours comme différentes. Ainsi

enim accipiuntur secundum rationem individualem cui nullo modo competit universalitas nec unitas universalitatis. Tunc ergo quaero an materia huius rei et illius secundum suam essentiam sit absolute et universaliter materia an etiam haec materia, ita quod sicut secundum suam essentiam vere est materia et essentia materiae, ita vere sit haec materia et haec essentia materiae. Si enim non sibi convenit aliquo modo secundum suam essentiam quod sit haec : tunc secundum suam essentiam est universalis solum et ita secundum suam essentiam nihil est reale. Tunc etiam impossibile est eam intelligere secundum suam essentiam aliquo modo individuatam. Si enim dicas quod individuatur per adventum formae, quaero haec indivi-duatio quid etiam ei addat; aut aliquid accidentale ei adveniens ut subiecto, et tunc ipsa adhuc sine illo accidente erit vere universalis; aut essentiale, et tunc eius essentia esset facta vere haec, quia illud esset pars suae essentiae. Et iterum aut illa individuatio est aliquid formale et ita non spectans ad essen-tiam materiae quantum ad rationem suae essentiae in aliquo diversificandam, et ita adhuc erit universalis; aut erit aliquid materiale, et tunc illud erit aliquid constitutivum huius essen-tiae materialis individuatae. – Praeterea, quis poterit negare quod essentia materiae digiti mei non est universalis, sed vere haec? et loquor de essentia illa quae ibi veraciter est aliud a forma ipsa digiti mei. Tunc ergo quaero an haec eadem essentia materiae digiti mei sit illa eadem quae est alterius digiti. Quod si dicas quod sic : ergo verissime intendis dicere

elles sont envisagées selon leur raison individuelle, à laquelle l'universalité et l'unité de l'universalité ne conviennent d'aucune manière. Par conséquent, je demande si, selon son essence, la matière de cette chose-ci et de celle-là est absolument et universellement matière ou bien si elle est aussi cette matière-ci, de sorte qu'elle soit véritablement cette matière-ci et cette essence-ci de la matière, comme elle est véritablement matière et essence de la matière selon son essence. En effet, s'il ne lui revient pas de quelque manière d'être selon son essence cette matière-ci, alors selon son essence elle est seulement universelle, et selon son essence elle n'est donc rien de réel. Il est alors impossible de la concevoir comme individuée de quelque manière selon son essence. En effet, si tu dis qu'elle est individuée par l'avènement de la forme, je demande ce que cette individuation lui ajoute : soit quelque chose d'accidentel qui lui advient comme à un sujet, et alors, sans cet accident, elle sera encore véritablement universelle ; soit quelque chose d'essentiel, et alors son essence deviendrait véritablement cette essence-ci, car ce quelque chose serait une partie de son essence. Et derechef, soit cette individuation est quelque chose de formel et ne concerne donc pas l'essence de la matière quant à la raison de diversification de son essence en quelque chose, si bien que celle-ci sera encore universelle ; soit cette individuation sera quelque chose de matériel, et ce sera alors un constituant de cette essence matérielle individuée. – En outre, qui pourra nier que l'essence de la matière de mon doigt n'est pas universelle, mais qu'elle est vraiment cette matière-ci ? Et je parle de l'essence qui est ici véritablement différente de la forme même de mon doigt. Dans ce cas, je demande donc si cette même essence de la matière de mon doigt est identique à celle qui appartient à un autre doigt. Si tu répondais par l'affirmative, tu voudrais donc affirmer, en vérité,

quod haec unitas est individualis, ut vere possit dici quod haec essentia materiae et illa, in quantum haec et illa, est vere eadem; et loquor de identitate earum, in quantum haec et illa, non solum in quantum materia absolute, sicut si dicerem: haec humanitas et illa sunt eadem humanitas numero, ita quod intendo dicere quod sunt haec eadem humanitas.

383 | Isti igitur decepti esse videntur in hoc quod abstractionem materiae ab omni forma vel e contrario, quando volunt intelligere eius essentiam, prout est distincta ab omni forma, faciunt quasi realem. Et tunc non vident quomodo non sunt omnes materiae quasi una massa simplex. Abstractio autem haec sic debet fieri ut tamen semper intelligatur materia sub aliqua forma, sed ut per essentiam distincta ab ipsa; ita quod haec abstractio solum fiat per distinctionem seu per intelligentiam distinctivam, non per separationem realem formarum seu per intelligentiam separativam. – Posito etiam quod haec abstractio fiet realis: tunc non ex hoc debet intelligi quod omnes materiae sint factae una massa materiae simplex, quia hoc esset in eis ponere nobilissimum actum unitatis et simplicitatis et existentiae in se ipsa et per se ipsam et sine dependentia ad aliud. Nobiliori enim modo cogitatur esse, quando sic cogitatur, quam quando cogitatur divisa per partes sub variis formis. – Isti etiam decepti fuerunt, ut credo, quia posuerunt, ut plenius alibi patet[1], quod universale sit vere realiter in rebus, prout est universale, et ita quod in quantum universale sit vere realiter unum. Et ideo non sunt veriti dicere

---

1. Cf. *Quaest. in II Sent.*, q. XIII, p. 234.

que cette unité est individuelle, de sorte que l'on puisse vraiment dire que cette essence-ci de la matière et celle-là, en tant que celle-ci et celle-là, constituent vraiment la même essence ; et je parle de leur identité en tant qu'elles sont celle-ci et celle-là, et pas seulement en tant que matière envisagée absolument, comme si je disais : cette humanité-ci et celle-là sont la même humanité selon le nombre, voulant ainsi signifier qu'elles sont cette même humanité.

| Ces maîtres semblent s'être trompés en ceci : lorsqu'ils **383** veulent concevoir l'essence de la matière en tant que distincte de toute forme, ils font de l'abstraction de la matière à l'égard de toutes formes, ou inversement, presque une abstraction réelle. Ainsi, ils ne voient pas de quelle façon toutes les matières ne constituent pas une sorte de masse une et simple. Cette abstraction doit pourtant être opérée de façon à ce que la matière soit toujours conçue sous une forme, mais distincte d'elle par essence ; ainsi, cette abstraction n'est opérée que par une distinction ou par une intelligence qui distingue, et non par une séparation réelle des formes ou par une intelligence qui sépare. – Et même à supposer que cette abstraction soit réelle, il ne faut pas penser pour autant que toutes les matières sont devenues une masse de matière une et simple, car cela reviendrait à poser en elles l'acte très noble de l'unité, de la simplicité et de l'existence en soi et par soi-même, sans dépendance à l'égard d'un autre. Lorsqu'elle est envisagée ainsi, la matière est en effet envisagée comme existant sur un mode plus noble que lorsqu'elle est pensée comme divisée en parties sous diverses formes. – Ils se sont aussi trompés – je le crois –, parce qu'ils ont supposé – comme il apparaît mieux ailleurs – que l'universel, en tant qu'il est universel, est vraiment et réellement dans les choses, et que, en tant qu'universel, il est vraiment et réellement un. Et de ce fait, ils n'ont pas craint

quod materia realiter esset una numero et tamen quod haberet minorem unitatem et universaliorem quam genus generalissimum substantiae quod dicit compositum in universali ex materia et forma universaliter acceptis [1].

Secundo patet hoc attendendo ad formarum quae in ea sunt et quae in ea esse possunt contrarietatem et diversitatem. Si enim materia secundum essentiam una numero est solum differens penes esse quod recipit a formis, ut dicunt : tunc ipsum recipiens illa esse diversa et illas diversas formas est vere unum, in quantum recipiens; non enim naturam receptivam habet a formis vel ab esse quod recipit ab eis. Sicque vere erit una materia in duobus digitis sicut dicimus quod vere est una materia sub duabus formis successive in eadem parte materiae introductis. Et tunc ita verum est dicere quod omnes formae sunt in una materia sicut verum est dicere quod formae successive generatae in eadem parte materiae sunt in una materia, eo modo quo vere dicimus quod contraria sunt in eadem potentia materiae in potentia. Et tunc **384** | nescio quare negetur quod formae contrariae non possunt simul esse in eadem materia vel diversae formae specificae, ut sunt forma asini et hominis. – Tunc etiam materia quae est in grano milii est susceptibilis tantarum formarum et quantitatum et simul et successive sicut tota materia universi, quoniam tota materia universi est in ipsa; et erit verum dicere quod tota materia universi vere est in grano milii [2]. –

1. Le même genre d'argument apparaît chez Bonaventure de Bagnoregio, *Les six jours de la création*, IV, 9, trad. fr. M. Ozilou, p. 176-177.

2. On rencontre l'exemple du grain de millet et une discussion similaire au sujet de la quantité et de la matière chez Gilles de Rome, *Theoremata de corpore Christi*, prop. XXXXIIII, *op. cit.*, 31vb.

d'affirmer que la matière est réellement une en nombre et qu'elle possède pourtant une unité moindre et plus universelle que le genre généralissime de la substance, qui signifie universellement le composé de matière et de forme envisagées de manière universelle.

En deuxième lieu, [la fausseté de cette opinion] découle de la considération de la contrariété et de la diversité des formes qui sont et qui peuvent être dans la matière. En effet, si selon son essence la matière est une numériquement et différente seulement par l'être qu'elle reçoit des formes – comme ils l'affirment –, alors le réceptacle de ces différents êtres et de ces différentes formes est véritablement un en tant que réceptacle, car il ne tient pas sa nature de réceptacle des formes ou de l'être qu'il reçoit d'elles. Ainsi, il y aura vraiment une unique matière dans deux doigts, de la même manière que nous disons qu'il y a véritablement une matière unique sous deux formes introduites successivement dans une même partie de matière. Il est alors vrai de dire que toutes les formes sont dans une unique matière, comme il est vrai de dire que les formes engendrées successivement dans la même partie de matière sont dans une unique matière, à la manière dont nous disons véritablement que les contraires sont en puissance dans la même puissance de la matière. Alors | je ne comprends pas **384** pour quelle raison on nierait que des formes contraires ou des formes spécifiques différentes, comme la forme de l'âne et celle de l'homme, <ne> peuvent <pas> être simultanément dans la même matière. – Et il s'ensuivrait encore que la matière qui est dans un grain de millet serait capable de recevoir simultanément et successivement autant de formes et de quantités que toute la matière du monde, car toute la matière du monde serait en elle ; il sera donc vrai de dire que toute la matière du monde est véritablement dans un grain de millet. –

Dicunt isti quod materia est diversificata secundum esse et ideo haec non est in ea tota nec ista est susceptibilis in eo tantae quantitatis. Sed si isti bene attendunt dictum suum: haec diversificatio secundum esse non est aliud dictu quam eandem materiam habere diversa esse et diversas formas, nisi forte velint quod etiam ipsa materia secundum se vere diversificetur ratione esse recepti, ita quod non solum esse sit divisum et plurificatum, sed etiam ipsa, prout est differens quid ab ipso esse per essentiam. Et tunc quidem habebimus propositum, quod scilicet ipsa, ut est sub uno esse per essentiam suam et non solum per esse, differt ab alia materia quae est sub alio esse numero.

Praeterea, si ipsa per essentiam suam est una numero, cum formae advenientes non auferant sibi essentiam suam nec aliquid quod sibi competat secundum essentiam suam: non auferent sibi hanc unitatem, et ita existens sub eis habebit eam. – Praeterea, forma non potest dare materiae partes essentiales, quia non dat sibi essentiam, et ita nec partes suae essentiae nec etiam dat sibi distinctionem essentialem. Non enim pars materiae potest differre materialiter ab altera ratione formae, sed solum formaliter. Unde igitur habebit partes materia? non enim a se, cum de se sit una et simplex, nec a forma, immo potius forma deberet habere occasione ipsius. Unde etiam agens, quando extendit materiam et partes eius, extrahit totam quantitatem quae non est aliud quam extensio partium materiae? tunc enim partes materiae dicuntur sibi minus

Ces maîtres affirment que la matière est diversifiée selon l'être et que la matière du monde n'est donc pas tout entière dans celle du grain de millet, de même que cette dernière n'est pas capable de recevoir une telle quantité en lui. Mais s'ils considèrent bien leur propos, la thèse de la diversification selon l'être ne diffère pas de celle qui pose que la même matière possède des êtres différents et des formes différentes, à moins que peut-être ils veuillent dire que la matière aussi est véritablement diversifiée en elle-même en raison de l'être reçu, de sorte que non seulement l'être soit divisé et multiplié, mais qu'elle le soit aussi dans la mesure où elle est par essence quelque chose de différent de cet être. Nous aurons alors la thèse recherchée : lorsqu'elle est sous un être [particulier], elle diffère d'une autre matière, qui est sous un être numériquement différent, par son essence et non pas seulement par l'être.

En outre, si la matière est numériquement une en vertu de son essence, les formes qui lui adviennent ne lui enlèveront pas cette unité, puisqu'elles ne lui ôtent ni son essence ni ce qui lui revient par essence : ainsi, en existant sous ces formes, la matière aura encore cette unité. – De plus, la forme ne peut pas donner à la matière ses parties essentielles, car elle ne lui confère ni l'essence ni, par conséquent, les parties de son essence, pas plus que la distinction essentielle. En raison de la forme, une partie de la matière ne peut en effet pas différer matériellement d'une autre, mais seulement formellement. D'où la matière tiendra-t-elle donc ses parties ? Pas de soi, puisqu'elle est de soi une et simple ; pas de la forme : au contraire, ce serait plutôt la forme qui devrait recevoir des parties à l'occasion de [son union avec] la matière. Et lorsqu'un agent étend la matière et ses parties, d'où tirera-t-il toute cette quantité qui n'est rien d'autre que l'étendue des parties de la matière ? On dit alors en effet que les parties de la matière sont moins

propinquae et quae erant quasi in simul dicuntur factae extra se ac per hoc extensionem maiorem habentes. Et non erit dare, si in eis non ponas partes per essentiam differentes tam in actu quam in potentia. Nec potest dici quod de grano milii possit tanta quantitas extrahi quantum de universo et hoc quantum
385 ex vi | materiae grani. Sed impedimentum est ex parte formae suae, quia forma quam nunc habet est destructibilis per agens; et si materia est de se possibilis ad tantam quantitatem, cum non sit immobiliter alligata huic formae, erit possibile quod per aliquod agens extrahatur quantitas illa quae erat ibi in potentia.

Tertio patet hoc aspiciendo ad entium et suppositorum distinctionem. Sicut enim entia sunt distincta realiter, sic et principia eorum constitutiva. Essentia autem materiae concurrit ad constitutionem entium et non solum eius esse vel forma. Alias essentia materiae non esset pars entium; et cum non sit eorum accidens, non esset aliquid eorum. Si autem sic est, tunc omnia entia erunt unum numero, ex quo prior pars et essentialis eorum est una numero et quae est maxima causa unitatis numeralis et subsistentiae suppositi. – Et etiam ex hoc sequitur quod omnes formae substantiales quae sunt in una materia numero constituunt unum ens numero, licet quaelibet secundum rem ab altera diversa det et diversum esse, sicut et secundum quod sunt unum, dent unum esse.

rapprochées les unes des autres, que celles qui étaient quasi concomitantes sont tirées hors d'elles-mêmes et que, en vertu de cela, elles ont une plus vaste étendue. Or cette extension ne sera pas possible, si tu ne poses pas parmi elles des parties qui diffèrent par essence, aussi bien en acte qu'en puissance. On ne peut davantage dire qu'il serait possible de tirer d'un grain de millet une quantité aussi grande que celle du monde entier, et cela à partir de la puissance | matérielle du grain de millet. **385** En réalité, l'obstacle est plutôt du côté de sa forme, car la forme qu'il possède à présent peut être détruite par un agent ; et si la matière est par soi capable d'une telle quantité, il sera possible qu'un agent en tire la quantité qui y était en puissance, puisque la matière n'est pas irrémédiablement liée à cette forme-là.

En troisième lieu, [la fausseté de cette opinion] apparaît si l'on prend en considération la distinction des étants et des suppôts. En effet, comme les étants sont réellement distincts, leurs principes constitutifs le sont également. Or l'essence de la matière, et non seulement son être ou sa forme, intervient dans la constitution des étants. Si tel n'était pas le cas, l'essence de la matière ne serait pas une partie [constitutive] des étants ; et puisqu'elle n'est pas leur accident, elle ne serait pas quelque chose d'eux. Mais s'il en est ainsi, alors tous les étants seront un selon le nombre, du fait que leur partie première et essentielle, qui est aussi la cause principale de l'unité numérique et de la subsistance du suppôt, est numériquement une. – De là il s'ensuit aussi que toutes les formes substantielles qui se trouvent dans une matière numériquement une constituent un seul être numériquement un, malgré le fait que chacune, dans la mesure où elle diffère réellement d'une autre, lui confère aussi un être différent, et que, en tant qu'elles forment une seule entité, elles constituent un seul être.

Si igitur est una materia numero per essentiam, tunc omnes formae in ea receptae constituent unum ens numero, quantumcunque dent sibi diversa esse. – Erit etiam verum quod unum numero habet vere diversa esse et est vere pars diversorum entium constitutiva; quia illa essentia, prout est una numero, est pars diversorum entium et recipit diversa esse, complete diversa a diversis formis. Et tunc non erit verum quod secundum quod multiplicatur totum, multiplicantur et partes, et secundum quod multiplicantur formae totales et completae seu actus, multiplicantur et materiae seu potentiae, et secundum quod unum relativorum, et reliquum.

Quarto etiam patet hoc aspiciendo ad creationis veritatem. Quando enim creatur unum ens, creatur vere tunc quicquid est de essentia eius et maxime quod est eius pars constitutiva. Ergo vere tunc creatur materia non solum secundum esse quod recipit a forma, sed etiam eius essentia quam habet sub forma et in qua recipitur tam forma quam illud esse. Si ergo creatio vere se extendit ad essentias et non solum ad esse : ergo essen-386 tia materiae in quolibet | creatur de novo. Ergo ipsa essentia est alia et alia in quolibet creato sicut et esse et sicut forma creata.

Dicitur quod verum est, sed materia est tanti ambitus quod simul est creata et adhuc creabilis etiam in infinitis et simul ens in rebus quae sunt et non ens in aliis et potens esse in infinitis multo magis quam universale quodcunque. Nec tamen hoc est

Par conséquent, s'il y a une matière numériquement une par son essence, toutes les formes reçues en elle constitueront alors un seul étant selon le nombre, bien qu'elles lui confèrent différents êtres. – Il sera aussi vrai [de dire] qu'un étant numériquement un possède véritablement des êtres différents et est véritablement une partie constitutive d'étants différents, car une telle essence, en tant qu'elle est numériquement une, est une partie d'étants différents et reçoit des êtres différents, complètement différents en vertu de formes différentes. Par conséquent, il ne sera pas vrai [de dire] que dans la mesure où le tout est multiplié, les parties le sont aussi, ni que dans la mesure où les formes ou les actes tout entiers et complets sont multipliés, les matières ou les puissances le sont aussi, ni que si l'un des termes relatifs est multiplié, l'autre l'est aussi.

En quatrième lieu, [la fausseté de cette opinion] apparaît encore si l'on considère la vérité de la création. En effet, lorsqu'un étant est créé, tout ce qui relève de son essence est créé véritablement, et à plus forte raison ce qui est sa partie constitutive. Dès lors, la matière est vraiment créée non seulement quant à l'être qu'elle reçoit de la forme, mais aussi quant à l'essence qu'elle possède sous la forme et dans laquelle sont reçus aussi bien la forme que l'être. Si par conséquent la création s'étend véritablement aux essences et non pas seulement à l'être, alors l'essence de la matière | est nouvellement **386** créée dans chaque étant. Il s'ensuit que cette essence est autre dans chaque réalité créée, de même que l'être et la forme créée.

On dit que cela est vrai, mais que la matière est d'une telle ampleur qu'elle est en même temps créée et encore à créer en un nombre infini de choses; qu'elle est en même temps un étant dans les choses qui sont et un non-étant dans les autres, et qu'elle est capable d'être en un nombre infini de choses bien plus que n'importe quel universel. Et ceci ne découle

ratione nobilitatis vel actualitatis infinitae quam habeat, sed potius ratione possibilitatis quasi infinitae; quia nullo modo est determinata ad aliquem actum de se, ideo est possibilis determinari per omnes. – Sed si hoc est, tunc de eadem essentia reali quae vere est hic et in hoc potest significari – ut cum dico : « hic est essentia materiae vere quae est aliud per essentiam a forma et ab esse quod recipit ab ipsa » – erit dicere vere contra-dictoria simul et quod illa essentia realis quae vere est hic potest esse in infinitis actu eadem numero per essentiam illam eandem quam habet vere et realiter hic, et ultra hoc nescio maiora inconvenientia quam haec duo. Est etiam mirabile, quia isti volunt sic eam esse unam numero quod tempus ideo ponunt posse esse unum numero in omnibus, quia potest esse in ea ut in subiecto. Et tunc sequitur quod ipsa ut existens in omnibus sit subiectum unius accidentis numero et ita quod in omnibus ab eodem accidente numero informetur. Quod quam magnum inconveniens sit et quanta impossibilia implicet nolo ad praesens dicere.

Dicendum igitur secundum alios quod materia est alia numero per essentiam in qualibet re ab illa quae est in alia re. Intelligendum tamen quod sicut eius essentia talis est quod non potest esse actu sine forma, sic eius unitas essentialis per quam distinguitur a forma et ab alia materia talis est quod non potest actu esse sine forma; non quod istam unitatem suscipiat a forma vel eius esse, cum per hanc differat realiter ab ipsa et ab

cependant pas de la noblesse ou de l'actualité infinie qu'elle posséderait, mais plutôt de sa possibilité quasi infinie ; puisqu'elle n'est d'elle-même aucunement déterminée à l'égard d'un acte, elle est donc possible à l'égard de toute détermination. – Mais s'il en est ainsi, on peut dire de la même essence réelle qu'elle est véritablement ici et en ceci, – comme lorsque je dis : « ici, il y a véritablement l'essence de la matière qui est par essence différente de la forme et de l'être qu'elle reçoit de la forme » ; – ce sera alors affirmer véritablement et simultanément des choses contradictoires, à savoir que cette essence réelle qui est vraiment ici peut être en acte la même numériquement en un nombre infini de choses, par la même essence qu'elle possède véritablement et réellement ici ; d'ailleurs, je ne conçois pas pires inconvénients que ces deux-là. Il est aussi étonnant que ces maîtres prétendent qu'elle est une numériquement à la manière dont ils posent que le temps peut être numériquement un en toutes choses, car il peut être en elles comme dans un sujet. Il s'ensuit alors qu'en tant qu'elle existe en toutes choses, la matière est sujet d'un accident numériquement un et que par conséquent elle est informée en toutes choses par le même accident. Combien grande est la difficulté qui en résulte et quelle impossibilité cela implique, je préfère ne pas le dire à présent.

Il faut donc dire, comme d'autres, que dans chaque réalité la matière est par essence numériquement différente de celle qui se trouve dans une autre réalité. Il faut néanmoins concevoir ceci : tout comme son essence est telle qu'elle ne peut être en acte sans forme, son unité essentielle, grâce à laquelle elle se distingue à la fois de sa forme et d'une autre matière, est telle qu'elle ne peut exister en acte sans forme. Ce n'est pas que la matière reçoive cette unité de la forme ou de son être, car par cette unité la matière se distingue réellement de la forme et de

ipso esse et cum haec unitas non sit aliud ab ipsa essentia sua,
pro eo quod per eam essentialiter et numeraliter, ut ita dicam,
differt, eo modo quo pars a parte dicitur differre numeraliter,
quod solum proprie convenit suppositis et totis; sed ideo non
potest esse sine forma, quia indeterminata est, sicut et essentia
387 ipsa materiae. Ens autem vel unum indeterminatum, | determi-
nabile tamen per aliud non potest esse nec poni actu nisi cum
determinatione sua et sub ea. Igitur haec unitas non dicit aliam
actualitatem materiae nisi solum actualitatem essentiae suae
quae vere est aliquid, licet indeterminatum. Unde non dicit
unitatem illam quae ponit coniunctionem actualem partium
materiae nec actualem simplicitatem nec actualem partium
materiae divisionem, sed solum essentiam materiae ut determinabilem per ista velut sub istis existentem, non tamen quod
sit idem quod illa.

[Solutio Obiectorum]

Quod ergo dicis quod solus actus dividit: verum est
«complete et determinate» et divisione actuali quae dicit
partium actualem segregationem; et etiam pro tanto est actus
ut in prima quaestione dictum fuit[1].

Quod secundo dicis quod habebit plures unitates numerales de se: verum est «indeterminatas». Unde unitas numeralis cui inest perfectissima distinctio non competit isti materiae nisi pro tanto quod ita vere est aliud numero ab alia materia

---

1. Cf. *Quaest. in II Sent.*, q. XX.

son être ; de plus, cette unité n'est pas autre chose que sa propre
essence, du fait que la matière se différencie pour ainsi dire
essentiellement et numériquement grâce à cette unité, à la
manière dont une partie est dite différer numériquement d'une
autre partie, ce qui, à proprement parler, ne convient qu'aux
suppôts et aux êtres entiers. Mais en réalité la matière ne
peut être sans forme du fait qu'elle est indéterminée, comme
l'est aussi l'essence de la matière. En effet, l'étant ou l'un
indéterminé, | qui est néanmoins déterminable par un autre, ne **387**
peut être et être posé en acte qu'avec sa détermination et sous
elle. Par conséquent, cette unité ne signifie pas une actualité de
la matière autre que l'actualité de son essence : celle-ci est
véritablement quelque chose, bien qu'indéterminé. Dès lors,
elle ne signifie ni l'unité qui réalise la conjonction actuelle des
parties de la matière, ni sa simplicité actuelle, et moins encore
la division en acte des parties de la matière, mais seulement
l'essence de la matière en tant que déterminable par celles-ci
ou en tant qu'existant sous celles-ci, sans qu'elle ne doive
cependant s'y identifier.

[Solution des objections]

Ce que tu dis, à savoir que seul l'acte divise, est vrai « de
façon complète et déterminée » et selon la division en acte qui
signifie la séparation actuelle des parties. Et dans cette mesure
la matière est aussi acte, comme il a été dit dans la première
question.

Ce que tu dis en deuxième lieu, à savoir qu'elle aura
plusieurs unités numériques par elle-même, est vrai s'il s'agit
d'unités « indéterminées ». C'est pourquoi l'unité numérique,
qui possède la distinction la plus parfaite, ne revient à cette
matière que dans la mesure où elle diffère véritablement
selon le nombre d'une autre matière, à la façon dont un tout est

sicut totum ab alio toto vel ente. Non etiam hae unitates sunt in ea cogitandae per separationem a materia, sed solum per distinctionem. Cuius contrarium ratio innuebat.

Ad tertium dicendum quod verum est de divisione quae dicit actum formalem et quae ponit unitatem formalem et segregationem actualem et determinatam; nec hic distinguibile dicitur nisi secundum intellectum. Quando enim dicimus « forma distinguitur ab alia forma vel a materia », non intendimus quod forma sit vere quiddam distinguibile in potentia quod postea per actum distinctionis vel distinguentis alicuius alterius a se distinguatur; sed quia ipsa est, ut ita dicam, sua distinctio et suus actus, intelligimus in ea secundum modum nostrum intelligendi rationem distinguibilis et distincti, non quod istae rationes, prout sunt oppositae et prout dicunt potentiam et actum, sint in ea. Et sic est dicendum de materia cuius essentia est sua distinctio; non enim est aliud haec distinctio quam alietas realis.

388 | Ad quintum dicendum quod amota forma per distinctionem seu intellectum distinguentem est cogitare in ea partes.

Ad sextum dicendum quod species nihil aliud est secundum rem ab individuis nec est forma nisi transsumptive et aequivoce, quia intelligimus eam acsi formam, quia intelligimus acsi inhaerentem et quasi actum individui.

différent d'un autre tout ou d'un autre étant. Par ailleurs, il ne faut pas envisager ces unités dans la matière en tant que séparées d'elle, mais seulement en tant que distinctes d'elle, alors que l'objection indiquait le contraire.

À la troisième objection, il faut répondre que cela est vrai de la division qui signifie l'acte formel et qui établit l'unité formelle ainsi que la séparation actuelle et déterminée ; dans ce cas, ce qui peut être distingué n'est signifié que selon l'intellect. En effet, lorsque nous disons que « la forme se distingue d'une autre forme ou de la matière », nous ne voulons pas dire que la forme est véritablement quelque chose qui peut être distingué en puissance, et qu'ensuite elle est distinguée au moyen d'un acte de distinction ou de l'acte d'un principe de distinction différent d'elle ; mais, puisqu'elle est, pour ainsi dire, sa propre distinction et son propre acte, nous saisissons en elle, selon notre mode d'intelliger, la raison de ce qui peut être distingué et de ce qui est distingué ; cela ne signifie pourtant pas que ces raisons, en tant qu'elles s'opposent et qu'elles signifient la puissance et l'acte, soient véritablement en elle. C'est ce qu'il faut dire à propos de la matière, dont l'essence est sa propre distinction ; en effet, cette distinction n'est rien d'autre qu'une altérité réelle.

| À la cinquième objection, il faut répondre qu'une fois la **388** forme ôtée au moyen d'une distinction ou par l'intellect qui distingue, on peut concevoir des parties dans la matière.

À la sixième objection, il faut répondre que dans la réalité l'espèce n'est rien d'autre que les individus et qu'elle n'est forme que par transfert de sens et de manière équivoque ; en effet, nous la concevons comme si elle était une forme, car nous la pensons comme si elle était inhérente et acte de l'individu.

Ad septimum dicendum quod non est aliud individuatio ab essentia materiae secundum rem, sed solum secundum rationem, realem tamen, quia nec hoc forte est in aliquo.

Ad octavum dicendum quod Aristoteles intendit solum de eo cuius ipsa est pars constitutiva, sed quod praedicetur de hac vel de illa materia non negat. Non tamen propter hoc sequitur quod sit forma secundum rem, sed quod intelligitur ad modum formae.

À la septième objection, il faut répondre que l'individuation n'est pas réellement différente de l'essence de la matière, mais seulement selon la raison, une raison réelle cependant, car dans une réalité l'individuation n'est pas fortuite.

À la huitième objection, il faut répondre qu'Aristote se réfère seulement à ce dont la matière est une partie constitutive, mais il ne nie pas qu'elle est prédiquée de cette matière-ci ou de cette matière-là. Il n'en résulte pas pour autant qu'elle est une forme en réalité, mais seulement qu'elle est conçue sur le mode de la forme.

INDEX DES NOMS[1]

Auteurs anciens

---

1. Figurant dans le texte latin, les notes et l'introduction.

Auteurs modernes

INDEX SCRIPTURAIRE

INDEX DES NOTIONS[1]

---

1. Figurant dans la traduction française et dans l'introduction.

TABLE DES MATIÈRES

PIERRE DE JEAN OLIVI

QUESTIONS SUR LE DEUXIÈME LIVRE
DES SENTENCES

Imprimerie de la Manutention à Mayenne – Février 2009 – N° 09-09
Dépôt légal : 1er trimestre 2009

Imprimé en France